应用型本科汽车类专业系列教材

新能源汽车标准与法规

主　编　王龙杰　刘　勇
副主编　席　林　程　超　易小兰　雷　歌

机械工业出版社

本书是围绕新能源汽车发展需求，构建新能源汽车及关键标准法规共性技术课程体系，实现学校专业课程建设与国家新能源汽车重点研究领域的高度对接而撰写创作的专业性教材。

本书深入分析了新能源汽车的主要标准与法规，分为8章，分别是：新能源汽车标准和法规概述、机动车运行安全技术条件、电动汽车安全要求、电动汽车用动力蓄电池安全要求、电动汽车碰撞后安全要求、电动汽车动力性能试验方法、电动汽车能量消耗率和续驶里程试验方法、电动汽车定型试验规程及混合动力电动汽车定型试验规程。

本书内容丰富，理论讲解透彻，实用性强，可作为高等院校新能源汽车工程、车辆工程等专业本科教材，也可作为企业、研究院所从事新能源汽车领域的工程技术人员和管理人员作为参考书籍。

图书在版编目（CIP）数据

新能源汽车标准与法规 / 王龙杰，刘勇主编. 北京：机械工业出版社，2025. 7（2026. 1 重印）. --（应用型本科汽车类专业系列教材）. -- ISBN 978 - 7 - 111 - 78602 - 3

Ⅰ. U469. 7 - 65；D922. 292

中国国家版本馆 CIP 数据核字第 2025N9A906 号

机械工业出版社（北京市百万庄大街22号　邮政编码100037）

策划编辑：何士娟　　责任编辑：何士娟　章承林

责任校对：赵玉鑫　张雨霏　景　飞　　封面设计：陈　沛

责任印制：郜　敏

河北虎彩印刷有限公司印刷

2026年1月第1版第2次印刷

184mm×260mm · 12.25印张 · 301千字

标准书号：ISBN 978-7-111-78602-3

定价：65.00元

电话服务

客服电话：010-88361066

010-88379833

010-68326294

网络服务

机　工　官　网：www. cmpbook. com

机　工　官　博：weibo. com/cmp1952

金　　书　　网：www. golden-book. com

机工教育服务网：www. cmpedu. com

前　言

随着全球对环境保护的日益重视和可持续发展理念的深入人心，新能源汽车作为一种清洁、高效的交通工具，正逐渐成为汽车行业的发展方向。新能源汽车的出现，不仅有助于减少对传统燃油车的依赖，降低碳排放，还为人们提供了更加环保、舒适的出行选择。

在新能源汽车的发展过程中，标准与法规的制定起着至关重要的作用。它们不仅是保障汽车安全、环保和节能的重要依据，也是规范市场秩序、促进产业健康发展的有力手段。因此，为了满足新能源汽车产业发展的需求，构建新能源汽车相关标准法规共性技术课程体系，实现学校专业课程建设与国家新能源汽车重点研究领域的高度对接，我们编写专业性教材《新能源汽车标准与法规》。

本书主要围绕新能源汽车的标准和法规展开论述，深入分析了新能源汽车的构造和工作原理，涵盖了从整车到零部件的各个方面。通过对新能源汽车标准和法规的系统介绍，旨在帮助读者全面了解新能源汽车领域的相关知识，掌握标准和法规的要求，为新能源汽车的研发、生产、销售和使用提供有力的支持。

本书的编写内容具有以下特点。

1. 系统性强：本书系统地介绍了新能源汽车的标准和法规，包括新能源汽车标准与法规的制定背景、原则、类别，以及电动汽车安全要求、动力蓄电池安全要求、碰撞后安全要求、动力性能试验方法、能量消耗率和续驶里程试验方法、定型试验规程等方面的内容，形成了一个完整的知识体系。

2. 实用性高：本书紧密结合新能源汽车的实际应用，详细介绍了各项标准和法规的具体要求和操作方法，具有很强的实用性。例如，在介绍电动汽车安全要求时，不仅说明了标准的各项规定，还提供了具体的试验方法和安全注意事项，有助于读者在实际工作中更好地贯彻执行标准和法规。

本书可作为高等院校新能源汽车工程、车辆工程等专业本科教材，也可作为企业、研究院所从事新能源汽车领域的工程技术人员和管理人员的参考书籍。希望本书能够为读者提供有益的帮助，促进新能源汽车产业的健康发展。

本书由吉利学院智能网联与新能源汽车学院的王龙杰和刘勇专任教师主编，席林、程超、易小兰、雷歌等专任教师为副主编，其他编写人员还有孙鹏、姚燕、赵陈磊、金礼芬。在本书著写过程中，感谢南充吉利远程、成都领克等企业工程师在项目合作过程中给予的启发。在创作过程中，也非常感谢我们的学生张浩翔、张濬哲、刘琳、张澜、毛译玄、高萌茜，他们为书稿的整理、内容校正提供了很大的帮助，在这里对大家表示衷心的感谢。

吉利学院智能网联与新能源汽车学院的王龙杰老师，负责撰写所有辅文、第2章、第3章和第4章内容（共计约：14.95万字）；吉利学院智能网联与新能源汽车学院的席林、程超、易小兰、雷歌、孙鹏、姚燕、赵陈磊和金礼芬老师，负责编写第1章（共计约：5.15万字）；吉利学院智能网联与新能源汽车学院的刘勇老师，负责撰写第5章、第6章、第7章和第8章内容（共计约：10万字）。

由于新能源汽车技术发展迅速，其相关标准和法规也在不断更新和完善，本书在编写过程中难免存在不足之处，敬请读者批评指正。

编　者

目　录

第1章

新能源汽车标准与法规概述

学习目标

1. 了解新能源汽车标准与法规制定的背景及原则。
2. 了解新能源汽车标准法规类别。
3. 熟悉新能源汽车推广应用政策。

近年来，我国新能源汽车产业蓬勃发展，产销量持续性增长，中国新能源汽车的增速高于世界平均增长速度。2020 年中国新能源汽车世界份额出现较大反转；2021 年中国新能源汽车增速全年保持 52% 的较强水平；2022 年的中国新能源汽车世界份额（即中国新能源汽车占世界新能源汽车的份额）超过 63%；2023 年的中国新能源汽车世界份额达到 64%；2024 年 1—10 月的新能源汽车世界份额继续保持 68. 9%，10 月甚至达到 76%。中国在世界纯电动汽车市场上的份额表现相对突出，2023 年的份额达到 62. 3%，2024 年 1—10 月 63. 9% 的表现相对平稳。中国插电式混合动力（简称插混）汽车的世界份额在 2024 年 1—10 月达到 78% 的超高水平，2024 年第 4 季度该份额达到 84. 5%。中国在世界插混汽车市场呈现超强表现。

面对全球尤其中国新能源汽车产业的迅猛发展，现有的汽车法律法规已经不能满足汽车行业发展的需要，亟须制定新的标准法规来满足汽车行业发展的需要。

1.1　新能源汽车标准与法规制定的背景及原则

1.1.1　新能源汽车标准与法规制定的背景

2009—2024 年，我国新能源汽车发展已大致经历了五个阶段。

第一阶段是 2009—2012 年。2009 年，我国发布了《汽车产业调整和振兴规划》，标志着国内新能源汽车大显身手的时代来临，同时启动了“十城千辆”计划，计划用三年时间，每年选取十个城市（包括北京、上海、重庆等），每个城市生产不少于 1000 台新能源汽车用于推广试验；2010 年发布《关于开展私人购买新能源汽车补贴试点的通知》，开始实行补贴政策；2012 年发布《节能与新能源汽车产业发展规划（2012—2020 年）》，首次明确新能源汽车的战略目标、任务和措施。

第二阶段是 2013—2015 年。在该阶段，推广应用城市数量扩大到 39 个，聚焦新能源汽车，明确在政府采购、公共交通等领域要优先采购新能源汽车。新能源汽车进一步发展造就了一批新车企。

第三阶段是2016—2018年。在该阶段主要是稳定行业预期、确保补贴政策延续性，并予以优化。2017年，我国颁布《乘用车企业平均燃料消耗量与新能源积分并行管理办法》实行“双积分”制度，主要是按企业的平均燃料消耗量积分+企业新能源汽车积分进行考核，要求每个车企都需要生产新能源汽车，若其积分未达标会被作出相应处罚，对需要达标者可以通过交易获取新能源汽车积分等，逐步以此替代补贴退出市场的机制；2018年，进一步提高补贴的门槛，推动新能源汽车技术升级。在这个阶段，我国新能源汽车领域的相关规范开始形成体系。

第四阶段是2019—2020年。2020年是“十三五”规划收官之年，也是“政策密集发布年”。2020年国家及地方全年出台涉及新能源汽车发展的政策共331项，其中，仅2020年12月份就新增了30项。该阶段颁布的重点文件包括《绿色出行行动计划（2019—2022年）》《新能源汽车产业发展规划（2021—2035年）》《关于加快建立绿色生产和消费法规政策体系的意见》等，这些政策为新能源汽车的高质量发展夯实了更好的基础。

第五阶段是2021—2024年。该阶段主要是坚持平缓补贴退坡力度，做好政策收尾工作，具体情况如下。

（1）坚持平缓补贴退坡力度

为创造稳定政策环境，2022年保持现行购置补贴技术指标体系框架及门槛要求不变。根据2020年发布的《关于完善新能源汽车推广应用财政补贴政策的通知》（财建〔2020〕86号）要求，2022年，新能源汽车补贴标准在2021年基础上退坡30%；城市公交、道路客运、出租（含网约车）、环卫、城市物流配送、邮政快递、民航机场以及党政机关公务领域符合要求的车辆，补贴标准在2021年基础上退坡20%。

（2）做好政策收尾工作

根据《关于完善新能源汽车推广应用财政补贴政策的通知》（财建〔2020〕86号）“综合技术进步、规模效应等因素，将新能源汽车推广应用财政补贴政策实施期限延长至2022年底”的要求，为保持新能源汽车产业良好发展势头，综合考虑新能源汽车产业发展规划、市场销售趋势以及企业平稳过渡等因素，2022年新能源汽车购置补贴政策于2022年12月31日终止，2022年12月31日之后上牌的车辆不再给予补贴。同时，继续加大审核力度，做好以前年度推广车辆的清算收尾工作。

1.1.2 新能源汽车法律法规制定的原则

尽管我国新能源汽车产业取得了令人瞩目的成绩，规范已成体系化，然而，与新能源汽车相配套的规范仍需要不断完善。特别是，随着我国“十四五”规划和《中华人民共和国民法典》的实施，人们对新能源汽车的要求不断提高，对新能源汽车产业的规范监管、立法完善势在必行，主要包括以下几个完善要点。

1. 要考虑优化“双积分”制度

“双积分”制度促进了新能源汽车产业发展，实施以来起到了积极作用，但仍存在需要调整的地方。如要解决积分交易存在的供需不平衡问题，根据工信部公示的数据显示，2017全年所有车企的油耗负积分为168.9万分，新能源汽车正积分为179.3万分；2018年度所有车企的油耗量负积分为295.13万分，新能源汽车正积分为403.53万分积分，正积分持续供大于求，导致积分交易价格偏低。新能源积分在2018年、2019年的非平台交易价格每分仅售100～200元，没有达到预期的1000～1500元，更比不上补贴政策带来的收益。

部分车企通过其集团内部结转和调剂积分，享受“双积分”带来的新能源汽车福利加持，却对传统汽车的节能技术研发显得更为懈怠，未能实现显著降低油耗的政策目标。

因此，有必要对“双积分”制度进行适当调整，包括提高技术考核门槛、调整油耗积分与新能源积分的抵偿比例、公布积分交易指导价格，完善积分交易机制，使“双积分”成为新能源车企的新型融资手段等。

2. 应强化对新能源汽车产品的安全监管

《缺陷汽车产品召回管理条例》起草之初是针对传统燃油汽车的，缺乏对新能源汽车的规定；《缺陷汽车产品召回管理条例实施办法》扩大了适用范围，是由国家市场监督管理总局以通知形式作补充的，而对新能源汽车很多技术领域特别是智能网联、自动驾驶、人工智能等系统尚缺少针对性规定。以通知作补充，效力位阶尚嫌不足，有待完善。

另外对《电动汽车安全要求》等三项强制性国家标准，尚缺上位法，认定产品缺陷有待衔接。如能在《缺陷汽车产品召回管理条例》中加以明确，则更有利于三项强制性国家标准的执行。

3. 应将新能源汽车的电池等“三电”纳入汽车“三包”政策，切实解决消费者维权困难

所谓新能源汽车“三电”，是指电池、电机、电控系统。之前的汽车“三包”政策主要是对发动机、变速器以及底盘等实行“包修、包换、包退”，但是，新能源汽车与普通燃油车的物理构造不同，纯电的新能源汽车没有发动机和变速器，只有电机与减速器，而插电式的新能源汽车则多了电池组以及电机。因此，不管是纯电的还是插电式的，新能源汽车“三包”政策都没有提到电池组、发电机以及减速器是否可以适用，这就造成了维权困难。例如，某城市中一位车主刚购买的新能源汽车不久便出现冒烟情况，调查发现是位于底盘的电池外包铁皮上有一个碰撞造成的凹槽，因底盘与路面发生磕碰而导致电池损坏而冒烟。厂家认为是因车主自己使用不当造成的，其车出现电池碰撞导致短路冒烟的损坏情况，不在“三包”范围之内。如果按传统燃油车处理，涉及的动力部分应属于“三包”范围，对新能源汽车而言，电池组相当于动力部分，可是，因“三包”政策没有明确，因此厂家有理由认为电池组不在“三包”之列，导致消费者维权陷于困境。

有关部门已考虑将纯电动汽车的“动力电池、电机、电控”等纳入“三包”范围，地位等同于传统燃油汽车的“发动机和变速器”等，这是利好消息。随着《中华人民共和国民法典》实施，对于公民合法权益的保护更是上升到一个新的层次，因此，将新能源汽车的“电池、电机、电控”纳入“三包”政策适用范围，正是契合《中华人民共和国民法典》的立法精神，是保障新能源汽车消费者合法权益的必要举措，期待相关法规尽快落地。

4. 虚标续驶里程的情况频发，缺乏相关的规范予以规制

电池续驶里程是纯电动汽车的唯一动力判断标志，续驶里程直接影响消费者对新能源汽车的选购、使用。但是电池容量存在虚标情况，其实际续驶里程与公开宣传的续驶里程不符，虚标情况普遍存在，未能有效监管。如一些品牌的新能源车在宣传中称最大续驶里程能达到数百千米，但实测满电状态才跑出三分之一的里程，严重虚标。

虚标续驶里程显然有违《中华人民共和国民法典》的诚信原则，亟须加以规制。虽然因技术局限，续驶里程衰减仍无法避免，但不能为了营销而故意夸大续驶里程，也不能以技术局限为由认为虚标续驶里程是合理的。对于电池续驶里程的标示应如实反映真实状态下的

使用情况，否则，随意夸大、虚标续驶里程将带来误判，也会带来安全隐患。建议在区分电池合理损耗的基础上，制定续驶里程的检测标准，以规制虚标续驶里程的现象，使市场得到一个良性发展。

5. 需要加快拟定相关的安全建设标准体系

新能源汽车产业处于高速发展阶段，面临重要机遇窗口，迫切需要创新的技术、产品和引领行业的标准，来解决新能源汽车发展中的痛点。新款电动汽车大多配置 L2 级辅助驾驶系统，有些甚至配备 L3 级的辅助驾驶系统，并大量采用轻量化复合材料，然而相关的标准体系建设相对滞后，特别是新技术应用缺乏统一的标准。反过来看，这也是一个挑战，加强新能源汽车安全建设标准体系是一个重要考量，在产业发展迅速的同时，迫切需要加快拟定。

6. 部分地方为保护本地企业制定一些不公平规定设置障碍

例如对于外地汽车企业进入本地市场采取限制措施或者强行设定准入条件，或制定非技术性指标以倾斜本地汽车企业等。为纠正这些错误做法，财政部、工信部、科技部和发改委发布《关于调整完善新能源汽车推广应用财政补贴政策的通知》（财建〔2020〕86 号）强调："破除地方保护，建立统一市场。各地不得采取任何形式的地方保护措施，包括但不限于设置地方目录或备案、限制补贴资金发放、对新能源汽车进行重复检验、要求生产企业在本地设厂、要求整车企业采购本地零部件等措施，要求一视同仁执行免限行、免限购、发放新能源汽车专用号牌等支持措施。"可见，加强地方政策制定的监管对公平竞争、营造良好的营商环境具有十分重要的意义。

7. 对骗取新能源汽车政策补贴的行为惩戒过低，有必要考虑追究行政法律责任直至刑事责任

新能源汽车恶意骗补主要涉及以下几种情形。

1）"有牌无车"（即申报补贴资金的新能源汽车实际尚未完工，但提前办理了《机动车行驶证》）。

2）"有车缺电"（即生产的新能源汽车电池组数缺失电池）。

3）"标示不符"（即所生产的新能源推广应用车型与工信部要求载明的参数不一致，部分性能参数虚标）等。

针对这些行为进行处理，大部分只是取消补贴资格、退还补贴款等，这些骗补行为严重扭曲了国家补贴政策的导向，损害国家补贴制度，实质上等同于诈骗行为，因此应考虑以行政处罚甚至刑事追责以对频发的骗补、套补行为形成有效遏制。同时，我们关注到，国家有关部门对燃料电池汽车示范应用将推行"以奖代补"政策；对新能源汽车购置补贴政策延续至 2022 年底，并平缓相应补贴退坡力度和节奏。

8. 新能源汽车涉及人工智能立法尚存在空白

自动驾驶技术发展给现行法律法规和管理体系带来挑战，配备智能网联功能的新能源汽车既是与汽车管理关联，也是与地理信息、网络安全等相关。在现行法律法规中，涉及产品管理、交通管理、责任界定、保险监管、网络安全管理、地理信息管理等存在不同程度的制约：如现行汽车产品技术标准是基于传统汽车制定的，《汽车转向系　基本要求》（GB 17675—2021）中规定的"转向操纵装置必须直接由驾驶员操作"与智能网联汽车的新技术矛盾，导致高级别自动驾驶功能无法上路使用；部分交通管理法律法规不适用于智能网

联汽车，在一定程度上限制了自动驾驶功能的使用；我国现行交通行为责任体系是以人为核心构建，第一责任主体是驾驶员，而高级别智能网联汽车的责任主体可能会扩展到使用者、生产者、设计者、销售者等，现行责任体系难以适用；保险法部分内容难以适用于智能网联汽车，随着驾驶主体和交通行为责任主体的变化，以车辆所有人、驾驶员为核心的车辆保险制度或者需要调整。人工智能引发的伦理道德问题在智能网联汽车上同样存在，若发生人身伤害、财产损害的情况下，自动驾驶技术的使用可能会面临伦理层面的拷问，这在立法和监管中应予考虑。值得可喜的是，交通运输部作出了《关于促进道路交通自动驾驶技术发展和应用的指导意见》；一些地方如广州南沙自贸区也率先试行支持自动驾驶汽车行业创新发展的措施。

1.2　新能源汽车标准法规类别

近年来，随着消费者对新能源汽车的接受度不断提高，越来越多的家庭和企业开始选择新能源汽车作为出行工具，中国新能源汽车产业处于快速发展阶段。我国也出台了一系列政策措施和标准法规来推动新能源汽车产业的发展，具体标准法规目录见表1-1。

表1-1　中国新能源汽车标准法规目录

标准代号	标准名称
GB/T 18488—2024	电动汽车用驱动电机系统
GB/T 18487.1—2023	电动汽车传导充电系统　第1部分：通用要求
GB/T 27930—2023	非车载传导式充电机与电动汽车之间的数字通信协议
GB/T 20234.1—2023	电动汽车传导充电用连接装置　第1部分：通用要求
GB/T 20234.3—2023	电动汽车传导充电用连接装置　第3部分：直流充电接口
GB/T 20234.4—2023	电动汽车传导充电用连接装置　第4部分：大功率直流充电接口
GB/T 31467—2023	电动汽车用锂离子动力电池包和系统电性能试验方法
GB/T 43332—2023	电动汽车传导充放电安全要求
GB/T 43254—2023	电动汽车用驱动电机系统功能安全要求及试验方法
GB/T 42284.1—2022	道路车辆　电动汽车驱动系统用电气及电子设备的环境条件和试验　第1部分：一般规定
GB/T 42284.3—2022	道路车辆　电动汽车驱动系统用电气及电子设备的环境条件和试验　第3部分：机械负荷
GB/T 42284.4—2022	道路车辆　电动汽车驱动系统用电气及电子设备的环境条件和试验　第4部分：气候负荷
GB/T 42284.5—2022	道路车辆　电动汽车驱动系统用电气及电子设备的环境条件和试验　第5部分：化学负荷
GB/T 29307—2022	电动汽车用驱动电机系统可靠性试验方法
GB/T 41578—2022	电动汽车充电系统信息安全技术要求及试验方法
GB/T 40855—2021	电动汽车远程服务与管理系统信息安全技术要求及试验方法
GB/T 19836—2019	电动汽车用仪表
GB/T 24347—2021	电动汽车 DC/DC 变换器
GB/T 31498—2021	电动汽车碰撞后安全要求
GB/T 34013—2017	电动汽车用动力蓄电池产品规格尺寸
GB/T 34015—2017	车用动力电池回收利用　余能检测
GB/T 34015.2—2020	车用动力电池回收利用　梯次利用　第2部分：拆卸要求

（续）

标准代号	标准名称
GB/T 34015. 3—2021	车用动力电池回收利用　梯次利用　第 3 部分：梯次利用要求
GB/T 34015. 4—2021	车用动力电池回收利用　梯次利用　第 4 部分：梯次利用产品标识
GB/T 33598—2017	车用动力电池回收利用　拆解规范
GB/T 33598. 3—2021	车用动力电池回收利用　再生利用　第 3 部分：放电规范
GB/T 38698. 1—2020	车用动力电池回收利用　管理规范　第 1 部分：包装运输
GB/T 38698. 2—2023	车用动力电池回收利用　管理规范　第 2 部分：回收服务网点
GB/T 40432—2021	电动汽车用传导式车载充电机
GB/T 40433—2021	电动汽车用混合电源技术要求
GB/T 40032—2021	电动汽车换电安全要求
GB/T 18386. 1—2021	电动汽车能量消耗量和续驶里程试验方法　第 1 部分：轻型汽车
GB/T 18386. 2—2022	电动汽车能量消耗量和续驶里程试验方法　第 2 部分：重型商用车辆
GB/T 39752—2021	电动汽车供电设备安全要求及试验规范
GB/T 39086—2020	电动汽车用电池管理系统功能安全要求及试验方法
GB/T 38775. 2—2020	电动汽车无线充电系统　第 2 部分：车载充电机和无线充电设备之间的通信协议
GB/T 38775. 3—2020	电动汽车无线充电系统　第 3 部分：特殊要求
GB/T 38775. 4—2020	电动汽车无线充电系统　第 4 部分：电磁环境限值与测试方法
GB/T 38775. 5—2021	电动汽车无线充电系统　第 5 部分：电磁兼容性要求和试验方法
GB/T 38775. 6—2021	电动汽车无线充电系统　第 6 部分：互操作性要求及测试　地面端
GB/T 38775. 8—2023	电动汽车无线充电系统　第 8 部分：商用车应用特殊要求
GB 18384—2020	电动汽车安全要求
GB 38031—2020	电动汽车用动力蓄电池安全要求
GB 38032—2020	电动客车安全要求
GB/T 38661—2020	电动汽车用电池管理系统技术条件
GB/T 38117—2019	电动汽车产品使用说明　应急救援
GB/T 37340—2019	电动汽车能耗折算方法
GB/T 37153—2018	电动汽车低速提示音
GB/T 37133—2018	电动汽车用高压大电流线束和连接器技术要求
GB/T 36980—2018	电动汽车能量消耗率限值
GB/T 36282—2018	电动汽车用驱动电机系统电磁兼容性要求和试验方法
GB/T 33594—2017	电动汽车充电用电缆
GB/T 34658—2017	电动汽车非车载传导式充电机与电池管理系统之间的通信协议一致性测试
GB/T 34657. 1—2017	电动汽车传导充电互操作性测试规范　第 1 部分：供电设备
GB/T 34657. 2—2017	电动汽车传导充电互操作性测试规范　第 2 部分：车辆
GB/T 19596—2017	电动汽车术语
GB/T 34585—2017	纯电动货车　技术条件
GB/T 4094. 2—2017	电动汽车　操纵件、指示器及信号装置的标志

（续）

标准代号	标准名称
GB/T 28382—2012	纯电动乘用车技术条件
GB/T 18333. 2—2015	电动汽车用锌空气电池
GB/T 18487. 2—2017	电动汽车传导充电系统　第 2 部分：非车载传导供电设备电磁兼容要求
GB/T 18487. 3—2001	电动车辆传导充电系统　电动车辆交流/直流充电机（站）
GB/T 20234. 2—2015	电动汽车传导充电用连接装置　第 2 部分：交流充电接口
GB/T 32960. 1—2016	电动汽车远程服务与管理系统技术规范　第 1 部分：总则
GB/T 32960. 2—2016	电动汽车远程服务与管理系统技术规范　第 2 部分：车载终端
GB/T 32960. 3—2016	电动汽车远程服务与管理系统技术规范　第 3 部分：通信协议及数据格式
GB/T 31467. 1—2015	电动汽车用锂离子动力蓄电池包和系统　第 1 部分：高功率应用测试规程
GB/T 31467. 2—2015	电动汽车用锂离子动力蓄电池包和系统　第 2 部分：高能量应用测试规程
GB/T 31467. 3—2015	电动汽车用锂离子动力蓄电池包和系统　第 3 部分：安全性要求与测试方法
GB/T 31466—2015	电动汽车高压系统电压等级
GB/T 31484—2015	电动汽车用动力蓄电池循环寿命要求及试验方法
GB/T 31485—2015	电动汽车用动力蓄电池安全要求及试验方法
GB/T 31486—2024	电动汽车用动力蓄电池电性能要求及试验方法
GB/T 32620. 1—2016	电动道路车辆用铅酸蓄电池　第 1 部分：技术条件
GB/T 32620. 2—2016	电动道路车辆用铅酸蓄电池　第 2 部分：产品品种和规格
GB/T 18385—2024	电动汽车　动力性能　试验方法
GB/T 18387—2017	电动车辆的电磁场发射强度的限值和测量方法
GB/T 18388—2005	电动汽车　定型试验规程
GB/T 24552—2009	电动汽车风窗玻璃除霜除雾系统的性能要求
GB/T 19753—2021	轻型混合动力电动汽车能量消耗量试验方法
GB/T 19754—2021	重型混合动力电动汽车能量消耗量试验方法
GB/T 32694—2021	插电式混合动力电动乘用车　技术条件
GB/T 34598—2017	插电式混合动力电动商用车　技术条件
GB/T 19750—2005	混合动力电动汽车　定型试验规程
GB/T 19751—2005	混合动力电动汽车安全要求
GB/T 19752—2024	混合动力电动汽车　动力性能　试验方法
GB/T 26990—2023	燃料电池电动汽车　车载氢系统技术条件
GB/T 26991—2023	燃料电池电动汽车动力性能试验方法
GB/T 43252—2023	燃料电池电动汽车能量消耗量及续驶里程试验方法
GB/T 43255—2023	燃料电池电动汽车低温冷起动性能试验方法
GB/T 24554—2022	燃料电池发动机性能试验方法
GB/T 31138—2022	加氢机
GB/T 26779—2021	燃料电池电动汽车加氢口
GB/T 24549—2020	燃料电池电动汽车　安全要求

（续）

标准代号	标准名称
GB/T 39132—2020	燃料电池电动汽车定型试验规程
GB/T 28816—2020	燃料电池　术语
GB/T 24548—2009	燃料电池电动汽车　术语
GB/T 38914—2020	车用质子交换膜燃料电池堆使用寿命测试评价方法
GB/T 33978—2017	道路车辆用质子交换膜燃料电池模块
GB/T 37154—2018	燃料电池电动汽车　整车氢气排放测试方法
GB/T 36288—2018	燃料电池电动汽车　燃料电池堆安全要求
GB/T 34425—2023	燃料电池电动汽车加氢枪
GB/T 34593—2017	燃料电池发动机氢气排放测试方法
GB/T 35178—2017	燃料电池电动汽车　氢气消耗量　测量方法
GB/T 23645—2009	乘用车用燃料电池发电系统测试方法
GB/T 28183—2011	客车用燃料电池发电系统测试方法
GB/T 29123—2012	示范运行氢燃料电池电动汽车技术规范
GB/T 29124—2012	氢燃料电池电动汽车示范运行配套设施规范
GB/T 33979—2017	质子交换膜燃料电池发电系统低温特性测试方法
GB/T 33983. 1—2017	直接甲醇燃料电池系统　第 1 部分：安全
GB/T 33983. 2—2017	直接甲醇燃料电池系统　第 2 部分：性能试验方法
GB/T 34544—2017	小型燃料电池车用低压储氢装置安全试验方法
GB/T 20042. 1—2017	质子交换膜燃料电池　第 1 部分：术语
GB/T 20042. 2—2023	质子交换膜燃料电池　第 2 部分：电池堆通用技术条件
GB/T 20042. 3—2022	质子交换膜燃料电池　第 3 部分：质子交换膜测试方法
GB/T 20042. 4—2009	质子交换膜燃料电池　第 4 部分：电催化剂测试方法
GB/T 20042. 5—2024	质子交换膜燃料电池　第 5 部分：膜电极测试方法
GB/T 20042. 6—2024	质子交换膜燃料电池　第 6 部分：双极板特性测试方法
GB/T 20042. 7—2024	质子交换膜燃料电池　第 7 部分：炭纸特性测试方法
GB/T 34872—2017	质子交换膜燃料电池供氢系统技术要求
GB/T 36544—2018	变电站用质子交换膜燃料电池供电系统
GB/T 37244—2018	质子交换膜燃料电池汽车用燃料　氢气
GB/T 29317—2021	电动汽车充换电设施术语
GB/T 25319—2010	汽车用燃料电池发电系统　技术条件
GB/T 42847. 2—2023	储能系统用可逆模式燃料电池模块　第 2 部分：可逆模式质子交换膜单池与电堆性能测试方法
GB/T 42847. 3—2023	储能系统用可逆模式燃料电池模块　第 3 部分：电能储存系统性能测试方法
QC/T 1069—2017	电动汽车用永磁同步驱动电机系统
QC/T 1068—2017	电动汽车用异步驱动电机系统
QC/T 1089—2017	电动汽车再生制动系统要求及试验方法
QC/T 1022—2015	纯电动乘用车用减速器总成技术条件

（续）

标准代号	标准名称
QC/T 1023—2015	电动汽车用动力蓄电池系统通用要求
QC/T 989—2014	电动汽车用动力蓄电池箱通用要求
QC/T 741—2014	车用超级电容器
QC/T 742—2006	电动汽车用铅酸蓄电池
QC/T 743—2006	电动汽车用锂离子蓄电池
QC/T 744—2006	电动汽车用金属氢化物镍蓄电池
QC/T 895—2011	电动汽车用传导式车载充电机
QC/T 897—2011	电动汽车用电池管理系统技术条件

1.3　新能源汽车推广应用政策

1.3.1　2016年新能源汽车推广应用政策

1.3.1.1　2016—2020年新能源汽车财政支持政策

2015年4月22日，财政部、科技部、工业和信息化部及发展改革委等相关部门下发了《关于2016—2020年新能源汽车推广应用财政支持政策的通知》（财建〔2015〕134号）。该通知主要确定了2016—2020年继续实施新能源汽车推广应用补助政策，有关事项如下。

1. 补助对象、产品和标准

四部委在全国范围内开展新能源汽车推广应用工作，中央财政对购买新能源汽车给予补助，实行普惠制度。具体的补助对象、产品和标准如下。

（1）补助对象

补助对象是消费者。新能源汽车生产企业在销售新能源汽车产品时按照扣减补助后的价格与消费者进行结算，中央财政按程序将企业垫付的补助资金再拨付给生产企业。

（2）补助产品

中央财政补助的产品是纳入“新能源汽车推广应用工程推荐车型目录”（以下简称“推荐车型目录”）的纯电动汽车、插电式混合动力汽车和燃料电池汽车。

（3）补助标准

补助标准主要依据节能减排效果，并综合考虑生产成本、规模效应、技术进步等因素逐步退坡。

2016年各类新能源汽车补助标准见1.3.1.2节（1.2016年新能源汽车推广应用补助标准），2017—2020年除燃料电池汽车外其他车型补助标准适当退坡，其中：2017—2018年补助标准在2016年基础上下降20%，2019—2020年补助标准在2016年基础上下降40%。

2. 对企业和产品的要求

新能源汽车生产企业应具备较强的研发、生产和推广能力，应向消费者提供良好的售后服务保障，免除消费者后顾之忧；纳入中央财政补助范围的新能源汽车产品应具备较好的技术性能和安全可靠性。基本条件如下。

(1) 产品性能稳定并安全可靠

纳入中央财政补助范围的新能源汽车产品应符合新能源汽车纯电动续驶里程等技术要求，应通过新能源汽车专项检测、符合新能源汽车相关标准。其中，插电式混合动力汽车还需符合相关综合燃料消耗量要求。纳入中央财政补助范围的新能源汽车产品技术要求见1.3.1.2节（2. 纳入中央财政补助范围的新能源汽车产品技术要求）。

(2) 售后服务及应急保障完备

新能源汽车生产企业要建立新能源汽车产品质量安全责任制，完善售后服务及应急保障体系，在新能源汽车产品销售地区建立售后服务网点，及时解决新能源汽车技术故障。

(3) 加强关键零部件质量保证

新能源汽车生产企业应对消费者提供动力电池等储能装置、驱动电机、电机控制器质量保证，其中乘用车生产企业应提供不低于8年或12万km（以先到者为准，下同）的质保期限，商用车生产企业（含客车、专用车、货车等）应提供不低于5年或20万km的质保期限。汽车生产企业及动力电池生产企业应承担动力电池回收利用的主体责任。

(4) 确保与《车辆生产企业及产品公告》保持一致

新能源汽车生产企业应及时向社会公开车辆基本性能信息，并保证所销售的新能源汽车与《车辆生产企业及产品公告》（以下简称《公告》）及“推荐车型目录”内产品一致。

3. 资金申报和下达

(1) 年初预拨补助资金

每年2月底前，生产企业将本年度新能源汽车预计销售情况通过企业注册所在地财政、科技、工信、发改部门（以下简称四部门）申报，由四部门负责审核并于3月底前逐级上报至四部委。四部委组织审核后按照一定比例预拨补助资金。

(2) 年度终了后进行资金清算

年度终了后，2月底前，生产企业提交上年度的清算报告及产品销售、运行情况，包括销售发票、产品技术参数和车辆注册登记信息等，按照上述渠道于3月底前逐级上报至四部委。四部委组织审核并对补助资金进行清算。

4. 工作要求

各地要科学制定地方性扶持政策，进一步加大环卫、公交等公益性行业新能源汽车推广支持力度，和中央财政支持政策形成互补和合力，加快完善新能源汽车应用环境。四部委将加强对新能源汽车推广情况的监督、核查。有下列情形之一的，四部委将视情节给予通报批评、扣减补助资金、取消新能源汽车补助资格、暂停或剔除“推荐车型目录”中有关产品等处罚措施。

1）提供虚假技术参数，骗取产品补助资格的。

2）提供虚假推广信息，骗取财政补助资金的。

3）销售产品的关键零部件型号、电池容量、技术参数等与《公告》产品不一致的。

5. 实施期限及其他

本政策实施期限是2016—2020年，四部委将根据技术进步、产业发展、推广应用规模、成本变化等因素适时调整补助政策。

对地方政府的新能源汽车推广要求和考核奖励政策将另行研究制定。

1.3.1.2　2016 年新能源汽车推广补贴方案及技术要求

1. 2016 年新能源汽车推广应用补助标准

（1）纯电动乘用车、插电式混合动力（含增程式）乘用车推广应用补助标准（见表 1-2）

表 1-2　纯电动乘用车、插电式混合动力（含增程式）乘用车推广应用补助标准

（单位：万元/辆）

车辆类型	纯电动续驶里程 R（工况法、km）			
	$100 \leqslant R < 150$	$150 \leqslant R < 250$	$R \geqslant 250$	$R \geqslant 50$
纯电动乘用车	2.5	4.5	5.5	—
插电式混合动力（含增程式）乘用车	—	—	—	3

（2）纯电动、插电式混合动力（含增程式）等客车推广应用补助标准（见表 1-3）

表 1-3　纯电动、插电式混合动力（含增程式）等客车推广应用补助标准

（单位：万元/辆）

车辆类型	单位载质量能量消耗量 E_{kg}/[W·h/(km·kg)]	标准车（10m＜车长≤12m）					
		纯电动续驶里程 R（等速法、km）					
		$6 \leqslant R < 20$	$20 \leqslant R < 50$	$50 \leqslant R < 100$	$100 \leqslant R < 150$	$150 \leqslant R < 250$	$R \geqslant 250$
纯电动客车	$E_{kg} < 0.25$	22	26	30	35	42	50
	$0.25 \leqslant E_{kg} < 0.35$	20	24	28	32	38	46
	$0.35 \leqslant E_{kg} < 0.5$	18	22	24	28	34	42
	$0.5 \leqslant E_{kg} < 0.6$	16	18	20	25	30	36
	$0.6 \leqslant E_{kg} < 0.7$	12	14	16	20	24	30
插电式混合动力（含增程式）客车		—	—	20	23	25	

注：上述补助标准以 10～12m 客车为标准车给予补助，其他长度纯电动客车补助标准按照上表单位载质量能量消耗量和纯电动续驶里程划分，插电式混合动力（含增程式）客车补助标准按照上表纯电动续驶里程划分。其中，6m 及以下客车按照标准车 0.2 倍给予补助；6m＜车长≤8m 客车按照标准车 0.5 倍给予补助；8m＜车长≤10m 客车按照标准车 0.8 倍给予补助；12m 以上、双层客车按照标准车 1.2 倍给予补助。

（3）纯电动、插电式混合动力（含增程式）等专用车、货车推广应用补助标准

按电池容量补助 1800 元/(kW·h)，并将根据产品类别、性能指标等进一步细化补贴标准。

（4）燃料电池汽车推广应用补助标准（见表 1-4）

表 1-4　燃料电池汽车推广应用补助标准　（单位：万元/辆）

车辆类型	补助标准
燃料电池乘用车	20
燃料电池轻型客车、货车	30
燃料电池大中型客车、中重型货车	50

2. 纳入中央财政补助范围的新能源汽车产品技术要求

（1）新能源汽车纯电动续驶里程要求（见表 1-5）

表 1-5　新能源汽车纯电动续驶里程要求　　　　（单位：km）

<table>
<tr><th>类别</th><th>乘用车</th><th>客车</th><th>货车</th><th>专用车</th><th>测试方法</th></tr>
<tr><td>纯电动</td><td>≥100</td><td>≥150</td><td>≥80</td><td>≥80</td><td>M_1、N_1 类采用工况法，其他暂采用 40km/h 等速法</td></tr>
<tr><td rowspan="2">插电式混合动力（含增程式）</td><td>≥50（工况法）</td><td rowspan="2">≥50</td><td rowspan="2">≥50</td><td rowspan="2">≥50</td><td rowspan="2">M_1、N_1 类采用工况法或 60km/h 等速法，其他暂采用 40km/h 等速法</td></tr>
<tr><td>≥70（等速法）</td></tr>
<tr><td>燃料电池</td><td>≥150</td><td>≥150</td><td>≥200</td><td>≥200</td><td>M_1、N_1 类采用工况法，其他暂采用 40km/h 等速法</td></tr>
</table>

注：1. 超级电容、钛酸锂等纯电动快充客车不按上表续驶里程要求执行。
2. M_1类是指包括驾驶员座位在内，座位数不超过九座的载客车辆。
N_1类是指最大设计总质量不超过 3500kg 的载货车辆。

（2）纯电动乘用车最高车速要求

纯电动乘用车 30min 最高车速应不低于 100km/h。

（3）插电式混合动力汽车综合燃料消耗量要求

1）插电式混合动力乘用车综合燃料消耗量（不计电能消耗量）与现行的常规燃料消耗量国家标准中对应目标值相比小于 60%。

2）插电式混合动力商用车（含货车、客车）燃料消耗量（不含电能转化的燃料消耗量）与现行的常规燃料消耗量国家标准中对应限值相比小于 60%。

1.3.2　2017 年新能源汽车推广应用政策

1.3.2.1　2017 年新能源汽车财政支持政策

2016 年 12 月 29 日，财政部、科技部、工业和信息化部及发展改革委等相关部门发布了《关于调整新能源汽车推广应用财政补贴政策的通知》（财建〔2016〕958 号）。该通知主要围绕新能源汽车推广应用制定了如下政策。

1. 调整完善推广应用补贴政策

1）提高推荐车型目录门槛并动态调整。一是增加整车能耗要求。纯电动乘用车按整车整备质量不同，增加相应工况条件下百公里耗电量要求；纯电动专用车按照车型类别增加单位载质量能量消耗量（E_{kg}）、吨百公里电耗等要求；进一步提升纯电动客车单位载质量能量消耗量（E_{kg}）要求。二是提高整车续驶里程门槛要求。提高纯电动客车、燃料电池汽车续驶里程要求，适时将新能源客车续驶里程测试方法由 40km/h 等速法调整为工况法；逐步提高纯电动乘用车续驶里程门槛。三是引入动力电池新国标，提高动力电池的安全性、循环寿命、充放电性能等指标要求，设置动力电池能量密度门槛。提高燃料电池汽车技术要求。四是提高安全要求，对由于产品质量引起安全事故的车型，视事故性质、严重程度等扣减补贴资金、暂停车型或企业补贴资格。五是建立市场抽检机制，强化验车环节管理，对抽检不合格的企业及产品，及时清理出《新能源汽车推广应用推荐车型目录》（以下简称《目录》）。六是建立《目录》动态管理制度。新能源汽车产品纳入《目录》后销售推广方可申请补贴。一年内仍没有实际销售的车型，取消《目录》资格。七是督促推广新能源汽车应用。非个人用户购买的新能源汽车申请补贴，累计行驶里程须达到 3 万 km（作业类专用车除外），补贴标准和技术要求按照车辆获得行驶证年度执行。

2）在保持 2016—2020 年补贴政策总体稳定的前提下，调整新能源汽车补贴标准。对新能源客车，以动力电池为补贴核心，以电池的生产成本和技术进步水平为核算依据，设定能耗水平、车辆续驶里程、电池/整车重量比重、电池性能水平等补贴准入门槛，并综合考虑电池容量大小、能量密度水平、充电倍率、节油率等因素确定车辆补贴标准。进一步完善新能源货车和专用车补贴标准，按提供驱动动力的电池电量分档累退方式核定。同时，分别设置中央和地方补贴上限，其中地方财政补贴（地方各级财政补贴总和）不得超过中央财政单车补贴额的 50%（详细方案附后）。除燃料电池汽车外，各类车型 2019—2020 年中央及地方补贴标准和上限，在现行标准基础上退坡 20%。同时，有关部委将根据新能源汽车技术进步、产业发展、推广应用规模等因素，不断调整完善。

3）改进补贴资金拨付方式。每年初，生产企业提交上年度的资金清算报告及产品销售、运行情况，包括销售发票、产品技术参数和车辆注册登记信息等，企业注册所在地新能源汽车推广牵头部门会同有关部门对企业所上报材料审查核实并公示无异后逐级报省级推广工作牵头部门；省级新能源汽车推广牵头部门会同相关部门，审核并重点抽查后，将申报材料报至工业和信息化部、财政部，并抄送科技部、发展改革委。工业和信息化部会同有关部门对各地申请报告进行审核，并结合日常核查和重点抽查情况，向财政部出具核查报告。财政部根据核查报告按程序拨付补贴资金。

2. *落实推广应用主体责任*

1）生产企业是确保新能源汽车推广信息真实准确的责任主体。生产企业应严格遵守国家和行业相关法律法规、标准和制度办法；应对自身生产和销售环节加强管理与控制，会同销售企业对上报的新能源汽车推广信息的真实可靠性负责；应制定切实可行的管控方案，运用产品信息管理系统等，加强对其各级销售商销售信息的管理，销售企业应严格核对每一笔销售信息，确保逐级上报的产品推广信息和消费者信息真实、准确、可查。生产企业应建立企业监控平台，全面、真实、实时反映车辆的销售、运行情况，并按照国家有关要求，统一接口和数据交换协议，及时、准确上报相关信息。新出厂车辆必须安装车载终端等远程监控设备；2016 年及以前已出厂或销售的车辆，为用户提供无偿加装服务；对销售给个人消费者的车辆，在信息采集和管理上应严格保护个人隐私。

2）地方政府是实施配套政策、组织推广工作的责任主体。地方政府应认真落实国务院有关文件要求，承担新能源汽车推广应用主体责任，要明确本地新能源汽车推广牵头部门，切实做好新能源汽车推广组织实施工作。一是调整完善地方支持政策。各级地方政府应结合本地实际，科学制定新能源汽车推广方案，加大对新能源汽车充电基础设施的支持力度，加大城市公交、出租、环卫等公共服务领域新能源汽车更新更换力度，加强对企业监督检查。二是强化资金使用管理。地方新能源汽车推广牵头部门应会同有关部门切实承担财政资金申报使用管理的监管，按各自职责对车辆上牌、车辆运营、补贴申报、数据审核等环节严格审核把关；应加强验车环节管理，确保车辆交付使用时整车及电池等核心零部件与《道路机动车辆生产企业及产品公告》（以下简称《公告》）一致；应建立责任追究制度，依法对把关不严的责任人予以追究，加大对骗补等失信企业处罚。各地财政部门应加强财政资金管理，根据企业实际推广情况拨付补贴资金，确保补贴资金安全有效。三是建立健全地方监管平台。有关省（区、市）应建立地方新能源汽车监管平台，及时汇总整理企业报送数据，对接国家监管平台，加强对本地区车辆的监督管理。四是优化产业发展环境。不得对新能源汽车实施限行限购政策。应严格执行国家统一的《目录》，不得设置或变相设置障碍限制外地品牌车辆及零部件、外地充电设施建设、运营企业进入本地市场。

3）国家有关部门将加强推广应用监督检查。工业和信息化部牵头建立国家新能源汽车监管平台，并通过该平台对新能源车辆（私人购买乘用车可视情况适当放宽）推广应用等情况进行日常监管。此外，工业和信息化部会同有关部门建立新能源汽车推广核查制度，定期不定期组织第三方机构或省级有关部门开展新能源汽车推广信息核查、抽查。

3. 建立惩罚机制

1）对违规谋补和以虚报、冒领等手段骗补的企业，追回违反规定谋取、骗取的有关资金，没收违法所得，并按《财政违法行为处罚处分条例》等有关规定对相关企业和人员予以罚款等处罚，涉嫌犯罪的交由司法机关查处。同时，依据情节严重程度，采取暂停或取消车辆生产企业及产品《公告》、取消补贴资金申请资格等处理处罚措施。对不配合推广信息核查，以及相关部门核查抽查认定虚假销售、产品配置和技术状态与《公告》《目录》不一致、上传数据与实际不符、车辆获得补贴后闲置等行为，将视情节严重程度，采取扣减补贴资金、取消补贴资金申请资格、暂停或取消车辆生产企业或产品《公告》等处罚措施。对在应用中存在安全隐患、发生安全事故的产品，视事故性质、严重程度等采取停止生产、责令立即改正、暂停补贴资金申请资格等处理处罚措施。

2）对协助企业以虚报、冒领等手段骗取财政补贴资金的政府机关及其工作人员，按照《中华人民共和国公务员法》《中华人民共和国行政处罚法》等法律法规追究相应责任；涉嫌犯罪的，移送司法机关处理。

3）对管理制度不健全、审核把关不严、核查工作组织不力、存在企业骗补行为的地区，将视情况严重程度予以通报批评、扣减基础设施奖补资金等处理处罚。

该通知从 2017 年 1 月 1 日起实施，其他相关规定继续按《财政部、科技部、工业和信息化部、发展改革委关于 2016—2020 年新能源汽车推广应用财政支持政策的通知》（财建〔2015〕134 号）执行。

1.3.2.2　2017 年新能源汽车推广补贴方案及技术要求

1. 新能源客车补贴标准和技术要求

（1）新能源客车补贴标准

$$补贴金额 = 车辆带电量 \times 单位电量补贴标准 \times 调整系数$$

其中，调整系数为系统能量密度/充电倍率/节油水平。具体见表 1-6。

（2）新能源客车技术要求

1）单位载质量能量消耗量（E_{kg}）不高于 0.24W · h/(km · kg)。

2）纯电动客车（不含快充和插电式混合动力客车）续驶里程不低于 200km（等速法）。

3）电池系统总质量占整车整备质量比例不高于 20%。

4）非快充类纯电动客车电池系统能量密度要高于 85W · h/kg，快充类纯电动客车快充倍率要高于 3C，插电式混合动力（含增程式）客车节油率水平要高于 40%。

表 1-6　新能源客车补贴标准

<table>
<tr><th rowspan="2">车辆类型</th><th rowspan="2">中央财政补贴标准/［元/（kW·h）］</th><th rowspan="2" colspan="3">中央财政补贴调整系数</th><th colspan="3">中央财政单车补贴上限/万元</th><th rowspan="2">地方财政单车补贴</th></tr>
<tr><th>6m＜L[①]≤8m</th><th>8m＜L≤10m</th><th>L＞10m</th></tr>
<tr><td rowspan="3">非快充类纯电动客车</td><td rowspan="3">1800</td><td colspan="3">系统能量密度/（W·h/kg）</td><td rowspan="3">9</td><td rowspan="3">20</td><td rowspan="3">30</td><td rowspan="9">不超过中央财政单车补贴额的 50%</td></tr>
<tr><td>85～95（含）</td><td>95～115（含）</td><td>115 以上</td></tr>
<tr><td>0.8</td><td>1</td><td>1.2</td></tr>
<tr><td rowspan="3">快充类纯电动客车</td><td rowspan="3">3000</td><td colspan="3">快充倍率</td><td rowspan="3">6</td><td rowspan="3">12</td><td rowspan="3">20</td></tr>
<tr><td>3C～5C（含）</td><td>5C～15C（含）</td><td>15C 以上</td></tr>
<tr><td>0.8</td><td>1</td><td>1.4</td></tr>
<tr><td rowspan="3">插电式混合动力（含增程式）客车</td><td rowspan="3">3000</td><td colspan="3">节油率水平</td><td rowspan="3">4.5</td><td rowspan="3">9</td><td rowspan="3">15</td></tr>
<tr><td>40%～45%（含）</td><td>45%～60%（含）</td><td>60% 以上</td></tr>
<tr><td>0.8</td><td>1</td><td>1.2</td></tr>
</table>

① L 表示车长。

2. 新能源乘用车补贴标准和技术要求

（1）新能源乘用车推广应用补贴标准（见表 1-7）

表 1-7　新能源乘用车推广应用补贴标准　　（单位：万元/辆）

<table>
<tr><th rowspan="2">车辆类型</th><th colspan="4">纯电动续驶里程 R（工况法、km）</th><th rowspan="2">地方财政单车补贴上限/万元</th></tr>
<tr><th>100≤R＜150</th><th>150≤R＜250</th><th>R≥250</th><th>R≥50</th></tr>
<tr><td>纯电动乘用车</td><td>2</td><td>3.6</td><td>4.4</td><td>—</td><td rowspan="2">不超过中央财政单车补贴额的 50%</td></tr>
<tr><td>插电式混合动力（含增程式）乘用车</td><td>—</td><td>—</td><td>—</td><td>2.4</td></tr>
</table>

（2）新能源乘用车技术要求

1）纯电动乘用车 30min 最高车速不低于 100km/h。

2）纯电动乘用车动力电池系统的质量能量密度不低于 90W·h/kg，对高于 120W·h/kg 的按 1.1 倍给予补贴。

3）纯电动乘用车产品，按整车整备质量（m）不同，工况条件下百公里耗电量（Y）应满足以下要求：$m \leqslant 1000$kg 时，$Y \leqslant 0.014m + 0.5$；$1000 < m \leqslant 1600$kg 时，$Y \leqslant 0.012m + 2.5$；$m > 1600$kg 时，$Y \leqslant 0.005m + 13.7$。

4）工况纯电续驶里程低于 80km 的插电式混合动力乘用车 B 状态燃料消耗量（不含电能转化的燃料消耗量）与现行的常规燃料消耗量国家标准中对应限值相比小于 70%。工况纯电续驶里程大于等于 80km 的插电式混合动力乘用车，其 A 状态百公里耗电量满足与纯电动乘用车相同的要求。

3. 新能源货车和专用车补贴标准和技术要求

（1）新能源货车和专用车补贴标准

新能源货车和专用车以提供驱动动力的动力电池总储电量为依据，采取分段超额累退方式给予补贴（见表1-8）。

表1-8　新能源货车和专用车补贴标准

补贴标准/［元/(kW・h)］			中央财政单车补贴上限/万元	地方财政单车补贴上限
30（含）kW・h以下部分	30～50（含）kW・h部分	50kW・h以上部分		
1500	1200	1000	15	不超过中央财政单车补贴额的50%

（2）新能源货车和专用车技术要求

1）装载动力电池系统质量能量密度不低于90W・h/kg。

2）纯电动货车、运输类专用车单位载质量能量消耗量（E_{kg}）不高于0.5W・h/(km・kg)，其他类纯电动专用车吨百公里电耗（按试验质量）不超过13kW・h。

4. 燃料电池汽车补贴标准和技术要求

（1）燃料电池汽车推广应用补贴标准（见表1-9）

表1-9　燃料电池汽车推广应用补贴标准　　（单位：万元/辆）

车辆类型	补贴标准
燃料电池乘用车	20
燃料电池轻型客车、货车	30
燃料电池大中型客车、中重型货车	50

（2）燃料电池汽车技术要求

1）燃料电池系统的额定功率不低于驱动电机额定功率的30%，且不小于30kW。燃料电池系统额定功率大于10kW但小于30kW的燃料电池乘用车，按燃料电池系统额定功率6000元/kW给予补贴。

2）燃料电池汽车纯电续驶里程不低于300km。

5. 动力电池技术要求

新能源汽车所采用的动力电池应满足以下标准要求。

1）储能装置（单体、模块）：《电动汽车用锌空气电池》（GB/T 18333.2—2015），其中6.2.4条和6.3.4条90度倾倒试验暂不执行；《车用超级电容器》（QC/T 741—2014）；《电动汽车用动力蓄电池循环寿命要求及试验方法》（GB/T 31484—2015），其中6.5条工况循环寿命暂不执行；《电动汽车用动力蓄电池安全要求及试验方法》（GB/T 31485—2015），其中6.2.8条、6.3.8条针刺试验暂不执行。

2）储能装置（电池包）：《电动汽车用锂离子动力蓄电池包和系统　第3部分：安全性要求与测试方法》（GB/T 31467.3—2015）。

1.3.3　2018年新能源汽车推广应用政策

1.3.3.1　2018年新能源汽车财政支持政策

2018年2月12日，财政部、科技部、工业和信息化部及发展改革委等相关部门发布了

《关于调整完善新能源汽车推广应用财政补贴政策的通知》（财建〔2018〕18 号）。该通知主要围绕新能源汽车推广应用工作制定了如下政策。

1. 调整完善推广应用补贴政策

（1）提高技术门槛要求

根据动力电池技术进步情况，进一步提高纯电动乘用车、非快充类纯电动客车、专用车动力电池系统能量密度门槛要求，鼓励高性能动力电池应用。提高新能源汽车整车能耗要求，鼓励低能耗产品推广。不断提高燃料电池汽车技术门槛。新能源汽车产品纳入《新能源汽车推广应用推荐车型目录》（以下简称《目录》）后销售推广方可申请补贴，2017 年目录内符合调整后补贴技术条件的车型，可直接列入新的目录。有关部委将根据新能源汽车技术进步、产业发展、推广应用规模等因素，提前研究发布 2019 年和 2020 年关键技术指标门槛。

（2）完善新能源汽车补贴标准

根据成本变化等情况，调整优化新能源乘用车补贴标准，合理降低新能源客车和新能源专用车补贴标准。燃料电池汽车补贴力度保持不变，燃料电池乘用车按燃料电池系统的额定功率进行补贴，燃料电池客车和专用车采用定额补贴方式。鼓励技术水平高、安全可靠的产品推广应用。

（3）分类调整运营里程要求

对私人购买新能源乘用车、作业类专用车（含环卫车）、党政机关公务用车、民航机场场内车辆等申请财政补贴不作运营里程要求。其他类型新能源汽车申请财政补贴的运营里程要求调整为 2 万 km，车辆销售上牌后将按申请拨付一部分补贴资金，达到运营里程要求后全部拨付，补贴标准和技术要求按照车辆获得行驶证年度执行。

2. 进一步加强推广应用监督管理

（1）加快完善信息化监管平台

各级行业主管部门牵头，尽快建成企业、地方、国家三级联网的新能源汽车监管平台并发挥作用，动态掌握车辆生产、销售、运行、充电设施运营情况，结合现有管理手段实现对生产准入、目录审核、补贴发放、安全运营、运营里程等环节监管的全覆盖。

（2）建立与补贴挂钩的整车和电池“一致性”抽检制度

在整车和动力电池生产、销售等环节随机抽查一定比例产品，进行动力电池能量密度、整车能耗等关键参数一致性检测。建立常态化信息发布机制，对抽检产品参数与推荐车型目录内参数值不一致的，根据情节轻重程度，暂停推荐车型目录、按型号扣减或缓拨补贴资金，并按有关规定对相关企业和检测机构给予处罚。

（3）拓宽监督渠道，夯实监管责任

设立并公开举报电话或网上举报平台，充分发挥社会监督的作用。加大对骗补企业的处罚力度，除依据《财政违法行为处罚处分条例》予以没收违法所得和罚款外，还将视情节轻重采取暂停或取消推荐车型目录、取消补贴资格并纳入“黑名单”等限制性措施。有关地方应进一步落实推广主体责任，健全管理制度，加强审核把关和监督检查，对玩忽职守、徇私舞弊的单位和个人应予以严肃追责，对监管不严、骗补等问题多发的地区按有关规定严肃处理。

3. 进一步优化推广应用环境

（1）破除地方保护，建立统一市场

各地不得采取任何形式的地方保护措施，包括但不限于设置地方目录或备案、限制补贴资金发放、对新能源汽车进行重复检验、要求生产企业在本地设厂、要求整车企业采购本地零部件等措施。对经有关部门认定存在地方保护行为的地方，中央财政将视情节相应扣减充电基础设施奖补资金。各地对列入《车辆生产企业及产品公告》的新能源汽车产品应一视同仁执行免限行、免限购、发放新能源汽车专用号牌等支持措施。地方应不断加大基础设施建设力度和改善新能源汽车使用环境，从2018年起将新能源汽车地方购置补贴资金逐渐转为支持充电基础设施建设和运营、新能源汽车使用和运营等环节。

（2）落实生产者责任，提高生产销售服务管理水平

企业应进一步落实生产者责任，对自身生产和销售环节加强管理与控制，建立企业监控平台，及时准确上报新能源汽车推广补贴申报信息，确保真实、可查。新能源汽车生产企业应按有关文件要求对消费者提供动力电池等储能装置、驱动电机、电机控制器质量保证。建立新能源汽车安全事故统计和审查机制，对已销售产品存在安全隐患、发生安全事故的，企业应提交产品事故检测报告、后续改进措施等材料。对由于产品质量引起安全事故的车型，视事故性质、严重程度等给予暂停车型推荐目录、暂停企业补贴资格等处罚，并扣减该车型补贴资金。

本通知从2018年2月12日起实施，2018年2月12日—2018年6月11日为过渡期。过渡期期间上牌的新能源乘用车、新能源客车按照《财政部 科技部 工业和信息化部 发展改革委关于调整新能源汽车推广应用财政补贴政策的通知》（财建〔2016〕958号）对应标准的0.7倍补贴，新能源货车和专用车按0.4倍补贴，燃料电池汽车补贴标准不变。

落实推广应用主体责任、建立惩罚机制等其他相关规定继续按《关于调整新能源汽车推广应用财政补贴政策的通知》（财建〔2016〕958号）、《关于新能源汽车推广应用审批责任有关事项的通知》（财建〔2016〕877号）、《关于2016—2020年新能源汽车推广应用财政支持政策的通知》（财建〔2015〕134号）等有关文件执行。

1.3.3.2 2018年新能源汽车推广补贴方案及技术要求

1. 新能源乘用车补贴标准和技术要求

（1）新能源乘用车补贴标准（见表1-10）

表1-10 新能源乘用车补贴标准 （单位：万元/辆）

车辆类型	纯电动续驶里程 R（工况法、km）					
纯电动乘用车	$150 \leqslant R < 200$	$200 \leqslant R < 250$	$250 \leqslant R < 300$	$300 \leqslant R < 400$	$R \geqslant 400$	$R \geqslant 50$
	1.5	2.4	3.4	4.5	5	—
插电式混合动力（含增程式）乘用车	—					2.2

注：1. 单车补贴金额=里程补贴标准×电池系统能量密度调整系数×车辆能耗调整系数。

2. 单位电池电量补贴上限不超过1200元/（kW·h）。

（2）新能源乘用车技术要求

1）纯电动乘用车30min最高车速不低于100km/h。

2）纯电动乘用车工况法续驶里程不低于150km。插电式混合动力（含增程式）乘用车工况法续驶里程不低于50km。

3）纯电动乘用车动力电池系统的质量能量密度不低于105W·h/kg，105（含）~120W·h/kg的车型按0.6倍补贴，120（含）~140W·h/kg的车型按1倍补贴，140（含）~160W·h/kg的车型按1.1倍补贴，160W·h/kg及以上的车型按1.2倍补贴。

4）根据纯电动乘用车能耗水平设置调整系数。按整车整备质量（m）不同，工况条件下百公里耗电量（Y）应满足以下门槛条件：$m \leqslant 1000$kg时，$Y \leqslant 0.0126m+0.45$；$1000 < m \leqslant 1600$kg时，$Y \leqslant 0.0108m+2.25$；$m > 1600$kg时，$Y \leqslant 0.0045m+12.33$。百公里耗电量（$Y$）优于门槛0（含）~5%的车型按0.5倍补贴，优于门槛5%（含）~25%的车型按1倍补贴，优于门槛25%（含）以上的车型按1.1倍补贴。

5）工况法纯电续驶里程低于80km的插电式混合动力乘用车B状态燃料消耗量（不含电能转化的燃料消耗量）与现行的常规燃料消耗量国家标准中对应限值相比小于65%，比值介于60%（含）~65%之间的车型按0.5倍补贴，比值小于60%的车型按1倍补贴。工况法纯电续驶里程大于等于80km的插电式混合动力乘用车，其A状态百公里耗电量应满足纯电动乘用车门槛要求。

2. 新能源客车补贴标准和技术要求

（1）新能源客车补贴标准（见表1-11）

表1-11　新能源客车补贴标准

车辆类型	中央财政补贴标准/[元/(kW·h)]	中央财政补贴调整系数			中央财政单车补贴上限/万元		
					6m＜L≤8m	8m＜L≤10m	L＞10m
非快充类纯电动客车	1200	系统能量密度/(W·h/kg)			5.5	12	18
		115~135（含）		135以上			
		1		1.1			
快充类纯电动客车	2100	快充倍率			4	8	13
		3C~5C（含）	5C~15C（含）	15C以上			
		0.8	1	1.1			
插电式混合动力（含增程式）客车	1500	节油率水平			2.2	4.5	7.5
		60%~65%（含）	65%~70%（含）	70%以上			
		0.8	1	1.1			

注：单车补贴金额=min｛车辆带电量×单位电量补贴标准；单车补贴上限｝×调整系数（包括：电池系统能量密度系数、单位载质量能量消耗量系数、快充倍率系数、节油率系数）。

（2）新能源客车技术要求

1）单位载质量能量消耗量（E_{kg}）不高于0.21W·h/(km·kg)，0.15~0.21（含）W·h/(km·kg)的车型按1倍补贴，0.15W·h/(km·kg)及以下的车型按1.1倍补贴。计算E_{kg}值所需的附加质量按照《关于2016—2020年新能源汽车推广应用财政支持政策的通知》（财建〔2015〕134号）执行，能量消耗率按《电动汽车　能量消耗率和续驶里程　试验方法》（GB/T 18386—2017）测试（新能源货车和专用车也按此计算）。

2）纯电动客车（不含快充类纯电动客车）续驶里程不低于200km（等速法）。插电式混合动力（含增程式）客车纯电续驶里程不低于50km（等速法）。

3）非快充类纯电动客车电池系统能量密度要高于115W·h/kg，快充类纯电动客车快充倍率要高于3C，插电式混合动力（含增程式）客车节油率水平要高于60%。

3. 新能源货车和专用车补贴标准和技术要求

（1）新能源货车和专用车补贴标准

新能源货车和专用车以提供驱动动力的动力电池总储电量为依据，采取分段超额累退方式给予补贴，具体见表1-12。

表1-12　新能源货车和专用车补贴标准

补贴标准/[元/(kW·h)]			中央财政单车补贴上限/万元
30（含）kW·h以下部分	30~50（含）kW·h部分	50kW·h以上部分	
850	750	650	10

（2）新能源货车和专用车技术要求

1）装载动力电池系统能量密度不低于115W·h/kg。

2）纯电动货车、运输类专用车单位载质量能量消耗量（E_{kg}）不高于0.4W·h/(km·kg)，对0.35~0.4W·h/(km·kg)（含）的按0.2倍补贴，对0.35W·h/(km·kg)及以下的按1倍补贴。

3）作业类纯电动专用车吨百公里电耗（按试验质量）不超过8kW·h。

4. 燃料电池汽车补贴标准和技术要求

（1）燃料电池汽车补贴标准

燃料电池乘用车按照搭载燃料电池系统的额定功率进行补贴，燃料电池客车、货车采取定额补贴，具体见表1-13。

表1-13　燃料电池汽车补贴标准

车辆类型	补贴标准/(元/kW)	补贴上限/(万元/辆)
乘用车	6000	20
轻型客车、货车	—	30
大中型客车、中重型货车	—	50

（2）燃料电池汽车技术要求

1）燃料电池系统的额定功率与驱动电机的额定功率比值不低于30%，比值介于0.3（含）~0.4的车型按0.8倍补贴，比值介于0.4(含)~0.5的车型按0.9倍补贴，比值在0.5（含）以上的车型按1倍补贴。

2）乘用车燃料电池系统的额定功率不小于10kW，商用车燃料电池系统的额定功率不小于30kW。

3）燃料电池汽车纯电续驶里程不低于300km。

4）燃料电池汽车所采用的燃料电池应满足《道路车辆用质子交换膜燃料电池模块》（GB/T 33978—2017）中的储存温度要求。

1.3.4 2019年新能源汽车推广应用政策

1.3.4.1 2019年新能源汽车财政支持政策

2019年3月26日，财政部、科技部、工业和信息化部及发展改革委等相关部门发布了《关于进一步完善新能源汽车推广应用财政补贴政策的通知》（财建〔2019〕138号）。该通知围绕进一步完善新能源汽车推广应用的财政补贴政策如下。

1. 优化技术指标，坚持“扶优扶强”

按照技术上先进、质量上可靠、安全上有保障的原则，适当提高技术指标门槛，保持技术指标上限基本不变，重点支持技术水平高的优质产品，同时鼓励企业注重安全性、一致性。主要是：稳步提高新能源汽车动力电池系统能量密度门槛要求，适度提高新能源汽车整车能耗要求，提高纯电动乘用车续驶里程门槛要求。

2. 完善补贴标准，分阶段释放压力

根据新能源汽车规模效益、成本下降等因素以及补贴政策退坡退出的规定，降低新能源乘用车、新能源客车、新能源货车补贴标准，促进产业优胜劣汰，防止市场大起大落。

3. 完善清算制度，提高资金效益

从2019年开始，对有运营里程要求的车辆，完成销售上牌后即预拨一部分资金，满足里程要求后可按程序申请清算。政策发布后销售上牌的有运营里程要求的车辆，从注册登记日起2年内运行不满足2万km的不予补助，并在清算时扣回预拨资金。

4. 营造公平环境，促进消费使用

从2019年起，符合公告要求但未达到2019年补贴技术条件的车型产品也纳入推荐车型目录。地方应完善政策，过渡期后不再对新能源汽车（新能源公交车和燃料电池汽车除外）给予购置补贴，转为用于支持充电（加氢）基础设施“短板”建设和配套运营服务等方面。如地方继续给予购置补贴的，中央将对相关财政补贴作相应扣减。

5. 强化质量监管，确保车辆安全

进一步加强安全性和一致性监管，由行业主管部门加快建立产品安全监控和“一致性”抽检常态机制。对由于产品质量引发重大安全事故，或经有关部门认定存在重大质量缺陷的车型，暂停或取消推荐车型目录，并相应暂缓或取消财政补贴。

该通知从2019年3月26日起实施，2019年3月26日—2019年6月25日为过渡期。过渡期期间，符合2018年技术指标要求但不符合2019年技术指标要求的销售上牌车辆，按照《关于调整完善新能源汽车推广应用财政补贴政策的通知》（财建〔2018〕18号）对应标准的0.1倍补贴，符合2019年技术指标要求的销售上牌车辆按2018年对应标准的0.6倍补贴。过渡期期间销售上牌的燃料电池汽车按2018年对应标准的0.8倍补贴。燃料电池汽车和新能源公交车补贴政策另行公布。

建立惩罚机制、破除地方保护、监督管理等其他相关规定继续按财政部、科技部、工业和信息化部、发展改革委《关于调整新能源汽车推广应用财政补贴政策的通知》（财建〔2016〕958号）、《关于新能源汽车推广应用审批责任有关事项的通知》（财建〔2016〕877号）、《关于2016—2020年新能源汽车推广应用财政支持政策的通知》（财建〔2015〕134号）以及《关于调整完善新能源汽车推广应用财政补贴政策的通知》（财建〔2018〕18号）等有关文件执行。

1.3.4.2 2019 年新能源汽车推广补贴方案及技术要求

1. 新能源乘用车补贴标准和技术要求

（1）新能源乘用车补贴标准（见表 1-14）

表 1-14 新能源乘用车补贴标准 （单位：万元/辆）

车辆类型	纯电动续驶里程 R（工况法、km）		
纯电动乘用车	$250 \leqslant R < 400$	$R \geqslant 400$	$R \geqslant 50$
	1.8	2.5	—
插电式混合动力（含增程式）乘用车	—		1

注：1. 纯电动乘用车单车补贴金额 = min｛里程补贴标准，车辆带电量 ×550 元｝× 电池系统能量密度调整系数 × 车辆能耗调整系数。

2. 对于非私人购买或用于营运的新能源乘用车，按照相应补贴金额的 0.7 倍给予补贴。

（2）新能源乘用车技术要求

1）纯电动乘用车 30min 最高车速不低于 100km/h。

2）纯电动乘用车工况法续驶里程不低于 250km。插电式混合动力乘用车（含增程式）工况法续驶里程不低于 50km。

3）纯电动乘用车动力电池系统的质量能量密度不低于 125W·h/kg，125（含）~140W·h/kg 的车型按 0.8 倍补贴，140（含）~160W·h/kg 的车型按 0.9 倍补贴，160W·h/kg 及以上的车型按 1 倍补贴。

4）根据纯电动乘用车能耗水平设置调整系数。纯电动乘用车整车能耗比《关于调整完善新能源汽车推广应用财政补贴政策的通知》（财建〔2018〕18 号）规定门槛提高 10%（含）~20% 的车型按 0.8 倍补贴，提高 20%（含）~35% 的车型按 1 倍补贴，提高 35%（含）以上的车型按 1.1 倍补贴。

5）工况法纯电续驶里程低于 80km 的插电式混合动力乘用车 B 状态燃料消耗量（不含电能转化的燃料消耗量）与现行的常规燃料消耗量国家标准中对应限值相比小于 60%，比值介于 55%（含）~60% 之间的车型按 0.5 倍补贴，比值小于 55% 的车型按 1 倍补贴。工况法纯电续驶里程大于等于 80km 的插电式混合动力乘用车，其 A 状态百公里耗电量应满足纯电动乘用车 2019 年门槛要求。

2. 新能源客车补贴标准和技术要求

（1）新能源客车补贴标准

新能源客车补贴标准具体见表 1-15。

表 1-15 新能源客车补贴标准

车辆类型	中央财政补贴标准/[元/(kW·h)]	中央财政补贴调整系数			中央财政单车补贴上限/万元		
					$6m < L$[①] $\leqslant 8m$	$8m < L \leqslant 10m$	$L > 10m$
非快充类纯电动客车	500	单位载质量能量消耗量/[W·h/(km·kg)]			2.5	5.5	9
		0.19（含）~0.17	0.17（含）~0.15	0.15 及以下			
		0.8	0.9	1			

（续）

车辆类型	中央财政补贴标准/[元/(kW·h)]	中央财政补贴调整系数			中央财政单车补贴上限/万元		
					$6m < L$① $\leqslant 8m$	$8m < L \leqslant 10m$	$L > 10m$
快充类纯电动客车	900	快充倍率			2	4	6.5
		3C～5C（含）	5C～15C（含）	15C 以上			
		0.8	0.9	1			
插电式混合动力（含增程式）客车	600	节油率水平			1	2	3.8
		60%～65%（含）	65%～70%（含）	70% 以上			
		0.8	0.9	1			

注：单车补贴金额 = min｛车辆带电量 × 单位电量补贴标准；单车补贴上限｝× 调整系数（包括：单位载质量能量消耗量系数、快充倍率系数、节油率系数）。

① L 表示车长。

（2）新能源客车技术要求

1）非快充类纯电动客车单位载质量能量消耗量（E_{kg}）不高于 0.19W·h/km·kg，电池系统能量密度不低于 135W·h/kg，续驶里程不低于 200km（等速法）。计算 E_{kg} 值所需的附加质量按照《关于 2016—2020 年新能源汽车推广应用财政支持政策的通知》(财建〔2015〕134 号）执行，能量消耗率按《电动汽车　能量消耗率和续驶里程试验方法》（GB/T 18386—2017）测试（新能源货车也按此计算）。

2）快充类纯电动客车快充倍率要高于 3C。

3）插电式混合动力客车（含增程式）节油率水平要高于 60%。对于燃用气体燃料的插电式混合动力客车，以油电混合动力客车为基准按照一定比例进行折算。插电式混合动力客车（含增程式）纯电续驶里程不低于 50km（等速法）。

4）取消新能源客车电池系统总质量占整车整备质量比例（m/m）不高于 20% 的门槛要求。

3. 新能源货车补贴标准和技术要求

（1）新能源货车补贴标准

新能源货车补贴标准具体见表 1-16。

表 1-16　新能源货车补贴标准

车辆类型	中央财政补贴标准/[元/(kW·h)]	中央财政单车补贴上限/万元		
		N_1 类	N_2 类	N_3 类
纯电动货车	350	2	5.5	
插电式混合动力（含增程式）货车	500	—	—	3.5

注：根据 GB/T 15089—2001《机动车辆及挂车分类》，N_1 类指最大设计总质量不超过 3500kg 的载货汽车；N_2 类指最大设计总质量超过 3500kg，但不超过 12000kg 的载货汽车；N_3 类指最大设计总质量超过 12000kg 的载货汽车。

(2) 新能源货车技术要求

1) 纯电动货车装载动力电池系统能量密度不低于125W·h/kg。

2) 纯电动货车单位载质量能量消耗量 (E_{kg}) 不高于0.30W·h/(km·kg)。作业类纯电动专用车吨百公里电耗（按试验质量）不超过8kW·h。

3) 插电式混合动力货车（含增程式）燃料消耗量（不含电能转化的燃料消耗量）与现行的常规燃料消耗量国家标准中对应限值相比小于60%。

4) 纯电动货车续驶里程不低于80km。插电式混合动力货车（含增程式）纯电续驶里程不低于50km。

1.3.5 2020年新能源汽车推广应用政策

1.3.5.1 2020年新能源汽车财政支持政策

2020年4月23日，财政部、科技部、工业和信息化部及发展改革委等相关部门发布了《关于完善新能源汽车推广应用财政补贴政策的通知》（财建〔2020〕86号）。该通知制定的新能源汽车推广应用财政补贴政策如下。

1. 延长补贴期限，平缓补贴退坡力度和节奏

综合技术进步、规模效应等因素，将新能源汽车推广应用财政补贴政策实施期限延长至2022年底。平缓补贴退坡力度和节奏，原则上2020—2022年补贴标准分别在上一年基础上退坡10%、20%、30%（2020年补贴标准见1.3.5.2节）。为加快公共交通等领域汽车电动化，城市公交、道路客运、出租（含网约车）、环卫、城市物流配送、邮政快递、民航机场以及党政机关公务领域符合要求的车辆，2020年补贴标准不退坡，2021—2022年补贴标准分别在上一年基础上退坡10%、20%。原则上每年补贴规模上限约200万辆。

2. 适当优化技术指标，促进产业做优做强

2020年，保持动力电池系统能量密度等技术指标不作调整，适度提高新能源汽车整车能耗、纯电动乘用车纯电续驶里程门槛（具体技术要求见附件）。2021—2022年，原则上保持技术指标总体稳定。支持“车电分离”等新型商业模式发展，鼓励企业进一步提升整车安全性、可靠性，研发生产具有先进底层操作系统、电子电气系统架构和智能化网联化特征的新能源汽车产品。

3. 完善资金清算制度，提高补贴精度

从2020年起，新能源乘用车、商用车企业单次申报清算车辆数量应分别达到10000辆、1000辆；补贴政策结束后，对未达到清算车辆数量要求的企业，将安排最终清算。新能源乘用车补贴前售价须在30万元以下（含30万元），为鼓励“换电”新型商业模式发展，加快新能源汽车推广，“换电模式”车辆不受此规定。

4. 调整补贴方式，开展燃料电池汽车示范应用

将当前对燃料电池汽车的购置补贴，调整为选择有基础、有积极性、有特色的城市或区域，重点围绕关键零部件的技术攻关和产业化应用开展示范，中央财政将采取“以奖代补”方式对示范城市给予奖励（有关通知另行发布）。争取通过4年左右时间，建立氢能和燃料电池汽车产业链，关键核心技术取得突破，形成布局合理、协同发展的良好局面。

5. 强化资金监管，确保资金安全

地方新能源汽车推广牵头部门应会同其他相关部门强化管理，要把补贴核查结果同步公

示，接受社会监督，对未按要求审核公示的上报资料不予受理。切实发挥信息化监管作用，对于数据弄虚作假的，经查实一律取消补贴。对监管不严、造成骗补等问题的地方和企业按规定严肃处理。

6. 完善配套政策措施，营造良好发展环境

根据资源优势、产业基础等条件合理制定新能源汽车产业发展规划，强化规划的严肃性，确保规划落实。加大新能源汽车政府采购力度，机要通信等公务用车除特殊地理环境等因素外原则上采购新能源汽车，优先采购提供新能源汽车的租赁服务。推动落实新能源汽车免限购、免限行、有路权等支持政策，加大柴油货车治理力度，提高新能源汽车使用优势。

本通知从2020年4月23日起实施，2020年4月23日—2020年7月22日为过渡期。过渡期期间，符合2019年技术指标要求但不符合2020年技术指标要求的销售上牌车辆，按照《关于进一步完善新能源汽车推广应用财政补贴政策的通知》（财建〔2019〕138号）对应标准的0.5倍补贴，符合2020年技术指标要求的销售上牌车辆按2020年标准补贴。补贴车辆限价规定过渡期后开始执行。2019年6月26日—2020年4月22日推广的燃料电池汽车按照财建〔2019〕138号规定的过渡期补贴标准执行。

其他相关规定继续按《关于2016—2020年新能源汽车推广应用财政支持政策的通知》（财建〔2015〕134号）、《关于新能源汽车推广应用审批责任有关事项的通知》（财建〔2016〕877号）、《关于调整新能源汽车推广应用财政补贴政策的通知》（财建〔2016〕958号）、《关于调整完善新能源汽车推广应用财政补贴政策的通知》（财建〔2018〕18号）、《关于进一步完善新能源汽车推广应用财政补贴政策的通知》（财建〔2019〕138号）、《关于支持新能源公交车推广应用的通知》（财建〔2019〕213号）等有关文件执行。

1.3.5.2　2020年新能源汽车推广补贴方案及技术要求

1. 新能源乘用车补贴标准和技术要求

（1）新能源乘用车补贴标准（见表1-17）

表1-17　新能源乘用车补贴标准　　（单位：万元/辆）

车辆类型	纯电动续驶里程 R（工况法、km）		
纯电动乘用车	$300 \leqslant R < 400$	$R \geqslant 400$	$R \geqslant 50$
	1.62	2.25	—
插电式混合动力（含增程式）乘用车	—		0.85

注：1. 纯电动乘用车单车补贴金额 = min ｛里程补贴标准，车辆带电量 × 500元｝× 电池系统能量密度调整系数 × 车辆能耗调整系数。

2. 对于非私人购买或用于营运的新能源乘用车，按照相应补贴金额的0.7倍给予补贴。

3. 补贴前售价应在30万元以下（以机动车销售统一发票、企业官方指导价等为参考依据，“换电模式”除外）。

（2）新能源乘用车技术要求

1）纯电动乘用车工况法续驶里程不低于300km。

2）根据纯电动乘用车能耗水平设置调整系数。按整车整备质量（m）不同，工况条件下百千米耗电量（Y）应满足以下门槛条件：当 $m \leqslant 1000$ 时，$Y = 0.0112m + 0.4$；$1000 < m \leqslant 1600$ 时，$Y = 0.0078m + 3.8$；$m > 1600$ 时，$Y = 0.0044m + 9.24$。比门槛提高0%（含）~10%的车型按0.8倍补贴，提高10%（含）~25%的车型按1倍补贴，提高25%（含）以

上的车型按 1.1 倍补贴。

3）纯电动乘用车 30min 最高车速、纯电动乘用车动力电池系统的质量能量密度、插电式混合动力乘用车能耗等指标要求和相应的补贴系数见《关于进一步完善新能源汽车推广应用财政补贴政策的通知》（财建〔2019〕138 号）。

2. 新能源客车补贴标准和技术要求

（1）新能源客车补贴标准（见表 1-18）

表 1-18 新能源客车补贴标准

<table>
<tr><th rowspan="2">车辆类型</th><th rowspan="2">中央财政补贴标准/[元/(kW·h)]</th><th rowspan="2" colspan="3">中央财政补贴调整系数</th><th colspan="3">中央财政单车补贴上限/万元</th></tr>
<tr><th>6 < L① ≤8m</th><th>8 < L≤10m</th><th>L > 10m</th></tr>
<tr><td rowspan="3">非快充类纯电动客车</td><td rowspan="3">500</td><td colspan="3">单位载质量能量消耗量/[W·h/(km·kg)]</td><td rowspan="3">2.5</td><td rowspan="3">5.5</td><td rowspan="3">9</td></tr>
<tr><td>0.18（含）~0.17</td><td>0.17（含）~0.15</td><td>0.15 及以下</td></tr>
<tr><td>0.8</td><td>0.9</td><td>1</td></tr>
<tr><td rowspan="3">快充类纯电动客车</td><td rowspan="3">900</td><td colspan="3">快充倍率</td><td rowspan="3">2</td><td rowspan="3">4</td><td rowspan="3">6.5</td></tr>
<tr><td>3C ~5C（含）</td><td>5C ~15C（含）</td><td>15C 以上</td></tr>
<tr><td>0.8</td><td>0.9</td><td>1</td></tr>
<tr><td rowspan="3">插电式混合动力（含增程式）客车</td><td rowspan="3">600</td><td colspan="3">节油率水平</td><td rowspan="3">1</td><td rowspan="3">2</td><td rowspan="3">3.8</td></tr>
<tr><td>60% ~65%（含）</td><td>65% ~70%（含）</td><td>70% 以上</td></tr>
<tr><td>0.8</td><td>0.9</td><td>1</td></tr>
</table>

注：单车补贴金额 = min｛车辆带电量 × 单位电量补贴标准；单车补贴上限｝× 调整系数（包括：单位载质量能量消耗量系数、快充倍率系数、节油率系数）。

① *L* 表示车长。

（2）新能源客车技术要求

1）非快充类纯电动客车单位载质量能量消耗量（E_{kg}）不高于 0.18W·h/(km·kg)。

2）电池系统能量密度等其他技术指标要求见财建〔2019〕138 号文件。

3. 新能源货车补贴标准和技术要求

（1）新能源货车补贴标准（见表 1-19）

表 1-19 新能源货车补贴标准

<table>
<tr><th rowspan="2">车辆类型</th><th rowspan="2">中央财政补贴标准/[元/(kW·h)]</th><th colspan="3">中央财政单车补贴上限/万元</th></tr>
<tr><th>N_1 类</th><th>N_2 类</th><th>N_3 类</th></tr>
<tr><td>纯电动货车</td><td>315</td><td>1.8</td><td>3.5</td><td>5</td></tr>
<tr><td>插电式混合动力（含增程式）货车</td><td>450</td><td>—</td><td>2</td><td>3.15</td></tr>
</table>

注：根据 GB/T 15089—2001《机动车辆及挂车分类》，N_1 类指最大设计总质量不超过 3500kg 的载货汽车；N_2 类指最大设计总质量超过 3500kg，但不超过 12000kg 的载货汽车；N_3 类指最大设计总质量超过 12000kg 的载货汽车。

（2）新能源货车技术要求

1）纯电动货车单位载质量能量消耗量（E_{kg}）不高于0.29W·h/(km·kg)。

2）电池系统能量密度等其他技术指标要求见财建〔2019〕138号文件。

1.3.6　2021年新能源汽车推广应用政策

1.3.6.1　2021年新能源汽车财政支持政策

2020年12月31日，财政部、科技部、工业和信息化部及发展改革委等相关部门发布了《2021年新能源汽车推广应用财政补贴政策》（财建〔2020〕593号）该通知就新能源汽车推广应用制定了如下财政补贴政策。

1. 坚持平缓补贴退坡力度，保持技术指标门槛稳定

为创造稳定政策环境，2021年保持现行购置补贴技术指标体系框架及门槛要求不变。根据《关于完善新能源汽车推广应用财政补贴政策的通知》（财建〔2020〕86号）要求，2021年，新能源汽车补贴标准在2020年基础上退坡20%；为推动公共交通等领域车辆电动化，城市公交、道路客运、出租（含网约车）、环卫、城市物流配送、邮政快递、民航机场以及党政机关公务领域符合要求的车辆，补贴标准在2020年基础上退坡10%。为加快推动公共交通行业转型升级，地方可继续对新能源公交车给予购置补贴。

2. 做好测试工况切换衔接，实现新老标准平稳过渡

2021年，我国新能源汽车试验方法标准将更新。新标准发布实施前，按照老标准进行检测的产品，只要符合补贴政策技术门槛要求，均可按规定享受补贴。插电式混合动力（含增程式）汽车在新试验方法标准下的补贴技术要求，有条件的等效全电续驶里程应不低于43km；电量保持模式试验的燃料消耗量（不含电能转化的燃料消耗量）与《乘用车燃料消耗量限值》（GB 19578）中对应车型的燃料消耗量限值相比应小于65%，电量消耗模式试验的电能消耗量应小于同整备质量纯电动乘用车电能消耗量目标值的125%。其他新能源汽车在新试验方法标准下的技术要求，适用财建〔2020〕86号文件规定。

3. 进一步强化监督管理，完善市场化长效机制

落实新能源汽车生产企业产品质量主体责任，鼓励企业积极开展缺陷调查及主动召回。生产企业安全管理体系不到位造成重大事故被主管部门行政处理处罚的，明知产品存在质量问题而不主动召回、造成重大事故的，或者被主管部门责令召回的，视程度予以暂停或取消推荐车型目录、暂缓或取消财政补贴等措施。推动建立跨部门信息共享和监管机制，强化对新能源汽车生产、销售、运营、报废等全流程监管，对于起火、重大安全事故等情况，开展跨部门联合调查。进一步加强购置补贴审核，提高重点关注企业现场审核比例。落实和完善新能源乘用车积分交易政策，加快研究新能源商用车积分交易制度，承接购置补贴有序退出，促进新能源汽车产业市场化发展。

4. 切实防止重复建设，推动提高产业集中度

加强汽车投资项目和生产准入管理，严控增量、优化存量，严格执行新建企业和扩大产能项目等规范要求。加大僵尸企业退出力度，鼓励优势企业兼并重组、做大做强，坚决遏制新能源汽车盲目投资、违规建设等乱象，推动产业向产能利用充分、产业基础扎实、配套体系完善、竞争优势明显的地区和企业聚集，不断提高产能利用率和产业集中度。新能源乘用车、商用车企业单次申报购置补贴清算车辆数量应分别达到10000辆、1000辆。

本通知从 2021 年 1 月 1 日起实施。本通知未作规定的事项，继续按照《关于新能源汽车推广应用审批责任有关事项的通知》（财建〔2016〕877 号）、《关于调整新能源汽车推广应用财政补贴政策的通知》（财建〔2016〕958 号）、《关于调整完善新能源汽车推广应用财政补贴政策的通知》（财建〔2018〕18 号）、《关于进一步完善新能源汽车推广应用财政补贴政策的通知》（财建〔2019〕138 号）、《关于支持新能源公交车推广应用的通知》（财建〔2019〕213 号）、《关于完善新能源汽车推广应用财政补贴政策的通知》（财建〔2020〕86 号）等有关文件执行。

1.3.6.2 2021 年新能源汽车推广补贴方案及技术要求

1. 非公共领域补贴方案

新能源乘用车、新能源客车、新能源货车分别见表 1-20 ~ 表 1-22。

表 1-20 新能源乘用车补贴方案（非公共领域） （单位：万元/辆）

车辆类型	纯电动续驶里程 R（工况法、km）		
纯电动乘用车	300≤R<400	R≥400	R≥50（NEDC 工况）/ R≥43（WLTC 工况）
	1.3	1.8	—
插电式混合动力（含增程式）乘用车	—		0.68

注：1. 纯电动乘用车单车补贴金额 = min｛里程补贴标准，车辆带电量 ×400 元｝× 电池系统能量密度调整系数 × 车辆能耗调整系数。

2. 对于非私人购买或用于营运的新能源乘用车，按照相应补贴金额的 0.7 倍给予补贴。

3. 补贴前售价应在 30 万元以下（以机动车销售统一发票、企业官方指导价等为参考依据，换电模式除外）。

表 1-21 新能源客车补贴方案（非公共领域）

车辆类型	中央财政补贴标准/[元/(kW·h)]	中央财政补贴调整系数			中央财政单车补贴上限/万元		
					6 < L① ≤8m	8 < L≤10m	L > 10m
非快充类纯电动客车	400	单位载质量能量消耗量/[W·h/(km·kg)]			2	4.4	7.2
		0.18（含）~ 0.17	0.17（含）~ 0.15	0.15 及以下			
		0.8	0.9	1			
快充类纯电动客车	720	快充倍率			1.6	3.2	5.2
		3C ~ 5C（含）	5C ~ 15C（含）	15C 以上			
		0.8	0.9	1			
插电式混合动力（含增程式）客车	480	节油率水平			0.8	1.6	3.04
		60% ~ 65%（含）	65% ~ 70%（含）	70% 以上			
		0.8	0.9	1			

注：单车补贴金额 = min｛车辆带电量 × 单位电量补贴标准；单车补贴上限｝× 调整系数（包括：单位载质量能量消耗量系数、快充倍率系数、节油率系数）。

① L 表示车长。

表 1-22　新能源货车补贴方案（非公共领域）

车辆类型	中央财政补贴标准/[元/(kW·h)]	中央财政单车补贴上限/万元		
		N_1 类	N_2 类	N_3 类
纯电动货车	252	1.44	2.8	4
插电式混合动力（含增程式）货车	360	—	1.6	2.52

2. 公共交通等领域补贴方案

新能源乘用车、新能源客车、新能源货车的补贴方案分别见表1-23～表1-25。

表 1-23　新能源乘用车补贴方案（公共领域）　　（单位：万元/辆）

车辆类型	纯电动续驶里程 R（工况法、km）		
纯电动乘用车	$300 \leqslant R < 400$	$R \geqslant 400$	$R \geqslant 50$（NEDC工况）/ $R \geqslant 43$（WLTC工况）
	1.62	2.25	—
插电式混合动力（含增程式）乘用车	—		0.9

注：1. 纯电动乘用车单车补贴金额 = min｛里程补贴标准，车辆带电量×495元｝×电池系统能量密度调整系数×车辆能耗调整系数。

2. 对于非私人购买或用于营运的新能源乘用车，按照相应补贴金额的0.7倍给予补贴。

3. 补贴前售价应在30万元以下（以机动车销售统一发票、企业官方指导价等为参考依据，“换电模式”除外）。

表 1-24　新能源客车补贴方案（公共领域）

车辆类型	中央财政补贴标准/[元/(kW·h)]	中央财政补贴调整系数			中央财政单车补贴上限/万元		
					$6 < L$①$\leqslant 8$m	$8 < L \leqslant 10$m	$L > 10$m
非快充类纯电动客车	450	单位载质量能量消耗量/[W·h/(km·kg)]			2.25	4.95	8.1
		0.18（含）～0.17	0.17（含）～0.15	0.15及以下			
		0.8	0.9	1			
快充类纯电动客车	810	快充倍率			1.8	3.6	5.85
		3C～5C（含）	5C～15C（含）	15C以上			
		0.8	0.9	1			
插电式混合动力（含增程式）客车	540	节油率水平			0.9	1.8	3.42
		60%～65%（含）	65%～70%（含）	70%以上			
		0.8	0.9	1			

注：单车补贴金额 = min｛车辆带电量×单位电量补贴标准；单车补贴上限｝×调整系数（包括：单位载质量能量消耗量系数、快充倍率系数、节油率系数）。

① L 表示车长。

表1-25　新能源货车补贴方案（公共领域）

车辆类型	中央财政补贴标准/[元/(kW·h)]	中央财政单车补贴上限/万元		
		N_1 类	N_2 类	N_3 类
纯电动货车	315	1.7	4.95	4.95
插电式混合动力（含增程式）货车	450	—	1.8	3.15

1.3.7　2022年新能源汽车推广应用政策

1.3.7.1　2022年新能源汽车财政支持政策

2021年12月31日，财政部、科技部、工业和信息化部及发展改革委等相关部门发布了《关于2022年新能源汽车推广应用财政补贴政策的通知》（财建〔2021〕466号）。其就2022年新能源汽车推广应用财政补贴政策有关内容如下。

1. 保持技术指标体系稳定，坚持平缓补贴退坡力度

为创造稳定政策环境，2022年保持现行购置补贴技术指标体系框架及门槛要求不变。根据《关于完善新能源汽车推广应用财政补贴政策的通知》（财建〔2020〕86号）要求，2022年，新能源汽车补贴标准在2021年基础上退坡30%；城市公交、道路客运、出租（含网约车）、环卫、城市物流配送、邮政快递、民航机场以及党政机关公务领域符合要求的车辆，补贴标准在2021年基础上退坡20%。

2. 明确政策终止日期，做好政策收尾工作

根据《关于完善新能源汽车推广应用财政补贴政策的通知》（财建〔2020〕86号）"综合技术进步、规模效应等因素，将新能源汽车推广应用财政补贴政策实施期限延长至2022年底"要求，为保持新能源汽车产业良好发展势头，综合考虑新能源汽车产业发展规划、市场销售趋势以及企业平稳过渡等因素，2022年新能源汽车购置补贴政策于2022年12月31日终止，2022年12月31日之后上牌的车辆不再给予补贴。同时，继续加大审核力度，做好以前年度推广车辆的清算收尾工作。

3. 加强产品安全监管引导，确保质量和信息安全

健全新能源汽车安全监管体系，进一步压实新能源汽车生产企业主体责任。指导企业健全安全管理机制，强化产品质量保障能力，满足国家关于汽车数据安全、网络安全、在线升级等管理要求。提升企业监测平台效能，提高售后服务能力，做好事故应急响应处置。工业和信息化部联合相关部门建立跨部门信息共享机制，定期汇总起火及重大事故信息，加快建立车辆事故报告制度，对于隐瞒事故信息、不配合调查的，视情节轻重暂停或取消涉事车型补贴资格。

该通知从2022年1月1日起实施。该通知未作规定的事项，继续按照财政部会同有关部门印发的《关于新能源汽车推广应用审批责任有关事项的通知》（财建〔2016〕877号）、《关于调整新能源汽车推广应用财政补贴政策的通知》（财建〔2016〕958号）、《关于调整完善新能源汽车推广应用财政补贴政策的通知》（财建〔2018〕18号）、《关于进一步完善新能源汽车推广应用财政补贴政策的通知》（财建〔2019〕138号）、《关于支持新能源公交车推广应用的通知》（财建〔2019〕213号）、《关于完善新能源汽车推广应用财政补贴政策

的通知》（财建〔2020〕86号）、《关于进一步完善新能源汽车推广应用财政补贴政策的通知》（财建〔2020〕593号）等有关文件执行。

1.3.7.2　2022年新能源汽车推广补贴方案及技术要求

1. 非公共领域补贴方案

新能源乘用车、新能源客车、新能源货车分别见表1-26～表1-28。

表1-26　新能源乘用车补贴方案（非公共领域）　　（单位：万元/辆）

车辆类型	纯电动续驶里程 R（工况法、km）		
纯电动乘用车	$300 \leqslant R < 400$	$R \geqslant 400$	$R \geqslant 50$（NEDC工况）/ $R \geqslant 43$（WLTC工况）
	0.91	1.26	—
插电式混合动力（含增程式）乘用车	—		0.48

注：1. 纯电动乘用车单车补贴金额 = min｛里程补贴标准，车辆带电量×280元｝×电池系统能量密度调整系数×车辆能耗调整系数。

2. 对于非私人购买或用于营运的新能源乘用车，按照相应补贴金额的0.7倍给予补贴。

3. 补贴前售价应在30万元以下（以机动车销售统一发票、企业官方指导价等为参考依据，“换电模式”除外）。

表1-27　新能源客车补贴方案（非公共领域）

车辆类型	中央财政补贴标准/[元/(kW·h)]	中央财政补贴调整系数			中央财政单车补贴上限/万元		
					$6 < L$①$\leqslant 8$m	$8 < L \leqslant 10$m	$L > 10$m
非快充类纯电动客车	280	单位载质量能量消耗量/[W·h/(km·kg)]			1.4	3.08	5.04
		0.18（含）～0.17	0.17（含）～0.15	0.15及以下			
		0.8	0.9	1			
快充类纯电动客车	504	快充倍率			1.12	2.24	3.64
		3C～5C（含）	5C～15C（含）	15C以上			
		0.8	0.9	1			
插电式混合动力（含增程式）客车	336	节油率水平			0.56	1.12	2.13
		60%～65%（含）	65%～70%（含）	70%以上			
		0.8	0.9	1			

注：单车补贴金额 = min｛车辆带电量×单位电量补贴标准；单车补贴上限｝×调整系数（包括：单位载质量能量消耗量系数、快充倍率系数、节油率系数）。

① L 表示车长。

表1-28　新能源货车补贴方案（非公共领域）

车辆类型	中央财政补贴标准/[元/(kW·h)]	中央财政单车补贴上限/万元		
		N_1类	N_2类	N_3类
纯电动货车	176	1.01	1.96	2.8
插电式混合动力（含增程式）货车	252	—	1.12	1.76

2. 公共交通等领域补贴方案

新能源乘用车、新能源客车、新能源货车分别见表1-29～表1-31。

表1-29　新能源乘用车补贴方案（公共领域）　　（单位：万元/辆）

车辆类型	纯电动续驶里程 R（工况法、km）		
纯电动乘用车	$300 \leqslant R < 400$	$R \geqslant 400$	$R \geqslant 50$（NEDC 工况）/ $R \geqslant 43$（WLTC 工况）
	1.3	1.8	—
插电式混合动力（含增程式）乘用车	—		0.72

注：1. 纯电动乘用车单车补贴金额=min｛里程补贴标准，车辆带电量×396元｝×电池系统能量密度调整系数×车辆能耗调整系数。

2. 对于非私人购买或用于营运的新能源乘用车，按照相应补贴金额的0.7倍给予补贴。

3. 补贴前售价应在30万元以下（以机动车销售统一发票、企业官方指导价等为参考依据，“换电模式”除外）。

表1-30　新能源客车补贴方案（公共领域）

车辆类型	中央财政补贴标准/[元/(kW·h)]	中央财政补贴调整系数			中央财政单车补贴上限/万元		
					$6 < L$[①] $\leqslant 8$m	$8 < L \leqslant 10$m	$L > 10$m
非快充类纯电动客车	360	单位载质量能量消耗量/[W·h/(km·kg)]			1.8	3.96	6.48
		0.18（含）～0.17	0.17（含）～0.15	0.15及以下			
		0.8	0.9	1			
快充类纯电动客车	648	快充倍率			1.44	2.88	4.68
		3C～5C（含）	5C～15C（含）	15C以上			
		0.8	0.9	1			
插电式混合动力（含增程式）客车	432	节油率水平			0.72	1.44	2.74
		60%～65%（含）	65%～70%（含）	70%以上			
		0.8	0.9	1			

注：单车补贴金额=min｛车辆带电量×单位电量补贴标准；单车补贴上限｝×调整系数（包括：单位载质量能量消耗量系数、快充倍率系数、节油率系数）。

① L表示车长。

表1-31　新能源货车补贴方案（公共领域）

车辆类型	中央财政补贴标准/[元/(kW·h)]	中央财政单车补贴上限/万元		
		N_1类	N_2类	N_3类
纯电动货车	252	1.44	3.96	3.96
插电式混合动力（含增程式）货车	360	—	1.44	2.52

习　　题

1. 我国新能源汽车发展经历了哪几个阶段？每个阶段的主要特点是什么？

2. 新能源汽车法律法规制定中，强化安全监管方面存在哪些问题？应如何改进？

3. 新能源汽车“双积分”制度的实施现状如何？存在哪些问题？应如何调整？

4. 简述新能源汽车标准法规类别中，涉及电动汽车充电系统的主要标准有哪些？

5. 2016—2020 年新能源汽车推广应用财政支持政策中，对新能源汽车生产企业有哪些要求？

6. 2017 年新能源汽车推广应用政策在补贴资金拨付方式上有哪些改进？

7. 2018 年新能源汽车推广应用政策对运营里程要求做了哪些调整？

8. 2019 年新能源汽车推广应用政策如何优化技术指标？

9. 2020 年新能源汽车推广应用政策在补贴期限和补贴方式上有哪些调整？

10. 2021—2022 年新能源汽车推广应用政策如何保持政策稳定性？

第2章

机动车运行安全技术条件

学习目标

1. 了解 GB 7258—2017 的制定背景与依据。
2. 了解 GB 7258—2017 的制定原则。
3. 熟悉机动车整车标志要求。
4. 掌握机动车外廓尺寸及核载核定方法。
5. 理解机动车比功率、侧倾稳定性及驻车稳定角的技术要求。
6. 掌握发动机和驱动电机的技术要求。
7. 掌握转向和制动系的基本要求。
8. 熟悉机动车照明、信号装置及电气设备的要求。
9. 掌握行驶系和传动系的基本要求。
10. 掌握车身及安全防护装置的基本要求。
11. 熟悉消防车、救护车、工程救险车和警车的附加要求。
12. 熟悉残疾人专用汽车的附加要求。

GB 7258《机动车运行安全技术条件》是我国机动车国家安全技术标准的重要组成部分，是进行注册登记检验和在用机动车检验、机动车查验等机动车运行安全管理及事故车检验最基本的技术标准，同时也是我国机动车新车定型强制性检验、新车出厂检验和进口机动车检验的重要技术依据之一。但应注意以下特殊情况。

1）有轨电车属于《中华人民共和国道路交通安全法》规定的机动车（即道路机动车辆），但其结构和技术特性与汽车、轮式专用机械车等其他道路机动车辆有明显的差异，故不适用 GB 7258。

2）鉴于轮式专用机械车的种类繁多、功能各异，GB 7258 未对其外廓尺寸、轴荷及质量参数、转向性能、制动性能、外部照明和信号装置及电气设备、车身、安全防护装置等参数和要求作出具体规定。

3）叉车不属于道路机动车辆，鉴于其外形和结构的特殊性，不适于在道路上行驶和使用。

2.1 GB 7258—2017 概述

2.1.1 GB 7258—2017 的属性

2.1.1.1 制定背景

国家标准《机动车运行安全技术条件》（GB 7258）是我国机动车运行安全管理最基本

的技术标准，实际上起着机动车运行安全管理技术法规的作用，现行版本为 GB 7258—2017。该版本自 2018 年 1 月 1 日起实施以来，在加强机动车运行安全管理、提高机动车运行安全水平、保障道路交通安全等方面起到了积极的作用。

2.1.1.2　制定依据

根据《国家标准委关于下达 2014 年第二批国家标准制修订计划的通知》（国标委综合〔2014〕89 号）文件的要求，强制性国家标准 GB 7258—2012《机动车运行安全技术条件》修订工作由公安部交通管理科学研究所（以下简称“交通科研所”）和交通运输部公路科学研究院（以下简称“公路院”）、中国汽车技术研究中心（以下简称“天津中心”）负责，项目编号 20141742-0-312，完成年限为 2016 年。

2.1.1.3　制定原则

综合标准修订前期调研成果，确定此次 GB 7258 修订的基本原则如下。

1. 提高针对性

针对我国重型载货车辆、危险货物运输车辆、客车安全技术性能差、防火安全性不高及旅居车辆安全管理规定缺失等突出问题明确提出超载报警装置、紧急切断阀开启报警装置、车内外视频监控录像系统、自动破窗装置等安全装置配备要求，提高了重型货车贮气筒额定工作气压和客车行车制动管路压力要求，增加了乘用车列车的相关技术要求，从车辆设计和制造源头上提出提升车辆运行安全性的解决方案，为严格机动车运行安全管理提供技术支撑。

2. 突出可行性

根据我国实际国情，借鉴国外类似技术标准相关要求增加事件数据记录器（EDR）、汽车电子标识安装等运行安全管理要求，强化车辆识别代号（VIN）打刻要求和新能源汽车安全技术要求，制定切合我国实际状况的、可操作性强的机动车运行安全技术条件。

3. 注重协调性

根据 GB 1589、GB 11567、GB 13094、GB 17761 等国家标准及其他相关国家标准的制修订情况，修改调整标准相关技术要求，保证相关技术标准间的协调一致。

4. 保持连续性

考虑到 GB 7258 的实际作用，为保证标准的实施效果，原则上不对标准框架结构及 GB 7258—2012 较 GB 7258—2004 新增的要求进行调整，基本保持 GB 7258—2012 的框架结构。

2.1.1.4　制定过程

2014 年 10 月，为贯彻落实中央领导批示精神，根据国标委工业标准一部和公安部交通管理局领导批示要求，交通科研所向公安部道路交通管理标准化技术委员会（以下简称“道标委”）申请修订 GB 7258—2012。道标委按照规定程序，通过公安部科信局向国标委申请 GB 7258—2012 修订立项。2014 年 12 月，国标委工业标准一部经组织专家评审，批复同意修订强制性国家标准 GB 7258—2012。

2015 年 4 月 2 日，公安部交通管理局就标准修订工作方案中主要修订内容、修订工作计划、起草工作组等事项书面征求交通运输部运输服务司、工信部装备工业司、质检总局检验监管司意见；三司局书面回复了意见，同意标准修订工作计划、起草工作组组成等事项。

2015 年 4 月 23 日，GB 7258 修订负责起草单位第一次工作会在江苏无锡召开，进一步明确了标准修订原则、主要修订内容及修订工作计划和起草工作组组成。

2015 年 6 月 12 日，道标委在北京组织召开 GB 7258—2012 修订领导小组第一次工作会暨标准修订工作启动会，国标委工业标准一部、公安部交通管理局、交通运输部运输服务司、工信部装备工业司、质检总局检验监管司以及标准修订起草工作组成员单位的代表参加会议。会议对 GB 7258 标准修订的重要性和必要性做了强调，对标准修订的原则、主要内容和工作进度等进行了要求，进一步明确了任务分工和时间进度要求，确定 2015 年 6—10 月各成员单位各自在行业内征求相关企业和单位意见，分析标准在执行过程中存在的问题，并结合分工要求提出修订意见建议，报标准修订负责起草单位汇总形成标准修订稿。

2015 年 6—11 月，标准修订起草工作组各成员单位按照标准修订工作启动会要求，各自广泛征求行业内单位意见，并及时将标准执行中存在的问题和对 GB 7258 修订的意见建议报交通科研所。

2015 年 12 月 14—15 日，GB 7258 修订负责起草单位第二次工作会在天津召开，交通科研所、公路院、天津中心等 3 家标准修订负责起草单位相关人员参加了会议。会上对标准修订征求意见讨论稿草案进行了讨论，确定了修改意见和修改任务分工。会后，交通科研所根据公路院、天津中心提交的修改意见建议形成了标准修订征求意见讨论稿。

2016 年 1 月 13—14 日，道标委在江苏无锡召开 GB 7258 修订工作组第一次全体会议，标准修订起草工作组全体成员，国标委工业标准一部及公安部交通管理局、交通运输部运输服务司、工信部装备工业司、质检总局检验监管司的代表和中国质量认证中心、全国汽车标准化技术委员会摩托车分技术委员会的相关技术人员参加了会议。与会人员对交通科研所编写的 GB 7258 标准修订征求意见讨论稿逐条进行了认真细致的讨论，本着“求大同、存小异”的原则就修改内容基本达成了共识，确定了各成员单位需补充完善的内容。为准确了解翻新胎行业现状，交通科研所邀请中国轮胎循环利用协会相关人员到会介绍翻新胎国内外标准及国内行业管理现状，并针对 GB 7258 中翻新胎限制使用范围的相关条款进行了深入研讨；与会人员在听取了相关情况的介绍后，建议中国轮胎循环利用协会进一步调研整理主要轮胎翻新企业的翻新数量、实际使用翻新胎的车型等情况，为标准修订起草工作组合理界定翻新胎限制使用范围提供相应的支撑材料。会后，交通科研所根据会议形成的意见及相关成员单位的补充修改意见建议，于 2016 年 1 月 28 日形成了标准征求意见稿（草稿）上报公安部交通管理局。

2016 年 2 月，交通科研所根据公安部交通管理局的意见对标准征求意见稿（草稿）进行了修改，形成了标准征求意见稿（正式稿）。

2.1.2 GB 7258—2017 的作用

1）该标准规定了机动车的整车及主要总成、安全防护装置等有关运行安全的基本技术要求，以及消防车、救护车、工程救险车和警车及残疾人专用汽车的附加要求。

2）该标准适用于在我国道路上行驶的所有机动车，但不适用于有轨电车及并非为在道路上行驶和使用而设计和制造、主要用于封闭道路和场所作业施工的轮式专用机械车。

注：有轨电车是指以电机驱动、架线供电、有轨道承载的道路车辆。

2.2　术语和定义

下列术语和定义适用于该文件。

2.2.1　机动车（power-driven vehicle）

由动力装置驱动或牵引，上道路行驶的供人员乘用或用于运送物品以及进行工程专项作业的轮式车辆，包括汽车及汽车列车、摩托车、拖拉机运输机组、轮式专用机械车、挂车。

2.2.2　汽车（motor vehicle）

由动力驱动、具有四个或四个以上车轮的非轨道承载的车辆，包括与电力线相连的车辆（如无轨电车）。主要用于：

——载运人员和/或货物（物品）；

——牵引载运货物（物品）的车辆或特殊用途的车辆；

——专项作业。

该术语还包括以下由动力驱动、非轨道承载的三轮车辆。

1）整车整备质量超过400kg、不带驾驶室、用于载运货物的三轮车辆。

2）整车整备质量超过600kg、不带驾驶室、不具有载运货物结构或功能设计和制造上最多乘坐2人（包括驾驶人）的三轮车辆。

3）整车整备质量超过600kg的带驾驶室的三轮车辆。

2.2.2.1　载客汽车（passenger vehicle）

设计和制造上主要用于载运人员的汽车，包括装置有专用设备或器具但以载运人员为主要目的的汽车。

1. 乘用车（passenger car）

设计和制造上主要用于载运乘客及其随身行李和/或临时物品的汽车，包括驾驶人座位在内最多不超过9个座位。它可以装置一定的专用设备或器具，也可以牵引一辆中置轴挂车。

2. 旅居车（motor caravan）

装备有睡具（可由桌椅转换而来）及其他必要的生活设施、用于旅行宿营的汽车。

3. 客车（bus）

设计和制造上主要用于载运乘客及其随身行李的汽车，包括驾驶人座位在内座位数超过9个。根据是否设置有站立乘客区，分为未设置乘客站立区的客车和设有乘客站立区的客车。

（1）未设置乘客站立区的客车（bus without standing passenger area）

设计和制造上无乘客站立区、不允许乘客站立、全体乘客均乘坐在座位上或卧睡的客车，包括公路客车、旅游客车、未设置乘客站立区的公共汽车、专用客车等。

1）公路客车（interurban bus），长途客车。为城间（城乡）运输乘客设计和制造、专门从事旅客运输的客车，包括卧铺客车，即设计和制造供全体乘客卧睡的客车。

2）旅游客车（touring bus）。为旅游设计和制造、专门用于运载游客的客车。

3）未设置乘客站立区的公共汽车（public bus without standing passenger area）。为城市内运输乘客设计和制造，有固定的公交营运线路和车站，主要在城市道路运营的客车。

4）专用客车（special bus）。

设计和制造上用于载运特定人员并完成特定功能的客车，如专用校车；也包括装置有专用设备或器具，座位数（包括驾驶人座位）超过9个的专用汽车。

（2）设有乘客站立区的客车（bus with standing passenger area）

最大设计车速小于70km/h，设有座椅及乘客站立区，并有足够的空间供频繁停站时乘客上下车走动，有固定的公交营运线路和车站，主要在城市建成区运营的客车；也包括无轨电车，即以电机驱动、与电力线相连的客车。

4. 校车（school bus）

用于有组织地接送3周岁以上学龄前幼儿或接受义务教育的学生上下学的7座以上的载客汽车。

（1）幼儿校车（school bus for infants）

接送3周岁以上学龄前幼儿上下学的校车。

（2）小学生校车（school bus for primary student）

接送小学生上下学的校车。

（3）中小学生校车（school bus for primary and middle school student）

接送九年制义务教育阶段学生（小学生和初中生）上下学的校车。

（4）专用校车（special school bus）

设计和制造上专门用于运送3周岁以上学龄前幼儿或义务教育阶段学生的专用客车。

2.2.2.2　载货汽车（goods vehicle）

货车，设计和制造上主要用于载运货物或牵引挂车的汽车，也包括：

1）装置有专用设备或器具但以载运货物为主要目的的汽车；

2）由非封闭式货车改装的，虽装置有专用设备或器具，但不属于专项作业车的汽车。

注：封闭式货车是指载货部位的结构为封闭厢体且与驾驶室连成一体，车身结构为一厢式或两厢式的载货汽车。

1. 半挂牵引车（semi-trailer towing vehicle）

装备有特殊装置用于牵引半挂车的汽车。

2. 低速汽车（low-speed vehicle）

三轮汽车和低速货车的总称。

（1）三轮汽车（tri-wheel vehicle）

最大设计车速小于或等于50km/h的、具有三个车轮的载货汽车。

（2）低速货车（low-speed goods vehicle），低速载货汽车

最大设计车速小于70km/h的、具有四个车轮的载货汽车。

2.2.2.3　专项作业车（special motor vehicle）

专用作业车，装置有专用设备或器具，在设计和制造上用于工程专项（包括卫生医疗）作业的汽车，如汽车起重机、消防车、混凝土泵车、清障车、高空作业车、扫路车、吸污车、钻机车、仪器车、检测车、监测车、电源车、通信车、电视车、采血车、医疗车，体检

医疗车等，但不包括装置有专用设备或器具而座位数（包括驾驶人座位）超过9个的汽车（消防车除外）。

2.2.2.4　气体燃料汽车（gaseous fuel vehicle）

装备以石油气、天然气或煤气等气体为燃料的发动机的汽车。

2.2.2.5　两用燃料汽车（bi-fuel vehicle）

具有两套相互独立的燃料供给系统，且两套燃料供给系统可分别但不可同时向燃烧室供给燃料的汽车，如汽油/压缩天然气两用燃料汽车、汽油/液化石油气两用燃料汽车等。

2.2.2.6　双燃料汽车（dual-fuel vehicle）

具有两套燃料供给系统，且两套燃料供给系统按预定的配比向燃烧室供给燃料，在缸内混合燃烧的汽车，如柴油—压缩天然气双燃料汽车，柴油—液化石油气双燃料汽车等。

2.2.2.7　纯电动汽车（battery electric vehicle）

由电机驱动，且驱动电能来源于车载可充电能量储存系统（REESS）的汽车。

2.2.2.8　插电式混合动力汽车（plugin hybrid electric vehicle）

具有可外接充电功能，且有一定纯电驱动模式续驶里程的混合动力汽车，包括增程式电动汽车。

2.2.2.9　燃料电池汽车（fuel cell electric vehicle）

以燃料电池作为主要动力电源的汽车。

2.2.2.10　教练车（training vehicle）

专门从事驾驶技能培训的汽车。

2.2.2.11　残疾人专用汽车（vehicle for handicapped driving）

在采用自动变速器的乘用车上加装符合标准和规定的驾驶辅助装置，专门供特定类型的肢体残疾人驾驶的汽车。

2.2.3　挂车（trailer）

设计和制造上需由汽车或拖拉机牵引，才能在道路上正常使用的无动力道路车辆，包括牵引杆挂车、中置轴挂车和半挂车，用于：

——载运货物；

——特殊用途。

2.2.3.1　牵引杆挂车（draw-bar trailer）

全挂车，至少有两根轴的挂车，具有：

——一轴可转向；

——通过角向移动的牵引杆与牵引车联结；

——牵引杆可垂直移动，联结到底盘上，因此不能承受任何垂直力。

2.2.3.2　中置轴挂车（centre axle trailer）

牵引装置不能垂直移动（相对于挂车），车轴位于紧靠挂车的重心（当均匀载荷时）的挂车，这种车辆只有较小的垂直静载荷作用于牵引车，不超过相当于挂车最大质量的10%或10000N的载荷（两者取较小者）。其中一轴或多轴可由牵引车来驱动。

2.2.3.3　半挂车（semi-trailer）

均匀受载时挂车质心位于车轴前面，装有可将垂直力和/或水平力传递到牵引车的联结装置的挂车。

2.2.3.4 旅居挂车（caravan）

装备有睡具（可由桌椅转换而来）及其他必要的生活设施、用于旅行宿营的挂车，包括中置轴旅居挂车和旅居半挂车。

2.2.4 汽车列车（combination of vehicles）

由汽车（低速汽车除外）牵引挂车组成，包括乘用车列车、货车列车和铰接列车。

2.2.4.1 乘用车列车（passenger/car trailer combination）

乘用车和中置轴挂车的组合。

2.2.4.2 货车列车（goods road train）

货车和牵引杆挂车或中置轴挂车的组合。

1. 牵引杆挂车列车（draw-bar trailer combination），全挂拖斗车，全挂汽车列车

货车和牵引杆挂车的组合。

2. 中置轴挂车列车（centre axle trailer combination）

货车和中置轴挂车的组合。

2.2.4.3 铰接列车（articulated vehicle）

半挂汽车列车，半挂牵引车和半挂车的组合，也包括带有连接板的货车和旅居半挂车的组合。

2.2.5 危险货物运输车辆（road transportation vehicle for dangerous goods）

设计和制造上用于运输危险货物的货车、挂车、汽车列车。

2.2.6 摩托车（motorcycle and moped）

由动力装置驱动的、具有两个或三个车轮的道路车辆，但不包括：

1）整车整备质量超过400kg、不带驾驶室、用于载运货物的三轮车辆；

2）整车整备质量超过600kg、不带驾驶室、不具有载运货物结构或功能且设计和制造上最多乘坐2人（包括驾驶人）的三轮车辆；

3）整车整备质量超过600kg的带驾驶室的三轮车辆；

4）最大设计车速、整车整备质量、外尺寸等指标符合相关国家标准和规定的，专供残疾人驾驶的机动轮椅车；

5）符合电动自行车国家标准规定的车辆。

2.2.6.1 普通摩托车（motorcycle）

无论采用何种驱动方式，其最大设计车速大于50km/h，或如使用内燃机，其排量大于50mL，或若使用电驱动，其电机额定功率总和大于4kW的摩托车，包括两轮普通摩托车、边三轮摩托车、正三轮摩托车。

1. 两轮普通摩托车（motorcycle with two wheels）

车辆纵向中心平面上装有两个车轮的普通摩托车。

2. 边三轮摩托车（motorcycle with sidecar）

在两轮普通摩托车的右侧装有边车的摩托车。

3. 正三轮摩托车（right three-wheeled motorcycle）

装有三个车轮，其中一个车轮在纵向中心平面上，另外两个车轮与纵向中心平面对称布置的普通摩托车，包括：

1）装有与前轮对称分布的两个后轮的摩托车，且如设计和制造上允许载运货物或超过2名乘员）（含驾驶人），其最大设计车速小于70km/h；

2）装有与后轮对称分布的两个前轮、设计和制造上不具有载运货物结构且最多乘坐2人（包括驾驶人）的摩托车。

2.2.6.2　轻便摩托车（moped）

无论采用何种驱动方式，其最大设计车速不大于50km/h的摩托车，且：

——如使用内燃机，其排量不大于50mL；

——如使用电驱动，其电机额定功率总和不大于4kW。

1. 两轮轻便摩托车（moped with two wheels）

车辆纵向中心平面上装有两个车轮的轻便摩托车。

2. 正三轮轻便摩托车（right three-wheeled moped）

装有与前轮对称分布的两个后轮的轻便摩托车。

2.2.7　拖拉机运输机组（tractor towing trailer for transportation）

由拖拉机牵引一辆挂车组成的用于载运货物的机动车，包括轮式拖拉机运输机组和手扶拖拉机运输机组。

注1：本标准所指的拖拉机是指最高设计车速不大于20km/h，牵引挂车方可从事道路货物运输作业的手扶拖拉机，和最高设计车速不大于40km/h，牵引挂车方可从事道路货物运输作业的轮式拖拉机。

注2：手扶拖拉机运输机组还包含手扶变型运输机，即发动机12h标定功率不大于14.7kW，采用手扶拖拉机底盘，将扶手把改成方向盘，与挂车连在一起组成的折腰转向式运输机组。

2.2.8　轮式专用机械车（wheeled mobile machinery for special purposes）

轮式自行机械车，有特殊结构和专门功能，装有橡胶车轮可以自行行驶，最大设计车速大于20km/h的轮式机械，如装载机、平地机、挖掘机、推土机等，但不包括叉车。

2.2.9　特型机动车（special-sized vehicle）

质量参数和/或尺寸参数超出GB 1589规定的汽车、挂车、汽车列车。

2.3　整车

2.3.1　整车标志

1）机动车在车身前部外表面的易见部位上应至少装置一个能永久保持的、与车辆品牌相适应的商标或厂标。

2）机动车应至少装置一个能永久保持的产品标牌，该标牌的固定、位置及型式应符合 GB/T 18411 的规定；产品标牌如采用标签标示，则标签应符合 GB/T 25978 规定的标签一般性能、防篡改性能及防伪性能要求。改装车应同时具有改装后的整车产品标牌及改装前的整车（或底盘）产品标牌。

机动车均应在产品标牌上标明品牌、整车型号、制造年月、生产厂名及制造国，各类机动车产品标牌应补充标明的其他项目见表 2-1。产品标牌上标明的内容应规范、清晰耐久且易于识别，项目名称均应有中文名称。

表 2-1 各类机动车产品标牌应补充标明的项目

机动车类型		应补充标明的项目
汽车①	载客汽车②	车辆识别代号、发动机（内燃机）型号、发动机最大净功率/转速、最大允许总质量（以下简称为“总质量”）、乘坐人数（乘员数）
	载货汽车③	车辆识别代号、发动机型号、发动机最大净功率/转速、总质量（半挂牵引车除外）、整车整备质量（以下简称为“整备质量”）、最大允许牵引质量（无牵引功能的货车除外）
	专项作业车③	车辆识别代号、发动机型号、发动机最大净功率/转速、总质量、专用功能关键技术参数
挂车		车辆识别代号、总质量、整备质量
摩托车④		车辆识别代号、发动机型号⑤、发动机实际排量或最大净功率⑤、整备质量
轮式专用机械车		产品识别代码（或车辆识别代号）、发动机型号、发动机标定功率、整备质量、最大设计车速
组成拖拉机运输机组的拖拉机		出厂编号、发动机标定功率、使用质量
特型机动车		车辆识别代号（或车架号）、发动机型号、发动机最大净功率、总质量、整备质量、外廓尺寸

① 纯电动汽车、插电式混合动力汽车、燃料电池汽车还应标明驱动电机型号和峰值功率，动力电池系统额定电压和额定容量（安时数），储氢容器型式、容积、工作压力（燃料电池汽车）。纯电动汽车不标发动机相关信息；最大设计车速小于 70km/h 的汽车（低速汽车、设有乘客站立区的客车除外）还应标明最大设计车速。

② 乘用车、旅居车可不标发动机最大净功率转速，但还应标明发动机排量，乘用车具备牵引功能时还应标明最大允许牵引质量。

③ 总质量小于 12000kg 的货车和专项作业车可不标发动机最大净功率转速，半挂牵引车还应标明牵引座最大设计静载荷。

④ 正三轮摩托车还应标明装载质量或乘坐人数，两轮普通摩托车及两轮轻便摩托车可不标车辆识别代号。

⑤ 电动摩托车应标明电机型号、额定功率、额定电压。

3）汽车、摩托车、挂车应具有唯一的车辆识别代号，其内容和构成应符合 GB 16735 的规定；应至少有一个车辆识别代号打刻在车架（无车架的机动车为车身主要承载且不能拆卸的部件）能防止锈蚀和不易磨损的部位上。

乘用车的车辆识别代号应打刻在发动机舱内能防止替换的车辆结构件上，或打刻在车门立柱上，如受结构限制没有打刻空间时也可打刻在右侧除行李舱外的车辆其他结构件上；对总质量大于或等于 12000kg 的货车、货车底盘改装的专项作业车及所有牵引杆挂车，车辆识别代号应打刻在右前轮纵向中心线前端纵梁外侧，如受结构限制也可打刻在右前轮纵向中心线附近纵梁外侧；对半挂车和中置轴挂车，车辆识别代号应打刻在右前支腿前端纵梁外侧（无纵梁的除外）；其他汽车和无纵梁挂车的车辆识别代号、轮式专用机械车的产品识别代码（或车辆识别代号）应打刻在右侧前部的车辆结构件上，如受结构限制也可打刻在右侧其他车辆结构件上。其他机动车（摩托车除外）应在相应的易见位置打刻整车型号和出厂编号，型号在前，出厂编号在后，在出厂编号的两端应打刻起止标记。

打刻车辆识别代号（或产品识别代码、整车型号和出厂编号）的部件不应采用打磨、挖补、垫片、凿改、重新涂漆（设计和制造上为保护打刻的车辆识别代号而采取涂漆工艺的情形除外）等方式处理，从上（前）方观察时打刻区域周边足够大面积的表面不应有任何覆盖物；如有覆盖物，该覆盖物的表面应明确标示“车辆识别代号”或“VIN”字样，且覆盖物在不使用任何专用工具的情况下能直接取下（或揭开）及复原，以方便地观察到足够大的包括打刻区域的表面。

打刻的车辆识别代号（或产品识别代码、整车型号和出厂编号）从上（前）方应易于观察、拓印；对于汽车和挂车还应能拍照。打刻的车辆识别代号的字母和数字的字高应大于或等于7.0mm，深度应大于或等于0.3mm（乘用车及总质量小于或等于3500kg的封闭式货车深度应大于或等于0.2mm），但摩托车字高应大于或等于5.0mm、深度应大于或等于0.2mm。打刻的整车型号和出厂编号字高应为10.0mm，深度应大于或等于0.3mm。打刻的车辆识别代号（或产品识别代码、整车型号和出厂编号）总长度应小于或等于200mm，字母和数字的字体和大小应相同（打刻在不同部位的车辆识别代号除外）；打刻的车辆识别代号两端有起止标记的，起止标记与字母、数字的间距应紧密、均匀。

车辆识别代号（或产品识别代码、整车型号和出厂编号）一经打刻不应更改、变动，但按GB 16735的规定重新标示或变更的除外。同一辆机动车的车架（无车架的机动车为车身主要承载且不能拆卸的部件）上，不应既打刻车辆识别代号（或产品识别代码），又打刻整车型号和出厂编号。同一辆车上标识的所有车辆识别代号内容应相同。

注1：打刻区域周边足够大面积的表面（足够大的包括打刻区域的表面）是指打刻车辆识别代号的部件的全部表面；但所暴露表面能满足查看打刻车辆识别代号的部件有无挖补、重新焊接、粘贴等痕迹的需要时，也应视为满足要求。

注2：对摩托车，打刻的车辆识别代号在不举升车辆的情形下可观察、拓印的，视为满足要求。

4）发动机型号和出厂编号应打刻（或铸出）在气缸体上且应能永久保持，在出厂编号的两端应打刻起止标记（没有打刻起止标记的空间时不打刻）；摩托车应在发动机的易见部位铸出商标或厂标，发动机出厂编号应打刻在曲轴箱易见部位，在出厂编号的两端应打刻起止标记（没有打刻起止标记的空间时不打刻）；如打刻（或铸出）的发动机型号和出厂编号不易见，则应在发动机易见部位增加能永久保持的发动机型号和出厂编号的标识。

纯电动汽车、插电式混合动力汽车、燃料电池汽车和电动摩托车应在驱动电机壳体上打刻电机型号和编号。对除轮边电机、轮毂电机外的其他驱动电机，如打刻的电机型号和编号被覆盖，应留出观察口或在覆盖件上增加能永久保持的电机型号和编号的标识；增加的标识应易见，且非经破坏性操作不能被完整取下。

5）对具有电子控制单元（ECU）的汽车，其至少应有一个ECU记载有车辆识别代号等特征信息，且记载的特征信息不应被篡改并能被市场上可获取的工具读取。

6）乘用车和总质量小于或等于3500kg的货车（低速汽车除外）应在靠近风窗立柱的位置设置能永久保持的车辆识别代号标识；该标识从车外应能清晰地识读，且非经破坏性操作不能被完整取下。

7）除按照2）、3）、5）、6）标示车辆识别代号之外，乘用车还应在行李舱从车外无法观察但打开后能直接观察的合适位置标示车辆识别代号，并至少在5个主要部件上标示车辆识别代号；但如制造厂家使用了能从零部件编号溯及车辆识别代号等车辆唯一性信息的生产管理系统，主要部件上可标示零部件编号。

车辆识别代号或零部件编号应直接打刻或采用能永久保持的标签粘贴在制造厂家规定主要部件的目标区域内，其字码高度应保证内容能清晰确认。

8）除按照2）、3）、5）标示车辆识别代号之外，总质量大于或等于12000kg的栏板式、仓栅式、自卸式、罐式货车及总质量大于或等于10000kg的栏板式、仓栅式、自卸式、罐式挂车还应在其货箱或常压罐体（或设计和制造上固定在货箱或常压罐体上且用于与车架连接的结构件）上打刻至少两个车辆识别代号。打刻的车辆识别代号应位于货箱（常压罐体）左，右两侧或前端而且易于拍照，深度、高度和总长度应符合3）的规定；且若打刻在货箱（常压罐体）左、右两侧时距货箱（常压罐体）前端面的距离应小于或等于1000mm，若打刻在左、右两侧连接结构件时应尽量靠近货箱（常压罐体）前端面。

9）危险货物运输车辆的标志应符合GB 13392的规定；其中，道路运输爆炸品和剧毒化学品车辆还应符合GB 20300的规定。罐式危险货物运输车辆的罐体或与罐体焊接的支座的右侧应有金属的罐体铭牌，罐体铭牌应标注唯一性编码、罐体设计代码、罐体容积等信息。

10）对机动车进行改装或修理时，不应对车辆识别代号（或整车型号和出厂编号）、发动机型号和出厂编号、零部件编号、产品标牌、发动机标识等整车标志进行遮盖（遮挡）、打磨、挖补、垫片等处理及凿孔、钻孔等破坏性操作，也不应破坏或未经授权修改电子控制单元（ECU）等记载的车辆识别代号。

2.3.2 外廓尺寸

汽车、挂车及汽车列车的外廓尺寸应符合GB 1589的规定，摩托车、拖拉机运输机组的外廓尺寸限值见表2-2。

表2-2 摩托车、拖拉机运输机组外廓尺寸限值 （单位：m）

机动车类型		长	宽	高
摩托车	两轮普通摩托车①	≤2.50	≤1.00	≤1.40
	边三轮摩托车	≤2.70	≤1.75	≤1.40
	正三轮摩托车	≤3.50	≤1.50	≤2.00
	两轮轻便摩托车	≤2.00	≤0.80	≤1.10
	正三轮轻便摩托车	≤2.00	≤1.00	≤1.10
拖拉机运输机组	轮式拖拉机运输机组	≤10.00②	≤2.50	≤3.00②
	手扶拖拉机运输机组	≤5.00	≤1.70	2.20

① 对警用摩托车、发动机排量大于或等于800mL或电机额定功率总和大于或等于40kW的两轮普通摩托车，外廓尺寸限值为长小于或等于2.80m，宽小于或等于1.30m，高小于或等于2.00m。

② 对标定功率大于58kW的轮式拖拉机运输机组，长度、高度限值为长小于或等于12.00m，高小于或等于3.50m。

2.3.3　轴荷和质量参数

1）汽车、挂车及汽车列车的轴荷及质量参数应符合 GB 1589 的规定。

2）机动车在空载和满载状态下，整备质量和总质量应在各轴之间合理分配，轴荷应在左右车轮之间均衡分配。

3）边三轮摩托车处于空载及满载状态时，边车车轮轮荷应分别为整备质量及总质量的 35% 以下。

2.3.4　核载

2.3.4.1　质量参数核定

1）机动车最大允许总质量依据发动机功率，最大设计轴荷，轮胎的承载能力及正式批准的技术文件进行核算后，从中取最小值核定。

2）机动车在空载和满载状态下，转向轴轴荷（或转向轮轮荷）分别与该车整备质量和总质量的比值应大于或等于：

——乘用车：30%；

——三轮汽车、正三轮摩托车：18%；

——其他机动车：20%。

铰接列车应在空载和满载状态下对牵引车部分进行核算，铰接客车和铰接式无轨电车应在空载和满载状态下对前车进行核算。

3）清障车在托牵状态下，转向轴轴荷应大于或等于总质量的 15%。

4）货车列车的挂车的最大允许装载质量应小于或等于货车的最大允许装载质量。

5）铰接列车的半挂车的总质量应小于或等于半挂牵引车的最大允许牵引质量。

6）轮式拖拉机运输机组的挂拖质量比（挂车最大允许总质量与拖拉机使用质量之比）应小于或等于 3。

2.3.4.2　乘用车、旅居车乘坐人数核定

1）前排座位按乘客舱内部宽度大于或等于 1200mm 时核定 2 人，大于或等于 1650mm 时核定 3 人，但每名前排乘员的座垫宽和座垫深均应大于或等于 400mm，且不应作为学生座位核定乘坐人数。

注：前排座位乘客舱内部宽度，系指在两侧门窗下缘延伸至车门后支柱处，量取的车门内饰板间最小值；如车门设计和制造上有搁手区域，则量取搁手平面上方的车门内饰板间最小值。

2）除前排座位外的其他排座位，在能保证与前一排座位的间距大于或等于 600mm 且座垫深度大于或等于 400mm（对第二排以后的可折叠座椅座间距大于或等于 570mm 且座垫深度大于或等于 350mm）时，按座垫宽每 400mm 核定 1 人；但作为学生座位使用时，对幼儿校车按每 280mm 核定 1 人，对小学生校车按每 350mm 核定 1 人，对中小学生校车按 380mm 核定 1 人。单人座椅座垫宽大于或等于 400mm 时核定 1 人。

注 1：学生座位（椅）是指幼儿校车上专门供幼儿乘坐的座位（椅），小学生校车上专门供小学生乘坐的座位（椅）及中小学生校车上专门供义务教育阶段学生使用的座位（椅）。

注2：可折叠座椅是指靠背、座垫铰接且折叠在一起后能完全收起的座椅。

注3：座间距是指座椅座垫和靠背均未被压陷、座椅处于滑轨中间位置、靠背角度可调式座椅的靠背角度及座椅其他调整量处于制造厂规定的正常使用位置时，在通过（单人）座椅中心线的垂直平面内，在座垫上表面最高点所处平面与地板上方620mm高度范围内水平测量所得的座椅间距数值。

注4：座垫宽是指在座椅座垫未被压陷时，在座垫最前端以后200mm（对第二排以后的可折叠座椅为150mm）处座垫上表面测量所得的座垫宽度数值，对既可分离，又可组合的同排座椅，根据产品使用说明书的标注，选择一种座椅状态测量。

注5：座垫深是指在由制造厂设定的座椅前后位置和靠背角状态，座椅座垫和靠背均未被压陷时，在座垫宽度方向中间位置、沿座垫平面测量取得的座垫最前端至座垫靠背垂直投影面的距离。

3）旅居车、设计和制造上具有行动不便乘客（如轮椅乘坐者）乘坐设施的乘用车，设置有后向座椅时，在与相向座椅的座间距大于或等于1150mm且座垫深度大于或等于400mm时，按座垫宽每400mm核定1人。

4）旅居车设置的侧向座椅，及车长大于或等于6m的乘用车设置的侧向座椅和不符合2.3.4.2节第3条规定的后向座椅，不核定乘坐人数。

5）旅居车的核定乘员数应小于或等于9人，但车长小于6m时的核定乘员数应小于或等于6人。车长大于或等于6m的货车底盘改装的旅居车，驾驶室与旅居车厢之间无法保证人员的走动时，旅居车厢不核定乘坐人数；车长小于6m的货车底盘改装的旅居车，驾驶室与旅居车厢之间有面积大于或等于（4.0×10^5）mm^3且能内接一个500mm×700mm矩形的贯通开口时，旅居车厢可核定乘坐人数。旅居车的铺位（包括由桌椅转换而来的铺位）不核定乘坐人数。

2.3.4.3　客车乘员数核定

1）按乘员质量核定：按GB/T 12428确定。

2）按座垫宽和站立乘客有效面积核定：长条座椅（指座垫靠背均为条形的供两人或多人乘坐的座椅）按座垫宽每400mm核定1人，但作为学生座位使用时，对幼儿校车按每280mm（对幼儿专用校车按每330mm）核定1人，对小学生校车按每350mm核定1人，对中小学生校车按380mm核定1人；单人座椅座垫宽大于或等于400mm（对学生座椅为380mm）时核定1人。设有乘客站立区的客车，按GB/T 12428确定的站立乘客有效面积计算，每$0.125m^2$核定站立乘客1人；双层客车的上层及其他客车不核定站立人数。

3）按卧铺铺位核定：卧铺客车的每个铺位核定1人，驾驶人座椅核定1人，乘客座椅（包括车组人员座椅）不核定乘坐人数。

4）可折叠的单人座椅及驾驶人座椅R点所处的横向垂直平面之前的座椅不应作为学生座位（椅）核定人数。

5）幼儿校车、小学生校车和中小学生校车按2.3.4.3节第2条和2.3.4.3节第4条核定乘员数，其他客车以2.3.4.3节第1条、2.3.4.3节第2条及2.3.4.3节第3条计算的乘员数取最小值核定乘员数。幼儿校车的核定乘员数应小于或等于45人，其他校车的核定乘员数应小于或等于56人。未设置乘客站立区的客车的核定乘员数应小于或等于56人，其中二轴卧铺客车的核定乘员数应小于或等于36人，三轴卧铺客车的核定乘员数应小于或等于40人。

2.3.4.4 其他机动车的乘坐人数核定（摩托车除外）

1）驾驶室（区）的前排座位，按驾驶室（区）内部宽度大于或等于1200mm时核定2人，大于或等于1650mm时核定3人，但每名前排乘员的座垫宽和座垫深均应大于或等于400mm。

注：驾驶室（区）内部宽度，系指在两侧门窗下缘延伸至车门后支柱处，量取的车门内饰板间最小值；如车门设计和制造上有搁手区域，则量取搁手平面上方的车门内饰板间最小值。

2）双排座位驾驶室的后排座位，按座垫中间位置测量的车身内部宽度，在能保证与前排座位的间距大于或等于650mm且座垫深度大于或等于400mm时，每400mm核定1人。

3）带卧铺的货车，卧铺铺位不核定乘坐人数。

4）有驾驶室的拖拉机运输机组和使用方向盘转向的三轮汽车，除驾驶人外可再核定一名乘员，但其座垫宽应大于或等于350mm，座椅深应大于或等于300mm，且座椅不应增加拖拉机运输机组或三轮汽车的外廓尺寸；不具备上述条件时，只准许乘坐驾驶人1人。

5）货车核定乘坐人数应小于或等于6人，专项作业车（消防车除外）核定乘坐人数应小于或等于9人，危险货物运输货车的核定乘坐人数应小于或等于3人。

2.3.4.5 摩托车乘坐人数核定

1）两轮普通摩托车和前面两个车轮，后面一个车轮的正三轮摩托车，除驾驶人外，有固定座位的再核定乘坐1人。

2）边三轮摩托车除驾驶人外，主车和边车有固定座位的各核定乘坐1人。

3）正三轮摩托车驾驶室核定乘坐驾驶人1人：车厢在有纵向布置（与机动车前进方向相同）的固定座椅（该固定座椅的座垫深度大于或等于400mm且与驾驶人座椅的间距大于或等于650mm）时，按座垫宽度每400mm核定1人，但最多为2人；不具备上述条件时，车厢不核定乘坐人数。

4）轻便摩托车核定乘坐驾驶人1人。

2.3.4.6 特殊规定

1）设计和制造上具有行动不便乘客（如轮椅乘坐者）乘坐设施的载客汽车、装备有担架的救护车等用于载运特定乘客的汽车，设有轮椅（或担架）及其使用者的约束系统时，每一套约束系统核定1人，其他座位（座椅）参照2.3.4.2节第1条、2.3.4.2节第2条、2.3.4.2节第3条、2.3.4.3节和2.3.4.4节核定乘坐人数。

2）消防车、医疗车、体检医疗车等专项作业车的乘坐人数，参照2.3.4.2节第1条、2.3.4.2节第2条、2.3.4.2节第3条、2.3.4.3节和2.3.4.4节核定。

3）旅居挂车不核定乘坐人数。

4）货车驾驶室（区）以外部位设置的座椅和卧铺不核定乘坐人数。

2.3.5 比功率

低速汽车及拖拉机运输机组的比功率应大于或等于4.0kW/t，除无轨电车、纯电动汽车外的其他机动车的比功率应大于或等于5.0kW/t。

注：比功率为发动机最大净功率（或0.9倍的发动机额定功率或0.9倍的发动机标定功率）与机动车最大允许总质量之比。

2.3.6 侧倾稳定性及驻车稳定角

1）按 GB/T 14172 规定的方法，客车、发动机中置且宽高比小于或等于 0.9 的乘用车在乘客区满载、行李舱空载的情况下测试时，向左侧和右侧倾斜的侧倾稳定角均应大于或等于 28°（对专用校车均应大于或等于 32°）；且除设有乘客站立区的客车外，在空载、静态条件下，向左侧和右侧倾斜的侧倾稳定角均应大于或等于 35°。

注：铰接客车和铰接式无轨电车按前车考核。发动机中置是指发动机缸体整体位于汽车前后轴之间的布置形式。

2）罐式汽车和罐式挂车在满载、静态状态下，向左侧和右侧倾斜的侧倾稳定角应大于或等于 23°。

3）除消防车外的其他机动车在空载、静态状态下，向左侧和右侧倾斜的侧倾稳定角应大于或等于：

——三轮机动车（包括三轮汽车和三轮摩托车，但不包括前轮距小于或等于 460mm 的正三轮摩托车，下同）：25°；

——总质量为整备质量的 1.2 倍以下的机动车：28°；

——总质量不小于整备质量的 1.2 倍的专项作业车和轮式专用机械车：32°；

——其他机动车（特型机动车、两轮普通摩托车及轻便摩托车除外）：35°。

4）消防车的侧倾稳定性要求应符合 GB 7956.1 的规定。

5）两轮普通摩托车、两轮轻便摩托车和前轮距小于或等于 460mm 的正三轮摩托车在用撑杆支撑时，向左、向右、向前的驻车稳定角分别应大于或等于 9°、5°、6°；在用停车架支撑时，向左、向右、向前的驻车稳定角均应大于或等于 8°。

2.3.7 图形和文字标志

1）汽车（三轮汽车和装用单缸柴油机的低速货车除外）、摩托车应分别按照 GB 4094、GB/T 4094.2 和 GB 15365 的规定设置操纵件、指示器及信号装置的图形标志。

2）三轮汽车和装用单缸柴油机的低速货车的变速杆、手柄和开关等操纵机构，除作用非常明确的外，应在操纵机构上或其附近用耐久性标志明确标明其功能、操作方向等。标志用操作符号应与背景有明显的色差。

3）机动车标注的警告性文字应有中文。

4）旅居车和旅居挂车旅居室内的专用装备设施应明示相应的安全使用规定。

5）低速汽车和拖拉机运输机组应对需要提醒人们注意的安全事项设置相应的安全标志。安全标志应符合 GB 10396 的规定。

6）所有货车（多用途货车除外）和专项作业车（消防车除外）均应在驾驶室（区）两侧喷涂总质量（半挂牵引车为最大允许牵引质量）；其中，栏板货车和自卸车还应在驾驶室两侧喷涂栏板高度，罐式汽车和罐式挂车（罐式危险货物运输车辆除外）还应在罐体两侧喷涂罐体容积及允许装运货物的种类。栏板挂车应在车厢两侧喷涂栏板高度。冷藏车还应在外部两侧易见部位上喷涂或粘贴明显的“冷藏车”字样和冷藏车类别的英文字母。喷涂的中文及阿拉伯数字应清晰，高度应大于或等于 80mm。

注：多用途货车是指具有长头车身和驾驶室结构，核定乘坐人数小于或等于 5 人（含

驾驶人）、驾驶室高度小于或等于2100mm、货箱栏板上端离地高度小于或等于1500mm、最大设计总质量小于或等于3500kg的货车。

7）总质量大于或等于4500kg的货车（半挂牵引车除外）和货车底盘改装的专项作业车（消防车除外）、总质量大于3500kg的挂车，以及车长大于或等于6m的客车均应在车厢后部喷涂或粘贴/放置放大的号牌号码，总质量大于或等于12000kg的自卸车还应在车厢左右两侧喷涂放大的号牌号码。受结构限制车厢后部无法粘贴/放置放大的号牌号码时，车厢左右两侧喷涂有放大的号牌号码的，视为满足要求。放大的号牌号码字样应清晰。

8）所有客车（专用校车和设有乘客站立区的客车除外）及发动机中置且宽高比小于或等于0.9的乘用车应在乘客门附近车身外部易见位置，用高度大于或等于100mm的中文及阿拉伯数字标明该车提供给乘员（包括驾驶人）的座位数。具有车底行李舱的客车，应在行李舱打开后前部易见位置设置能永久保持的、标有所有行李舱可运载的最大行李总质量的标识。

9）专用校车车身外观标识应符合GB 24315规定。校车运送学生时，应在前风窗玻璃右下角和后风窗玻璃适当位置各放置一块可以从车外清楚识别的校车标牌；但专门用于接送学生上下学的非专用校车，车身外观标识还应符合专用校车相关规定。

注：非专用校车是指除专用校车外的其他校车。

10）气体燃料汽车、两用燃料汽车和双燃料汽车应按GB/T 17676的规定标注其使用的气体燃料类型。

11）最大设计车速小于70km/h的汽车（低速汽车，设有乘客站立区的客车除外），应在车身后部喷涂/粘贴表示最大设计车速（单位：km/h）的阿拉伯数字；阿拉伯数字的高度应大于或等于200mm，外围应用尺寸相匹配的红色圆圈包围。

12）教练车应在车身两侧及后部喷涂高度大于或等于100mm的“教练车”等字样。

13）警车、消防车、救护车和工程救险车以外的机动车，不应喷涂和安装与警车、消防车、救护车和工程救险车相同或相类似的标志图案和灯具。

2.3.8　外观

1）机动车各零部件应完好，连接牢固，无缺损。

2）车体应周正，车体外缘左右对称部位高度差应小于或等于40mm。

3）两轮普通摩托车和轻便摩托车的方向把和导流板等左右对称的零部件离地面高度差应小于或等于10mm；正三轮摩托车的驾驶室和车厢等左右对称的零部件离地面高度差应小于或等于20mm。

2.3.9　漏水检查

在发动机运转及停车时，散热器、水泵、缸体、缸盖、暖风装置及所有连接部位均不应有滴漏现象。

2.3.10　漏油检查

机动车连续行驶距离不小于10km，停车5min后观察，不应有滴漏现象。

2.3.11 车速表指示误差

注：最大设计车速不大于40km/h的机动车除外。

车速表指示车速 v_1（单位：km/h）与实际车速 v_2（单位：km/h）之间应符合下列关系式：

$$0 \leqslant v_1 - v_2 \leqslant (v_2/10) + 4 \tag{2-1}$$

2.3.12 行驶轨迹

汽车列车和轮式拖拉机运输机组在平坦、干燥的路面上以30km/h的速度直线行驶时，挂车后轴中心相对于牵引车前轴中心的最大摆动幅度：铰接列车、乘用车列车和中置轴挂车列车应小于或等于110mm，牵引杆挂车列车和轮式拖拉机运输机组应小于或等于220mm。

2.3.13 驾驶人耳旁噪声要求

1）汽车（纯电动汽车、燃料电池汽车和低速汽车除外）驾驶人耳旁噪声声级应小于或等于90dB（A）。

2）测量驾驶人耳旁噪声时：

① 汽车空载，处于静止状态且置变速器于空档，发动机应处于额定转速状态（当发动机正常工作状态下无法达到额定转速时，则采用可达到的最大转速进行测量，并对测量转速进行记录说明），门窗紧闭；

② 测量位置应符合GB/T 18697的规定；

③ 环境噪声应低于被测噪声值至少10dB（A）；

④ 声级计置于"A"计权、"快"档。

2.3.14 环保要求

机动车的排气污染物排放及噪声应符合国家环保标准的规定。

2.3.15 产品使用说明书

1）机动车的产品使用说明书应用文字标明与车型（整车型号）相一致的以下结构参数和技术特征，必要时还应用图案辅助说明：

——整车产品标牌、按2.3.1节第3条和2.3.1节第8条规定打刻的车辆识别代号（或整车型号和出厂编号）、打刻（或铸出）的发动机型号和出厂编号（或电机型号和编号）等标志的具体位置，同车型存在不同打刻位置时应全部予以说明；车辆识别代号（或整车型号和出厂编号）打刻的具体位置还应有图示说明，设计和制造上为保护打刻的车辆识别代号而采取了重新涂漆的工艺时也应予以说明；

——长、宽、高等整车外廓尺寸参数；

——轴荷、整备质量、最大允许总质量等质量参数；

——发动机主要技术参数（如发动机最大净功率/转速、额定功率/转速、最大转矩/转速）；

——罐体容积及允许装运货物的种类；

——燃料种类及标号；

——机动车整车出厂时所达到的排放水平；
——指定试验条件下的整车燃料消耗量；
——最大设计车速、最大爬坡度等动力性能参数；
——（气压制动系统的）储气筒额定工作压力；
——起步气压的具体数值；
——驱动型式；
——可以使用的轮胎规格、备胎规格，以及轮胎气压等使用注意事项；
——钢板弹簧的形式和规格；
——空气悬架（如装备）的正常使用状态；
——制造厂设定的（测量座垫深时）座椅前后位置和靠背角状态；
——座椅靠背的正常使用状态；
——侧面及后下部防护装置的材质、结构、尺寸、连接部位和形式、外形；
——封闭式货车隔离装置的承受能力及装载货物注意事项；
——最大设计车速大于100km/h的机动车的车轮动平衡要求；
——车轮定位值；
——制动踏板自由行程的合理范围；
——制动摩擦副的合理使用范围；
——制动液技术要求及合理的更换周期；
——（采用气压制动的汽车）从踩下制动踏板到最不利的制动气室响应时间A、到主挂间气压控制管路接头处响应时间B；
——（采用气压制动的挂车）从主挂间气压控制管路接头处到最不利的制动气室响应时间C；
——燃油（燃气）胶管的合理更换周期；
——变速器功能限制使用的特殊情形（如有）；
——（客车）座位数、站立乘客人数及车内座椅布置示意图；
——（罐式危险货物运输车辆）适装介质列表；
——（罐式危险货物运输车辆）紧急切断装置的类型、安装位置及使用说明；
——涉及安全使用车辆的其他事项；
——按GB 1589规定不计入车辆外廓尺寸的部件的名称、位置。

注：对发动机最大净功率、额定功率/转速等发动机主要技术参数，以及车轮动平衡要求、车轮定位值、制动踏板自由行程的合理范围、制动摩擦副的合理使用范围等主要用于车辆维修的技术参数，在其他随车正式文件上有说明的，也视为满足要求。

2）汽车的产品使用说明书应对其前风窗玻璃处微波窗口的具体位置，以及装备的安全气囊、防抱死制动装置、辅助制动装置、限速功能或限速装置、电子稳定性控制系统等安全装置的功能、用法和注意事项等加以说明；装备有安全气囊的汽车，还应在产品使用说明书中明确安全气囊的位置、展开的条件和情形。

3）具有电子控制单元（ECU）或电子数据接口的汽车，应在产品使用说明书中说明从ECU中读取车辆识别代号信息的方法。

4）配备了事件数据记录系统（EDR）的汽车，其产品使用说明书应：

——包括“本车配备了事件数据记录系统（EDR）”等内容的声明；

——对 EDR 所记录数据项的含义及可能的用途加以说明；

——对 EDR 数据读取工具的获取途径加以说明。

5）乘用车、旅居车的产品使用说明书应对适合安装的儿童座椅的类型及固定方法加以说明。

6）具备牵引功能的乘用车，应在其产品使用说明书中对以下事项加以说明：

——最大允许牵引质量（按中置轴挂车有无制动两种情形分别描述）；

——配备的电连接接头对应的国家标准或国际标准号，及各接线的功能；

——配备的连接球头对应的国家标准或国际标准号；

——附加后视镜及支架的安装位置；

——允许牵引的中置轴挂车的尺寸限值；

——乘用车与中置轴挂车的制动系统的连接要求及安装和操作说明；

——乘用车列车的驾驶人员要求；

——乘用车列车在行驶中的注意事项。

7）旅居挂车的产品使用说明书应注明连接装置对应的国家标准或国际标准号，并明示车辆行驶过程中旅居室内不得载人。

8）纯电动汽车、燃料电池汽车、混合动力汽车的产品说明书中，应注明操作安全和故障防护特殊要求。

9）专项作业车的产品使用说明书应注明其装备的专用设备或器具的类型、规格、专用功能关键技术参数和专项作业的特殊说明，其他装备有专用仪器或设备的汽车的产品使用说明书，应对其装备的专用设备或器具的类型、规格予以说明。

10）三轮汽车的产品使用说明书应明示所有操纵机构的操作说明。

11）轮式专用机械车、特型机动车的产品使用说明书应明示其制造时所执行的相关国家标准和/或行业标准的标准顺序号和年号。

12）机动车的产品使用说明书的所有文字性内容均应有中文。

2.3.16 乘用车列车的特殊要求

1）组成乘用车列车的乘用车应符合以下要求：

① 乘用车车宽应大于或等于 1650mm；

② 乘用车应装备防抱死制动装置；

③ 乘用车应装备符合标准规定的电连接接头，乘用车到挂车输出端的电路容量应大于或等于 20A；

④ 乘用车应装备符合标准规定的 A50 连接球头，连接球头应位于车辆纵向中心线上（偏差应小于或等于 10mm）。

2）组成乘用车列车的中置轴挂车应符合以下要求：

① 中置轴挂车的总质量应小于或等于 2500kg；

② 中置轴挂车应装备符合标准规定的连接装置；

③ 总质量大于 750kg 的中置轴挂车应装备制动系统。

3）乘用车列车应符合以下要求。

① 乘用车和中置轴挂车的电连接器、电缆线的型号和尺寸相互匹配。

② 对于全轮和后轮驱动的乘用车，中置轴挂车总质量与乘用车整备质量的比小于或等于1.5。对于前轮驱动的乘用车，中置轴挂车总质量与乘用车整备质量的比小于或等于1.0。

③ 对于无制动的中置轴挂车，挂车总质量与乘用车整备质量的比值小于或等于0.6。

④ 所有车辆牵引支架配备安全链，以保证在列车制动前挂车和牵引车不能分离且挂车具备一定的转向能力。

⑤ 作用在连接装置上的垂直载荷同时满足：

——大于或等于乘用车最大允许牵引质量的4%且大于或等于25kg；

——小于或等于乘用车最大允许牵引质量的10%且乘用车后轴轴荷小于或等于允许轴荷。

⑥ 乘用车列车的比功率大于或等于20kW/t。

⑦ 不使用任何工具即可安全地连接或者断开乘用车和中置轴挂车。

⑧ 中置轴挂车的转向、制动等信号与乘用车的信号一致。

2.3.17　其他要求

1）专项作业车和轮式专用机械车的特殊结构和专用装置不应影响机动车的安全运行；专项作业车及其他装备有专用仪器或设备的汽车，装备的专用仪器和设备应固定可靠。

2）轮式专用机械车的外廓尺寸、轴荷及质量参数、转向系、制动系、外部照明和信号装置及电气设备、车身、安全防护装置等要求按土方机械相关强制性标准实施。

3）车长大于11m的公路客车和旅游客车应装备符合标准规定的车道保持辅助系统和自动紧急制动系统。

4）车高大于或等于3.7m的未设置乘客站立区的客车应装备电子稳定性控制系统，以保证对车辆的防侧翻控制。

5）车辆运输车应符合GB/T 26774的规定。

6）插电式混合动力汽车的纯电动续驶里程应大于或等于50km。

7）新出厂的机动车，其安全装置的配备应与批准的状态一致，质量和尺寸参数与批准数值的偏差应符合规定。在用的货车、货车底盘改装的专项作业车、挂车，其货厢（罐体）结构及尺寸、钢板弹簧片数及形式、轮胎规格等技术参数和结构特征应与注册登记时一致，整车整备质量、货厢内部尺寸、外廓尺寸（长、宽、高）等主要技术参数应与注册登记时记载的技术参数保持在合理的偏差范围。

8）采用了主被动安全新技术、新装置、新结构的机动车，新技术、新装置、新结构的性能不应低于本标准及其他机动车强制性国家标准对应的运行安全技术要求。

2.4　发动机和驱动电机

1）发动机应能起动，怠速稳定，机油压力和温度正常。发动机功率应大于或等于标牌（或产品使用说明书）标明的发动机功率的75%。

2）柴油机停机装置应有效。

3）发动机起动、燃料供给、润滑、冷却和进排气等系统的机件应齐全。

4）纯电动汽车的电机系统应运转平稳。

2.5 转向系

1）汽车（三轮汽车除外）的方向盘应设置于左侧，其他机动车的方向盘不应设置于右侧；专项作业车教练车按需要可设置左右两个方向盘。装有两个后轮、有驾驶室的正三轮摩托车如使用方向盘转向，则方向盘中心立柱距车辆纵向中心平面的水平距离应小于或等于200mm；其他摩托车不应使用方向盘转向。

2）机动车的方向盘（或方向把）应转动灵活，无卡滞现象。机动车应设置转向限位装置。转向系统在任何操作位置上，不应与其他部件有干涉现象。

3）机动车（摩托车、三轮汽车、手扶拖拉机运输机组除外）正常行驶时，转向轮转向后应有一定的回正能力（允许有残余角），以使机动车具有稳定的直线行驶能力。

4）机动车方向盘的最大自由转动量应小于或等于：

① 最大设计车速大于或等于100km/h的机动车：15°；

② 三轮汽车：35°；

③ 其他机动车：25°。

5）汽车（三轮汽车除外）应具有适度的不足转向特性。

6）三轮汽车、摩托车的转向轮向左或向右转角应小于或等于：

① 三轮汽车、三轮摩托车、正三轮轻便摩托车：45°；

② 两轮普通摩托车、两轮轻便摩托车：48°。

7）机动车在平坦、硬实、干燥和清洁的道路上行驶不应跑偏，其方向盘（或方向把）不应有摆振等异常现象。

8）机动车在平坦、硬实、干燥和清洁的水泥或沥青道路上行驶，以10km/h的速度在5s之内沿螺旋线从直线行驶过渡到外圆直径为25m的车辆通道圆行驶，施加于方向盘外缘的最大切向力应小于或等于245N。

9）专用校车应采用转向助力装置；其他机动车转向轴最大设计轴荷大于4000kg时，也应采用转向助力装置。装有转向助力装置的机动车，转向时其转向助力功能不应出现时有时无的现象，且转向助力装置失效时仍应具有用方向盘控制机动车的能力。

10）汽车（三轮汽车除外）的车轮定位应与该车型的技术要求一致。对前轴采用非独立悬架的汽车（前轴采用双转向轴时除外），其转向轮的横向侧滑量，用侧滑台检验时应小于或等于5m/km。

11）转向节及臂，转向横、直拉杆及球销应连接可靠，且不应有裂纹和损伤，并且转向球销不应松旷；对机动车进行改装或修理时，横、直拉杆不应拼焊。

12）三轮汽车、摩托车的前减振器、上下联板和方向把不应有变形和裂损。

2.6 制动系

2.6.1 基本要求

1）机动车应设置足以使其减速、停车和驻车的制动系统或装置，且行车制动的控制装置与驻车制动的控制装置应相互独立。

2）制动系统的机构和装置应经久耐用，不会因振动或冲击而损坏。

3）制动踏板（包括教练车的副制动踏板）及其支架、制动主缸及其活塞、制动总阀、制动气室、轮缸及其活塞、制动臂及凸轮轴总成之间的连接杆件等零部件应易于维修。

4）制动系统的各种杆件不应与其他部件在相对位移中发生干涉、摩擦，以防杆件变形、损坏。

5）制动管路应为专用的耐腐蚀的高压管路，安装应保证具有良好的连续功能、足够的长度和柔性，以适应与之相连接的零件所需要的正常运动，而不致造成损坏；制动管路应有适当的安全防护，以避免擦伤、缠绕或其他机械损伤，同时应避免安装在可能与机动车排气管或任何高温源接触的地方。制动软管不应与其他部件干涉且不应有老化、开裂、被压扁、鼓包等现象。其他气动装置在出现故障时不应影响制动系统的正常工作。

6）汽车制动完全释放时间（从松开制动踏板到制动消除所需要的时间）对两轴汽车应小于或等于0.80s，对三轴及三轴以上汽车应小于或等于1.2s。

7）机动车在运行过程中不应有自行制动现象，但属于设计和制造上为保证车辆安全运行的除外。当挂车（由轮式拖拉机牵引的装载质量3000kg以下的挂车除外）与牵引车意外脱离后，挂车应能自行制动，牵引车的制动仍应有效。

2.6.2　行车制动

1）机动车（总质量小于或等于750kg的挂车除外）应具有完好的行车制动系，其中汽车（三轮汽车除外）的行车制动应采用双回路或多回路。

2）行车制动应保证驾驶人在行车过程中能控制机动车安全、有效地减速和停车。行车制动应是可控制的，且除残疾人专用汽车外，应保证驾驶人在其座位上双手无须离开方向盘（或方向把）就能实现制动。

3）行车制动应作用在机动车（三轮汽车、拖拉机运输机组及总质量不大于750kg的挂车除外）的所有车轮上。

4）行车制动的制动力应在各轴之间合理分配。

5）机动车（边三轮摩托车除外）行车制动的制动力应在同一车轴左右轮之间相对机动车纵向中心平面合理分配。

6）汽车（三轮汽车除外）、摩托车（边三轮摩托车除外）、挂车（总质量不大于750kg的挂车除外）的所有车轮应装备制动器。其中，所有专用校车和危险货物运输货车的前轮和车长大于9m的其他客车的前轮，以及危险货物运输半挂车、三轴的栏板式和仓栅式半挂车的所有车轮，应装备盘式制动器。

7）制动器应有损补偿装置。制动器损坏后，制动间隙应易于通过手动或自动调节装置来补偿。制动控制装置及其部件以及制动器总成应具备一定的储备行程，当制动器发热或制动衬片的磨损达到一定程度时，在不必立即做调整的情况下，仍应保持有效的制动。客车、总质量大于3500kg的货车和专项作业车（具有全轮驱动功能的货车和专项作业车除外）、总质量大于3500kg的半挂车，以及所有危险货物运输车辆的所有行车制动器应装备制动间隙自动调整装置。

8）制动踏板的自由行程应与该车型的技术要求一致。

9）行车制动在产生最大制动效能时的踏板力或手握力应小于或等于：

——乘用车和正三轮摩托车：500N；

——摩托车（正三轮摩托车除外）：350N（踏板力）或250N（手握力）；

——其他机动车：700N。

10）采用气压制动的汽车，按照GB 12676规定的方法进行测试时，从踩下制动踏板到最不利的制动气室响应时间（A）应小于或等于0.6s，且对具有牵引功能的汽车从踩下制动踏板到主挂间气压控制管路接头延长管路末端的响应时间（B）还应小于或等于0.4s；采用气压制动的挂车，按照GB 12676规定的方法进行测试时，从主挂间气压控制管路接头处到最不利的制动气室响应时间（C）应小于或等于0.4s。A、B、C的数值（取值到0.01s，精确到0.05s）应在产品标牌（或车辆易见部位上设置的其他能永久保持的标识）上清晰标示。

11）货车列车和铰接列车（带有连接板的货车和旅居半挂车的组合除外）行车制动系的匹配，应保证满载状态下牵引车（或挂车）制动力与列车制动力的比值大于或等于牵引车（或挂车）质量与汽车列车质量的比值的90%。

12）所有汽车（三轮汽车，五轴及五轴以上专项作业车除外）及总质量大于3500kg的挂车应装备符合规定的防抱制动装置。总质量大于或等于12000kg的危险货物运输货车还应装备电控制动系统（EBS）。

注：本条中挂车的总质量对半挂车是指半挂车在满载并且和牵引车相连的情况下，通过半挂车的所有车轴垂直作用于地面的静载荷，不包括转移到牵引车牵引座的静载荷。

13）防抱死制动装置中的任何电器故障不应使行车制动器的制动促动时间和制动释放时间延长。在需要电源进行操纵防抱制动装置的挂车上，电源应由专用电源线路供给。

14）教练车（三轮汽车除外）及自学用车的行车制动应装备有副制动装置。副制动装置应安装牢固、动作可靠，保证教练员在行车过程中能有效地控制机动车减速和停车。

注：自学用车，是指用于自学人员在道路上学习驾驶技能的小型汽车、小型自动档汽车。

15）采用气压制动的汽车、挂车，在设计和制造上每个储气筒（有压力表等压力显示装置的除外）和制动气室都应具有可用于测试制动管路压力的连接器。

2.6.3 应急制动和剩余制动性能

1）汽车（三轮汽车除外）应具有应急制动功能。

2）应急制动应保证在行车制动只有一处失效的情况下，在规定的距离内将汽车停住。

3）应急制动应是可控制的，其布置应使驾驶人容易操作，驾驶人在座位上至少用一只手握住方向盘的情况下（对乘用车为双手不离开方向盘的情况下），就可以实现制动。它的控制装置可以与行车制动的控制装置结合，也可以与驻车制动的控制装置结合。

4）采用助力制动系的行车制动系，当助力装置失效后，仍应能保持规定的应急制动性能。

5）客车、货车和货车底盘改装的专项作业车，当行车制动传输装置部分失效时，仍应具有符合GB 12676规定的剩余制动性能。

2.6.4　驻车制动

1）机动车（两轮普通摩托车、边三轮摩托车、前轮距小于或等于460mm的正三轮摩托车和两轮轻便摩托车除外）应具有驻车制动装置。

2）驻车制动应能使机动车即使在没有驾驶人的情况下，也能停在上、下坡道上。驾驶人应在座位上就可以实现驻车制动。对于汽车列车和轮式拖拉机运输机组，如挂车与牵引车脱离，挂车（由轮式拖拉机牵引的装载质量3000kg以下的挂车除外）应能产生驻车制动。挂车的驻车制动装置应能由在地面上的人实施操纵。

3）驻车制动应通过纯机械装置把工作部件锁止，并且驾驶人施加于操纵装置上的力：

——手操纵时，乘用车应小于或等于400N，其他机动车应小于或等于600N；

——脚操纵时，乘用车应小于或等于500N，其他机动车应小于或等于700N。

4）驻车制动操纵装置的安装位置应适当，操纵装置应有足够的储备行程（开关类操作装置除外），一般应在操纵装置全行程的三分之二以内产生规定的制动效能；驻车制动机构装有自动调节装置时允许在全行程的四分之三以内达到规定的制动效能。驻车制动使用电子控制装置时，锁止装置应为纯机械装置，发生断电情况时锁止装置仍应保持持续有效。棘轮式制动操纵装置应保证在达到规定的驻车制动效能时，操纵杆往复拉动的次数不应超过三次。

5）采用弹簧储能制动装置做驻车制动时，应保证在失效状态下能方便地解除驻车状态：如需使用专用工具，应随车配备。

2.6.5　辅助制动

1）车长大于9m的客车（对专用校车为车长大于8m）、总质量大于或等于12000kg的货车和专项作业车、总质量大于3500kg的危险货物运输货车，应装备缓速器或其他辅助制动装置。车长大于9m的未设置乘客站立区的客车、总质量大于3500kg的危险货物运输货车、半挂牵引车装备的辅助制动装置的性能要求应使汽车能通过GB 12676规定的ⅡA型试验。

2）装备电涡流缓速器的汽车，电涡流缓速器的安装部位应设置温度报警系统或自动灭火装置。

2.6.6　液压制动的特殊要求

1）采用液压制动的机动车，制动管路不应存在渗漏（包括外泄和内泄）现象，在保持踏板力为700N（摩托车为350N）达到1min时，踏板不应有缓慢向前移动的现象。

2）液压行车制动在达到规定的制动效能时，踏板行程应小于或等于踏板全行程的四分之三，制动器装有自动调整间隙装置的机动车踏板行程应小于或等于踏板全行程的五分之四，且乘用车应小于或等于120mm，其他机动车应小于或等于150mm。

注：踏板全行程是指在无制动液状态下制动踏板从完全释放状态到不能踩动的行程。

3）液压行车制动系不应由于制动液对制动管路的腐蚀或由于发动机及其他热源的作用形成气阻而影响行车制动系的功能。

2.6.7 气压制动的特殊要求

1）采用气压制动的机动车，在气压升至750kPa（或能达到的最大行车制动管路压力，两者取小的值）且不使用制动的情况下，停止空气压缩机工作3min后，其气压的降低值应小于或等于10kPa。在气压为750kPa（或能达到的最大行车制动管路压力，两者取小的值）的情况下，停止空气压缩机工作，将制动踏板踩到底，待气压稳定后观察3min，气压降低值对汽车应小于或等于20kPa，对汽车列车、铰接客车及铰接式无轨电车、轮式拖拉机运输机组应小于或等于30kPa。

2）采用气压制动的机动车，发动机在75%的额定转速下，4min（汽车列车为6min，铰接客车和铰接式无轨电车为8min）内气压表的指示气压应从零开始升至起步气压。

注：起步气压是指车辆制造厂家标明的车辆（起步后）能够满足正常（制动）工作要求的储气筒最小压力。

3）气压制动系统应装有限压装置，以确保贮气筒内气压不超过允许的最高气压。

4）气压制动系应安装保持压缩空气干燥、油水分离的装置。

2.6.8 储气筒

1）车长大于9m的客车、总质量大于或等于12000kg的货车和货车底盘改装的专项作业车，采用气压制动时，储气筒的额定工作气压应大于或等于850kPa；装备有空气悬架或盘式制动器时，还应大于或等于1000kPa。

2）装备储气筒或真空罐的机动车应采用单向阀或相应的保护装置，以保证在筒（罐）与压缩空气（真空源）连接失效或漏损的情况下，筒（罐）内的压缩空气（真空度）不致全部丧失。

3）储气筒的容量应保证在额定工作气压且不继续充气的情况下，机动车在连续五次踩到底的全行程制动后，气压不低于起步气压。

4）储气筒应有排污阀。

5）采用气压制动的汽车和具有储气筒的挂车，应在产品标牌（或车辆易见部位上设置的其他能永久保持的标识）上清晰标示储气筒额定工作气压的数值。

2.6.9 制动报警装置

1）采用液压制动的机动车，其储液器的加注口应易于接近，从结构设计上应保证在不打开容器的条件下就能很容易地检查液面。如不能满足此条件，则应安装制动液面过低报警装置。

2）采用液压制动的汽车（三轮汽车和装用单缸柴油机的低速货车除外），如液压传动装置任一部件失效，应通过红色报警信号灯警示驾驶人。只要失效继续存在且点火开关处在开（运行）的位置，该信号灯就应保持发亮。报警信号灯即使在白天也应很醒目，驾驶人在其座位上应能很容易地观察报警信号灯工作是否正常。报警装置的失效不应导致制动系统完全丧失制动效能。

3）采用气压制动的机动车，当制动系统的气压低于起步气压时，报警装置应能连续向驾驶人发出容易听到或看到的报警信号。

4）安装具有防抱死制动装置的汽车，当防抱死制动装置失效时，报警装置应能连续向驾驶人发出容易听到或看到的报警信号。

5）安装制动间隙自动调整装置的客车、货车和总质量大于3500kg的专项作业车，当行车制动器制动衬片需要更换时，应采用光学或声学的报警装置向在驾驶座上的驾驶人报警。

2.6.10 路试检验制动性能

2.6.10.1 基本要求

1）机动车行车制动性能和应急制动性能试验应在平坦、硬实、清洁、干燥且轮胎与地面间的附着系数大于或等于0.7的混凝土或沥青路面上进行。

2）检验时发动机应与传动系统脱开，但对于采用自动变速器的机动车，其变速器换档装置应位于驱动档（“D”档）。

2.6.10.2 行车制动性能

1. 用制动距离检验行车制动性能

机动车在规定的初速度下的制动距离和制动稳定性要求应符合表2-3的规定。对空载检验的制动距离有质疑时，可用表2-3规定的满载检验制动距离要求进行。

表2-3 制动距离和制动稳定性要求

机动车类型	制动初速度/(km/h)	空载检验制动距离要求/m	满载检验制动距离要求/m	试验通道宽度/m
三轮汽车	20	≤5.0		2.5
乘用车	50	≤19.0	≤20.0	2.5
总质量小于或等于3500kg的低速货车	30	≤8.0	≤9.0	2.5
其他总质量小于或等于3500kg的汽车	50	≤21.0	≤22.0	2.5
铰接客车、铰接式无轨电车、汽车列车（乘用车列车除外）	30	≤9.5	≤10.5	3.0①
其他汽车、乘用车列车	30	≤9.0	≤10.0	3.0①
两轮普通摩托车	30	≤7.0		—
边三轮摩托车	30	≤8.0		2.5
正三轮摩托车	30	≤7.5		2.3
轻便摩托车	20	≤4.0		—
轮式拖拉机运输机组	20	≤6.0	≤6.5	3.0
手扶变型运输机	20	≤6.5		2.3

① 对车宽大于2.55m的汽车和汽车列车，其试验通道宽度（单位：m）为“车宽（m）+0.5”。

制动距离是指机动车在规定的初速度下急踩制动时，从脚接触制动踏板（或手触动制动手柄）时起至机动车停住时止，机动车驶过的距离。

制动稳定性要求是指制动过程中机动车的任何部位（不计入车宽的部位除外）不超出规定宽度的试验通道的边缘线。

2. 用充分发出的平均减速度检验行车制动性能

汽车、汽车列车在规定的初速度下急踩制动时充分发出的平均减速度及制动稳定性要求应符合表2-4的规定，且制动协调时间对液压制动的汽车应小于或等于0.35s，对气压制动的汽车应小于或等于0.60s，对汽车列车、铰接客车和铰接式无轨电车应小于或等于0.80s。对空载检验的充分发出的平均减速度有质疑时，可用表2-4规定的满载检验充分发出的平均减速度进行。

表2-4　制动减速度和制动稳定性要求

机动车类型	制动初速度/(km/h)	空载检验充分发出的平均减速度/(m/s²)	满载检验充分发出的平均减速度/(m/s²)	试验通道宽度/m
三轮汽车	20	≥3.8		2.5
乘用车	50	≥6.2	≥5.9	2.5
总质量小于或等于3500kg的低速货车	30	≥5.6	≥5.2	2.5
其他总质量小于或等于3500kg的汽车	50	≥5.8	≥5.4	2.5
铰接客车、铰接式无轨电车、汽车列车（乘用车列车除外）	30	≥5.0	≥4.5	3.0①
其他汽车、乘用车列车	30	≥5.4	≥5.0	3.0①

① 对车宽大于2.55m的汽车和汽车列车，其试验通道宽度（单位：m）为“车宽（m）+0.5”。

充分发出的平均减速度MFDD为

$$\mathrm{MFDD}=\frac{v_b^2-v_e^2}{25.92(S_e-S_b)} \tag{2-2}$$

式中　MFDD——充分发出的平均减速度，单位为米每二次方秒（m/s^2）；

v_b——试验车制动初速度的0.8倍，试验车速，单位为千米每小时（km/h）；

v_e——试验车制动初速度的0.1倍，试验车速，单位为千米每小时（km/h）；

S_b——试验车速从试验车制动初速度到v_b之间车辆行驶的距离，单位为米（m）；

S_e——试验车速从试验车制动初速度到v_e之间车辆行驶的距离，单位为米（m）。

制动协调时间是指在急踩制动时，从脚接触制动踏板（或手触动制动手柄）时起至机动车减速度（或制动力）达到表2-4规定的机动车充分发出的平均减速度（或表2-5所规定的制动力）的75%时所需的时间。

3. 制动踏板力或制动气压要求

进行制动性能试验时的制动踏板力或制动气压应符合以下要求。

（1）满载检验时

气压制动系：气压表的指示气压≤额定工作气压。

液压制动系：踏板力，乘用车≤500N；其他机动车≤700N。

（2）空载检验时

气压制动系：气压表的指示气压≤750kPa。

液压制动系；踏板力，乘用车≤400N；其他机动车≤450N。

摩托车（正三轮摩托车除外）检验时，踏板力应小于或等于350N，手握力应小于或等于250N。

正三轮摩托车检验时，踏板力应小于或等于500N。

三轮汽车和拖拉机运输机组检验时，踏板力应小于或等于600N。

4. 合格判定要求

汽车、汽车列车在符合2.6.10.2第3条规定的制动踏板力或制动气压下的路试行车制动性能如符合2.6.10.2第1条或2.6.10.2第2条，即为合格。

2.6.10.3　驻车制动性能

在空载状态下，驻车制动装置应能保证机动车在坡度为20%（对总质量为整备质量的1.2倍以下的机动车为15%），轮胎与路面间的附着系数大于或等于0.7的坡道上正、反两个方向保持固定不动，时间应大于或等于2min。检验汽车列车时，应使牵引车和挂车的驻车制动装置均起作用。检验时操纵力按2.6.4节第3条规定。

注1：在规定的测试状态下，机动车使用驻车制动装置能停在坡度值更大且附着系数符合要求的试验坡道上时，应视为达到了驻车制动性能检验规定的要求。

注2：在不具备试验坡道的情况下，可参照相关标准使用符合规定的仪器测试驻车制动性能。

2.6.11　台试检验制动性能

2.6.11.1　行车制动性能

1. 制动力百分比要求

汽车、汽车列车在制动检验台上测出的制动力应符合表2-5的要求。对空载检验制动力有质疑时，可用表2-5规定的满载检验制动力要求进行检验。使用转鼓试验台检测时，可通过测得制动减速度值计算得到最大制动力。

表2-5　台试检验制动力要求

机动车类型	制动力总和与整车重量的百分比		轴制动力与轴荷①的百分比	
	空载	满载	前轴②	后轴②
三轮汽车	—		—	≥60③
乘用车、其他总质量小于或等于3500kg的汽车	≥60	≥50	≥60③	≥20③
铰接客车、铰接式无轨电车、汽车列车	≥55	≥45	—	—
其他汽车	≥60④	≥50	≥60③	≥50⑤
挂车	—	—	—	≥55⑥
普通摩托车	—	—	≥60	≥55
轻便摩托车	—	—	≥60	≥50

① 用平板制动检验台检验乘用车、其他总质量小于或等于3500kg的汽车时应按左右轮制动力最大时刻所分别对应的左右轮动态轮荷之和计算。

② 机动车（单车）纵向中心线中心位置以前的轴为前轴，其他轴为后轴；挂车的所有车轴均按后轴计算；用平板制动试验台测试并装轴制动力时，并装轴可视为一轴。

③ 空载和满载状态下测试均应满足此要求。

④ 对总质量小于或等于整备质量的1.2倍的专项作业车应大于或等于50%。

⑤ 满载测试时后轴制动力百分比不做要求；空载用平板制动检验台检验时应大于或等于35%；总质量大于3500kg的客车，空载用反力滚筒式制动试验台测试时应大于或等于40%，用平板制动检验台检验时应大于或等于30%。

⑥ 满载状态下测试时应大于或等于45%。

摩托车的前、后轴制动力应符合表2-5的要求，测试时只准许乘坐一名驾驶人。

检验时制动踏板力或制动气压按2.6.10.2第3条的规定。

2. 制动力平衡要求（两轮、边三轮摩托车、前轮距小于或等于460mm的正三轮摩托车和轻便摩托车除外）

在制动力增长全过程中同时测得的左、右轮制动力差的最大值，与全过程中测得的该轴左右轮最大制动力中大者（当后轴制动力小于该轴轴荷的60%时为与该轴轴荷）之比，对新注册车和在用车应分别符合表2-6的要求。

表2-6 台试检验制动力平衡要求

	前轴	后轴	
		轴制动力大于或等于该轴轴荷60%时	制动力小于该轴轴荷60%时
新注册车	≤20%	≤24%	≤8%
在用车	≤24%	≤30%	≤10%

3. 制动协调时间要求

汽车的制动协调时间，对液压制动的汽车应小于或等于0.35s，对气压制动的汽车应小于或等于0.60s；铰接客车、铰接式无轨电车的制动协调时间应小于或等于0.80s。

4. 车轮阻滞率要求

进行制动力检验时，汽车、汽车列车各车轮的阻滞力均应小于或等于轮荷的10%。

5. 合格判定要求

台试检验汽车、汽车列车行车制动性能时，检验结果同时满足2.6.11.1第1条～2.6.11.1第4条的，方为合格。

2.6.11.2 驻车制动性能

当采用制动检验台检验汽车和正三轮摩托车驻车制动装置的制动力时，机动车空载，使用驻车制动装置，驻车制动力的总和应大于或等于该车在测试状态下整车重量的20%，但总质量为整备质量1.2倍以下的机动车应大于或等于15%。

2.6.11.3 检验结果的复核

对机动车台架检验制动性能结果有异议的，在空载状态下按2.6.10复检。对空载状态复检结果有异议的，以满载路试复检结果为准。

2.7 照明、信号装置和其他电气设备

2.7.1 基本要求

1）机动车的灯具应安装牢靠、完好有效，不应由于机动车振动而松脱、损坏、失去作用或改变光照方向；所有灯光的开关应安装牢固、开关自如，不应由于机动车振动而自行开关。开关的位置应便于驾驶人操纵。

2）机动车不应安装或粘贴遮挡外部照明和信号装置透光面的护网、防护罩等装置（设计和制造上带有护网、防护罩且配光性能符合要求的灯具除外）。除转向信号灯、危险警告

信号、紧急制动信号、校车标志灯、扫路车、护栏清洗车、洗扫车、吸尘车等专项作业车在作业状态下的指示灯具，以及消防车、救护车、工程救险车和警车安装使用的标志灯具外，其他外部灯具不应闪烁。

3）用户不应对外部照明和信号装置进行改装，也不应加装强制性标准以外的外部照明和信号装置，如货车和挂车向前行驶时向后方照射的灯具。

2.7.2　照明和信号装置的数量、位置、光色和最小几何可见度

1）汽车（三轮汽车和装用单缸柴油机的低速货车除外）及挂车的外部照明和信号装置的数量、位置、光色、最小几何可见度应符合 GB 4785 的规定。总质量大于或等于 4500kg 的货车、专项作业车和挂车的每一个后位灯、后转向信号灯和制动灯，透光面面积应大于或等于一个 80mm 直径圆的面积；如属非圆形的，透光面的形状还应能将一个 40mm 直径的圆包含在内。

2）摩托车的照明和信号装置及其安装应分别符合 GB 18100.1、GB 18100.2 和GB 18100.3 的规定。

3）三轮汽车、装用单缸柴油机的低速货车及拖拉机运输机组应设置前照灯、前位灯（手扶拖拉机运输机组除外）、后位灯、制动灯、后牌照灯、后反射器和前、后转向信号灯，其光色应符合 GB 4785 相关规定。

4）机动车应装置后反射器。挂车及车长大于或等于 6m 的机动车应安装侧反射器和侧标志灯反射器应与机动车牢固连接，且后反射器应能保证夜间在机动车正后方 150m 处，用符合本标准规定的汽车前照灯照射时，在照射位置就能确认其反射光。

5）宽度大于 2100mm 的机动车均应安装示廓灯。

6）牵引杆挂车应在挂车前部的左右各装一只前白后红的牵引杆挂车标志灯，其高度应比牵引杆挂车的前栏板高出 300～400mm，距车厢外侧应小于 150mm。

7）校车应配备统一的校车标志灯和停车指示标志。

2.7.3　照明和信号装置的一般要求

1）机动车（手扶拖拉机运输机组除外）的前位灯、后位灯、示廓灯、侧标志灯、牵引杆挂车标志灯、牌照灯应能同时启闭，仪表灯（仪表板的背景灯）和上述灯具当前照灯关闭和发动机熄火时仍应能点亮。汽车和挂车的电路连接应保证前位灯、后位灯、示廓灯、侧标志灯和牌照灯只能同时打开或关闭，但前位灯、后位灯、侧标志灯作为驻车灯使用（复合或混合）的除外。

2）机动车的前/后转向信号灯、危险警告信号及制动灯白天在距其 100m 处应能观察到其工作状况；侧转向信号灯白天在距 30m 处应能观察到其工作状况；前/后位置灯、示廓灯、挂车标志灯夜间能见度良好时在距其 300m 处应能观察到其工作状况；后牌照灯夜间能见度良好时在距其 20m 处应能看清号牌号码。制动灯的发光强度应明显大于后位灯。

3）对称设置、功能相同的灯具的光色和亮度不应有明显差异。

4）机动车照明和信号装置的任一条线路出现故障，不应干扰其他线路的正常工作。

5）驾驶区的仪表板应采用不反光的面板或护板，车内照明装置及其在风窗玻璃、视镜、仪表盘等处的反射光线不应使驾驶人眩目。

6）仪表板上应设置仪表灯。仪表灯点亮时，应能照清仪表板上所有的仪表且不应眩目。

7）汽车（三轮汽车和装用单缸柴油机的低速货车除外）仪表板上应设置蓝色远光指示信号和与行驶方向相适应的转向指示信号。

8）汽车（三轮汽车除外）和轮式拖拉机运输机组均应具有危险警告信号装置，其操纵装置不应受灯光总开关的控制。对于牵引挂车的汽车，危险警告信号控制开关也应能打开挂车上的所有转向信号灯，即使在发动机不工作的情况下，仍应能发出危险警告信号。危险警告信号和转向信号灯的闪光频率应为 1.5Hz ± 0.5Hz，起动时间应小于或等于 1.5s。如某一转向灯发生故障（短路除外）时，其他转向灯应继续工作，但闪光频率可以不同于上述规定的频率。

9）客车应设置车厢灯和门灯。车长大于 6m 的客车应至少有两条车厢照明电路，仅用于进出口处的照明电路可作为其中之一。当一条电路失效时，另一条仍应能正常工作，以保证车内照明。车厢灯和门灯不应影响本车驾驶人的视线和其他机动车的正常行驶。

2.7.4 车身反光标识和车辆尾部标志板

1）总质量大于或等于 12000kg 的货车（半挂牵引车除外）和货车底盘改装的专项作业车、车长大于 8.0m 的挂车及所有最大设计车速小于或等于 40km/h 的汽车和挂车，应按 GB 25990规定设置车辆尾部标志板；半挂牵引车应在驾驶室后部上方设置能体现驾驶室的宽度和高度的车身反光标识，其他货车（多用途货车除外）、货车底盘改装的专项作业车和挂车（设置有符合规定的车辆尾部标志板的专项作业车和挂车，以及旅居挂车除外）应在后部设置车身反光标识。后部的车身反光标识应能体现机动车后部的高度和宽度，对厢式货车和挂车应能体现货厢轮廓，且采用一级车身反光标识材料时与后反射器的面积之和应大于或等于 $0.1m^2$，采用二级车身反光标识材料时与后反射器的面积之和应大于或等于 $0.2m^2$。

2）所有货车（半挂牵引车、多用途货车除外）、货车底盘改装的专项作业车和挂车（旅居挂车除外）应在侧面设置车身反光标识。侧面的车身反光标识长度应大于或等于车长的 50%，对三轮汽车应大于或等于 1.2m，对侧面车身结构无连续平面的货车底盘改装的专项作业车应大于或等于车长的 30%，对货厢长度不足车长 50% 的货车应为货厢长度。

3）道路运输爆炸品和剧毒化学品车辆，除应按 1）、2）设置车身反光标识外，还应在后部和两侧粘贴能标示出车辆轮廓、宽度为 150mm + 20mm 的橙色反光带。

4）拖拉机运输机组应按照相关标准的规定在车身上粘贴反光标识。

5）货车、货车底盘改装的专项作业车和挂车（组成拖拉机运输机组的挂车除外）的车身反光标识材料应符合 GB 23254 的规定，其中总质量大于 3500kg 的厢式货车（不含封闭式货车、侧帘式货车）、厢式挂车（不含侧帘式半挂车）和厢式专项作业车应装备反射器型车身反光标识。车身反光标识的粘贴设置应符合 GB 23254 的规定。

6）货车（半挂牵引车除外）和挂车（组成拖拉机运输机组的挂车除外）设置的车身反光标识或车辆尾部标志板被遮挡的，应在被遮挡的车身后部和侧面至少水平固定一块 2000mm × 150mm 的柔性反光标识。

2.7.5　前照灯

2.7.5.1　基本要求

1）机动车装备的前照灯应有远、近光变换功能；当远光变为近光时，所有远光应能同时熄灭。同一辆机动车上的前照灯不应左、右的远、近光灯交叉开亮。

2）所有前照灯的近光均不应眩目，汽车（三轮汽车和装用单缸柴油机的低速货车除外）、摩托车装用的前照灯应分别符合 GB 4599、GB 21259、GB 25991、GB 5948 及 GB 19152的规定。安装有自适应前照明系统的，应符合 GB/T 30036 的规定。

3）机动车前照灯光束照射位置在正常使用条件下应保持稳定。

4）汽车（三轮汽车，及设计和制造上能保证前照灯光束高度照射位置在规定的各种装载情况下均符合 GB 4785 要求的汽车除外）应具有前照灯光束高度调整装置/功能，以方便地根据装载情况对光束照射位置进行调整；该调整装置如为手动的，应可以在驾驶座上操作。

2.7.5.2　远光光束发光强度要求

机动车每只前照灯的远光光束发光强度应达到表 2-7 的要求，并且同时打开所有前照灯（远光）时其总的远光光束发光强度应符合 GB 4785 的规定。测试时，电源系统应处于充电状态。

表 2-7　前照灯远光光束发光强度最小值要求　　（单位：cd）

机动车类型		检查项目					
		新注册车			在用车		
		一灯制	二灯制	四灯制①	一灯制	二灯制	四灯制①
三轮汽车		8000	6000	—	6000	5000	—
最大设计车速小于 70km/h 的汽车		—	10000	8000	—	8000	6000
其他汽车		—	18000	15000	—	15000	12000
普通摩托车		10000	8000	—	8000	6000	—
轻便摩托车		4000	3000	—	3000	2500	—
拖拉机运输机组	标定功率＞18kW	—	8000	—	—	6000	—
	标定功率≤18kW	6000②	6000	—	5000②	5000	—

① 四灯制是指前照灯具有四个远光光束；采用四灯制的机动车其中两只对称的灯达到两灯制的要求时视为合格。

② 允许手扶拖拉机运输机组只装用一只前照灯。

2.7.5.3　光束照射位置要求

1）在空载车状态下，汽车、摩托车前照灯近光光束照射在距离 10m 的屏幕上，近光光束明暗截止线转角或中点的垂直方向位置，对近光光束透光面中心（基准中心，下同）高度小于或等于 1000mm 的机动车，应不高于近光光束透光面中心所在水平面以下 50mm 的直线且不低于近光光束透光面中心所在水平面以下 300mm 的直线；对近光光束透光面中心高度大于 1000mm 的机动车，应不高于近光光束透光面中心所在水平面以下 100mm 的直线且不低于近光光束透光面中心所在水平面以下 350mm 的直线。除装用一只前照灯的三轮汽车和摩托车外，前照灯近光光束明暗截止线转角或中点的水平方向位置，与近光光束透光面中心所在处置面相比，向左偏移应小于或等于170mm，向右偏移应小于或等于350mm。

2）在空载车状态下，轮式拖拉机运输机组前照灯近光光束照射在距离10m的屏幕上，近光光束中点的垂直位置应小于或等于0.7H（H为前照灯近光光束透光面中心的高度），水平位置向右偏移应小于或等于350mm且不应向左偏移。

3）在空载车状态下，对于能单独调整远光光束的汽车、摩托车前照灯，前照灯远光光束照射在距离10m的屏幕上，其发光强度最大点的垂直方向位置，应不高于远光光束透光面中心所在水平面（高度值为H）以上100mm的直线且不低于远光光束透光面中心所在水平面以下0.2H的直线。除装用一只前照灯的三轮汽车和摩托车外，前照灯远光发光强度最大点的水平位置，与远光光束透光面中心所在垂直面相比，左灯向左偏移应小于或等于170mm且向右偏移应小于或等于350mm，右灯向左和向右偏移均应小于或等于350mm。

2.7.6 其他电气设备和仪表

1）机动车（手扶拖拉机运输机组除外）应设置具有连续发声功能的喇叭，喇叭声级在距车前2m、离地高1.2m处测量时，发动机最大净功率（或电机额定功率总和）为7kW以下的摩托车为80～112dB（A），其他机动车为90～115dB（A）。乘用车、专用校车喇叭在车钥匙取下及车门锁止时在车内应仍能正常使用；但对任何情况下所有供乘员上下车的车门均能从车内打开（乘用车车门安装的儿童锁锁止时除外），或安装有自动探测报警装置，在车钥匙取下及车门锁止时能自动探测车内是否有移动物体且在发现移动物体时能发出明显警示信号的乘用车、专用校车，应视为满足要求。教练车（三轮汽车除外）还应设置辅助喇叭开关，其工作应可靠。

2）电器导线应具有阻燃性能。客车发动机舱内和其他热源附近的线束应采用耐温不低于125℃的阻燃电线，其他部位的线束应采用耐温不低于100℃的阻燃电线，波纹管应达到GB/T 2408—2021中表2规定的V-0级。所有电器导线均应捆扎成束、布置整齐、固定卡紧、接头牢固并在接头处装设绝缘套，在导线穿越孔洞时应装设阻燃耐磨绝缘套管。电子元件应连接可靠，乘员舱外部的接插件应有防水要求。

3）摩托车应装有车速里程表。三轮汽车、装用单缸柴油机的低速货车和轮式拖拉机运输机组应装有水温表（蒸发式水冷却系统除外）、机油压力表或机油压力指示器、电流表或充电指示器；其他汽车应装有燃料表［气体燃料汽车为气量显示装置，纯电动汽车、插电式混合动力汽车为可充电储能系统（REESS）电量显示装置，燃料电池汽车为氢气量显示装置］，并能显示水温或水温报警信息、机油压力或油压报警信息、电流或电压或充电指示信息、车速、里程等信息；采用气压制动的机动车，还应能显示气压。机动车装备的仪表应完好，规定信息的显示功能应有效。

4）专用校车应设置电源总开关，车长大于或等于6m的客车应设置电磁式电源总开关；但如在蓄电池端对所有供电线路均设置了保险装置，或车辆用电设备由电子控制单元直接驱动且具有负载监控功能、电子控制单元供电线路和个别直接供电的线路均设置有保险装置时，可不设电磁式电源总开关。车长大于或等于6m的客车，还应设置能切断蓄电池和所有电路连接的手动机械断电开关。

5）所有客车、危险货物运输货车、半挂牵引车和总质量大于或等于12000kg的其他货车，应装备具备记录、存储、显示、打印或输出车辆行驶速度、时间、里程等车辆行驶状态信息的行驶记录仪；行驶记录仪应接入车辆速度、制动等信号，规范设置车辆参数并配置驾驶人身份识别卡，显示部分应易于观察，数据接口应便于移动存储介质的插拔，技术要求应符合 GB/T 19056 的规定。校车、公路客车、旅游客车和危险货物运输货车装备具有行驶记录功能的卫星定位装置，且行驶记录功能的技术要求符合本标准及 GB/T 19056 相关规定，或车长小于 6m 的其他客车装备符合标准规定的事件数据记录系统（EDR），应视为满足要求。专用校车和卧铺客车、设有乘客站立区的客车，还应装备车内外视频监控录像系统；车内外视频监控录像系统摄像头的配备数量及拍摄方向应符合相关标准和管理规定，无遮挡。

6）乘用车应配备能记录碰撞等特定事件发生时的车辆行驶速度、制动状态等数据信息的事件数据记录系统（EDR）；若配备了符合标准规定的车载视频行驶记录装置，应视为满足要求。

7）总质量大于或等于 12000kg 的货车，应装备符合标准要求的车辆右转弯音响提示装置，并在设计和制造上保证驾驶人不能关闭车辆右转弯音响提示装置。

8）危险货物运输车辆的电路系统应符合 GB 21668 的规定。

9）汽车装备以及加装的所有电气设备不应影响本标准规定的制动、转向、照明和信号装置等运行安全要求。车身外部设有广告屏（箱）的汽车和挂车，应保证广告屏（箱）在车辆行驶状态下处于关闭状态。

10）旅居车和旅居挂车的特殊要求如下。

① 由中性点绝缘关系供电的旅居车和旅居挂车应配备良好的接地系统，其接地电阻应小于或等于 50Ω，旅居车厢及用电设备均应进行接地保护。

② 旅居车应设电源总开关，并设置漏电保护设施。

③ 旅居车内除起动机、点火电路、蓄电池及其充电电路外，其他电路均应设置电路断电器，低耗电器可设置公用电路断电器。

④ 旅居车应能采用外接电源供电，并具有电源转换装置与漏电保护功能。

11）无轨电车的特殊要求如下。

① 周围空气相对湿度在 75% ~90% 时，无轨电车的总绝缘电阻值应大于或等于 3MΩ；相对湿度在 90% 以上时应大于或等于 1MΩ。

② 集电头自由升起的最大高度，距地面应小于或等于 7m，且在最高点应有弹性限位。当集电头距地面高度在 4.2 ~6.0m 范围内时，集电器应能正常工作。

③ 线网在标准高度时，集电头对触线网的压力应能在 80 ~130N 范围内调节，行驶中集电头在触线上滑行不应产生火花；经分、并线器及交叉器等时，不应产生严重火花。

④ 车门踏步和车门扶手以及人站在地面上能接触到的车门口周边的扶手，应和车体金属结构绝缘或用绝缘材料制成，使用 1000V 兆欧表测量时绝缘电阻应大于或等于 0.6MΩ，或在车门打开操作时实现整车高压电路系统与供电线网的断路互锁。

⑤ 各车门均应设有与车身导电良好的接地链。当车门处于开启状态时，接地链应与地面可靠接触。

⑥ 高压电气总成应具备过电流保护、短路保护、过电压保护、欠电压保护等功能。

⑦ 集电头应具备防挂线网防护或挂线后的防护装置。

⑧ 集电杆与集电头之间的电气绝缘应具备耐水性。自集电头沿集电杆向下至 2.5m 处的集电杆表面，应具有绝缘防护层。集电杆与集电头之间应有带绝缘结构的安全绳，安全绳的

牵引断裂负荷不低于10kN。

⑨ 无轨电车在允许的偏线距离内行驶时，当集电杆拉紧弹簧断裂后，集电杆在车辆左右偏线位置自由下降，在其最低高度距地面2.5m的位置应有限位装置。

⑩ 无轨电车上的电源接通程序，至少应经过两次有意识的不同的连续动作，才能完成从“电源切断”状态到“可行驶”状态。

⑪ 无轨电车应装备漏电检测报警器，车辆一旦到达漏电临界值，报警器就会发出明显的光或声的报警信号。

2.8 行驶系

2.8.1 轮胎

1）机动车所装用轮胎的速度级别不应低于该车最大设计车速的要求，但装用雪地轮胎时除外。总质量大于3500kg的货车和挂车（封闭式货车、旅居挂车等特殊用途的挂车除外）装用轮胎的总承载能力，应小于或等于总质量的1.4倍。

2）公路客车、旅游客车和校车的所有车轮及其他机动车的转向轮不应装用翻新的轮胎；其他车轮若使用翻新的轮胎，应符合相关标准的规定。

3）同一轴上的轮胎规格和花纹应相同，轮胎规格应符合整车制造厂的规定。

4）乘用车用轮胎应有胎面耗标志。乘用车备胎规格与该车其他轮胎不同时，应在备胎附近明显位置（或其他适当位置）装置能永久保持的标识，以提醒驾驶人正确使用备胎。

5）专用校车和卧铺客车应装用无内胎子午线轮胎，危险货物运输车辆及车长大于9m的其他客车应装用子午线轮胎。发动机中置且宽高比小于或等于0.9的乘用车不应使用轮胎名义宽度小于或等于155mm规格的轮胎。设置了符合2.10.2中第8条规定的车内随行物品存放区的公路客车的后轮若采用单胎，则后轮的轮胎名义宽度应大于或等于195mm。

6）乘用车、挂车轮胎胎冠花纹上的花纹深度应大于或等于1.6mm，摩托车轮胎胎冠花纹上的花纹深度应大于或等于0.8mm；其他机动车转向轮的胎冠花纹深度应大于或等于3.2mm，其余轮胎胎冠花纹深度应大于或等于1.6mm。

7）轮胎胎面不应由于局部磨损而暴露出轮胎帘布层。轮胎不应有影响使用的缺损、异常损坏和变形。

8）轮胎的胎面和胎壁上不应有长度超过25mm或深度足以暴露出轮胎帘布层的破裂和割伤。

9）轮胎负荷不应大于该轮胎的额定负荷，轮胎气压应符合该轮胎承受负荷时规定的压力。具有轮胎气压自动充气装置的汽车，其自动充气装置应能确保轮胎气压符合出厂规定。

10）双式车轮的轮胎的安装应便于轮胎充气，双式车轮的轮胎之间应无夹杂的异物。

2.8.2 车轮总成

1）轮胎螺母和半轴螺母应完整齐全，并应按规定力矩紧固。客车、货车的车轮及车轮上的所有螺栓、螺母不应安装有碍于检查其技术状况的装饰罩或装饰帽（设计和制造上为防止生锈等情形发生而配备的、易于拆卸及安装的装饰罩和装饰帽除外），且车轮螺母、轮毂罩盖和保护装置不应有任何蝶形凸出物。

2）车轮总成的横向摆动量和径向跳动量，总质量小于或等于3500kg的汽车应小于或等于5mm，摩托车应小于或等于3mm，其他机动车应小于或等于8mm。

3）最大设计车速大于100km/h的机动车，车轮的动平衡要求应与该车型的技术要求一致。

4）专用校车、车长大于9m的未设置乘客站立区的客车及总质量大于3500kg的危险货物运输货车的转向轮应装备轮胎爆胎应急防护装置。

2.8.3　悬架系统

1）悬架系统各球关节的密封件不应有切口或裂纹，稳定杆应连接可靠，结构件不应有残损或变形。

2）钢板弹簧不应有裂纹和断片现象，同一轴上的弹簧形式和规格应相同，其弹簧型式和规格应符合产品使用说明书中的规定。中心螺栓和U形螺栓应紧固、无裂纹且不应拼焊。钢板弹簧卡箍不应拼焊或残损。

3）空气弹簧应无裂损、漏气及变形，控制系统应齐全有效。

4）减振器应齐全有效，减振器不应有滴漏油现象。

2.8.4　空气悬架

总质量大于或等于12000kg的危险货物运输货车的后轴，所有危险货物运输半挂车，以及三轴栏板式、仓栅式半挂车应装备空气悬架。

2.8.5　其他要求

1）车架不应有裂纹及变形、锈蚀，螺栓和铆钉不应缺少或松动。

2）前、后桥不应有裂纹及变形。

3）车桥与悬架之间的各种拉杆和导杆不应有变形，各接头和衬套不应松旷或移位。

4）三轴公路客车的随动轴应具有随动转向或主动转向的功能。

2.9　传动系

2.9.1　离合器

1）机动车的离合器应接合平稳，分离彻底，工作时不应有异响、抖动或不正常打滑等现象。

2）踏板自由行程应与该车型的技术要求一致。

3）离合器彻底分离时，踏板力应小于或等于300N（拖拉机运输机组应小于或等于350N），手握力应小于或等于200N。

2.9.2　变速器和分动器

1）换档时齿轮应啮合灵便，互锁、自锁和倒档锁装置应有效，不应有乱档和自行跳档现象；运行中应无异响；换档杆及其传动杆件不应与其他部件干涉。采用自动变速器的机动车，应通过设计保证只有当变速器换档装置处于驻车档（“P”档）或空档（“N”档）时方可起动发动机（具有自动起停功能时在驱动档（“D”档）也可起动发动机）；变速器换档装置换入或经过倒车档（“R”档），以及由驻车档（“P”档）位置换入其他档位时，应通过驾驶人的不同方向的两个动作（驾驶人踩下制动踏板应视为一个动作）完成，但车速低于10km/h时通过汽车电子控制技术能有效避免驾驶人误操作的除外。变速器出现功能限制使用情形时，对驾驶人应有警示信息提示。

2）在换档装置上应有驾驶人在驾驶座位上即可容易识别变速器和分动器档位位置的标志。如换档装置上难以布置，则应布置在换档杆附近易见部位或仪表板上。

3）有分动器的机动车，应在档位位置标牌或产品使用说明书上说明连通分动器的操作步骤。

4）如果纯电动汽车和插电式混合动力汽车是通过改变电机旋转方向来实现前进和倒车两个行驶方向转换的，应满足以下要求，以防止当车辆行驶时意外转换到反向行驶。

① 前进和倒车两个行驶方向的转换，应通过驾驶人不同方向的两个动作来完成。

② 或者，仅通过驾驶人的一个操作动作来完成，应使用一个安全设备使模式转换只有在车辆静止或低速时才能够完成。

2.9.3 传动轴

传动轴在运转时不应发生振抖和异响，中间轴承和万向节不应有裂纹和/或松旷现象。发动机前置后驱动的客车的传动轴在车厢地板的下面沿纵向布置时，应有防止传动轴滑动连接（花键或其他类似装置）脱落或断裂等故障而引起危险的防护装置。

2.9.4 驱动桥

驱动桥壳、桥管不应有裂纹和变形，驱动桥工作应正常且无异响。

2.9.5 超速报警和限速功能

1）车长大于或等于6m的客车应具有超速报警功能，当行驶速度超过允许的最大行驶速度（允许的最大行驶速度不应大于100km/h）时能通过视觉和声觉信号报警，但具有符合规定的限速功能或限速装置的除外。

2）三轴及三轴以上货车（具有限速功能或配备有限速装置，且限速功能或装置符合规定的除外）应具有超速报警功能，当行驶速度对混凝土搅拌运输车大于或等于60km/h，对其他货车大于或等于100km/h时，能通过视觉和声觉信号报警。

3）公路客车、旅游客车和危险货物运输货车及车长大于9m的其他客车，车长大于或等于6m的旅居车应具有限速功能，否则应配备限速装置。限速功能或限速装置应符合GB/T 24545的要求，且限速功能或限速装置调定的最大车速对设置了符合2.10.2中第8条规定的车内随行物品存放区的公路客车应小于70km/h、对其他公路客车、旅游客车和车长大于9m的其他客车，车长大于或等于6m的旅居车不应大于100km/h，对危险货物运输货车不应大于80km/h。专用校车应安装符合GB/T 24545要求的限速装置，且调定的最大车速不应大于80km/h。

2.9.6　车速受限车辆的特殊要求

低速汽车、轻便摩托车、正三轮摩托车，拖拉机运输机组等车速受限车辆应在设计及制造上确保其实际最大行驶速度在满载状态下不会超过其最大设计车速，在空载状态下不会超过其最大设计车速的110%。

注：实际最大行驶速度是指车辆在平坦良好路面行驶时能达到的最大速度。

2.10　车身

2.10.1　基本要求

1）车身的技术状况应能保证驾驶人有正常的工作条件和客货安全，其外部不应产生明显的镜面反光（局部区域使用镀铬、不锈钢装饰件的除外）。

2）机动车驾驶室应保证驾驶人的前方视野和侧方视野。

3）车身和驾驶室应坚固耐用，覆盖件无开裂。车身和驾驶室在车架上的安装应牢固，不会因机动车振动而引起松动。

4）车身外部和内部乘员可能触及的任何部件、构件都不应有任何可能使人致伤的尖锐凸起物（如尖角、锐边等）。

2.10.2　客车的特殊要求

1）专用校车的上部结构强度应符合GB 24407的规定，其他未设置乘客站立区的客车的上部结构强度应符合GB 17578的规定。车长大于6m的专用校车应为车身骨架结构，同一横截面上的顶梁、立柱和底架主横梁应形成封闭环（轮罩与顶风窗处除外），从侧窗上纵梁到底横梁之间的车身立柱应采用整体结构，中间不应通过拼焊连接；车长小于或等于6m的专用校车未采用上述结构的，应采用覆盖件与加强梁共同承载。车长大于11m的公路客车和旅游客车及所有卧铺客车，车身应为全承载整体式框架结构。

2）客车车身及地板应密合并有足够强度。

3）客车应设置乘客通道或无障碍通路，并保证在不拆卸或手动翻转任何部件的情况下，符合规定的通道测量装置能顺利通过。幼儿专用校车乘客区应采用平地板结构（轮罩处的局部凸起除外）。

4）空载状态下，车长大于或等于6m的设有乘客站立区的客车的乘客门的一级踏步高应小于或等于400mm；如采用钢板悬架，则后乘客门的一级踏步高应小于或等于430mm；车长大于或等于6m的其他客车乘客门的一级踏步高应小于或等于430mm。对专用校车，在空载状态下，第一级踏步离地高度应小于或等于350mm（允许使用伸缩踏步达到要求），其他各级踏步的高度应小于或等于250mm。

5）车长大于7.5m的客车和所有校车不应设置车外顶行李架。其他客车需设置车外顶行李架时，行李架高度应小于或等于300mm，长度不应超过车长的三分之一。客车如有车底行李舱，则车底行李舱净高应小于或等于1200mm；专用校车如有行李舱体，则行李舱体顶部离地面高度应小于1000mm。

6）专用校车前部应设置碰撞安全结构。若为前横置发动机，则发动机曲轴中心线应位于前风窗玻璃最前点以前；若为前纵置发动机，则发动机第一缸和第二缸的中心线应位于前风窗玻璃最前点以前；对车长大于6m的专用校车，若其前部碰撞性能不低于前两种结构，可以不限定发动机布置形式。

7）幼儿校车、小学生校车的侧窗下边缘距其下方座椅上表面的高度应大于或等于250mm，否则应加装防护装置。

8）车长小于或等于7.5m的公路客车，若在车内设有随行物品存放区，则存放区面积应大于或等于乘客区面积的20%并小于或等于乘客区面积的25%，且存放区与乘客区之间应有安装牢固可靠的隔板或格栅有效隔离，隔板或格栅的安装高度应至车内顶部，格栅的网眼尺寸应小于或等于100mm×100mm。

9）公路客车、旅游客车和未设置乘客站立区的公共汽车应装备单燃油箱，且单燃油箱的容积应小于或等于400L。

2.10.3 货运机动车的特殊要求

1）货厢（货箱）应安装牢固可靠，且在设计和制造上不应设置有货厢（货箱）加高、加长、加宽的结构装置。

2）货箱或其他载货装置，其构造应保证安全、稳妥地装载货物，栏板和底板应规整且具有足够的强度。集装箱运输车和集装箱运输半挂车的构造应保证集装箱运输过程中始终安全、稳妥地固定在车辆上。

3）货车和挂车的载货部分不应设置乘客座椅。

4）货车和挂车的载货部分不应设计成可伸缩的结构，但中置轴车辆运输列车的主车后部的延伸结构除外。

5）货车驾驶室（区）最后一排座位靠背最上端（前后位置可调座椅应处于滑轨中间位置，靠背角度可调式座椅的靠背角度及座椅其他调整量应处于制造厂规定的正常使用位置）与驾驶室后壁（驾驶区隔板）平面的间距对带卧铺的货车应小于或等于950mm，对其他货车应小于或等于450mm。

6）仓栅式载货车辆的载货部位应采用仓笼式或栅栏式结构。载货部位的顶部应安装有与侧面栅栏固定的、不能拆卸和调整的顶棚杆；顶棚杆间的纵向距离应小于或等于500mm。

7）自卸式载货车辆的车厢栏板应开闭灵活，锁紧可靠；根据需要应安装手动锁紧机构，确保在行驶中不自行打开，或自动开启装置失效时卸货安全。侧开式车厢栏板与立柱、底板之间以及后开式车厢后栏板与车厢后断面之间应贴合。

8）厢式载货车辆的货厢的顶部应封闭、不可开启（翼开式车辆除外），其与侧面的连接应采用焊接等永久固定的方式；货厢的后面或侧面应设有固定位置的车门。

9）侧帘式载货车辆应设置有竖向滑动立柱、横向挡货杆、托盘、固货绳钩等防护装置；且车厢内应设置有用于对货物进行必要固定和捆扎的固定装置，帘布锁紧装置应锁紧可靠。

10）所有集装箱车、集装箱运输半挂车的载货部位应采用骨架式结构。

11）液体危险货物运输罐式车辆的常压罐体应符合GB 18564.1和GB 18564.2的规定，且在设计和制造上其进料口、卸料口的形式、位置应考虑受到意外撞击时的安全防护要求。

12）危险货物运输货车应装备单燃油箱，且单燃油箱的容积应小于或等于400L。

2.10.4　摩托车的特殊要求

1）两轮普通摩托车、两轮轻便摩托车的前后轮和边三轮摩托车的主车前后轮中心平面允许偏差应小于或等于10mm。

2）摩托车外部不应有朝外的尖锐零件，车身上其他道路使用者有可能接触到的外部零部件布置应符合GB 20074的规定。

3）两轮普通摩托车和边三轮摩托车主车的客座应设座垫、扶手（或拉带）和脚蹬。两轮普通摩托车扶手应符合GB 20075的规定。

4）前轮距小于或等于460mm的正三轮摩托车，在设计和制造上应保证转弯时前部的两个车轮同时与地面接触并与车身整体倾斜。

2.10.5　车门和车窗

1）车门和车窗应启闭轻便，不应有自行开启现象，门锁应牢固可靠。门窗应密封良好，无漏水现象。

2）除设计上专门用于运送特定类型的人员且使用上有特殊需求的乘用车外，乘用车应保证每个乘员至少能从两个不同的车门上下车；并且，当乘用车静止时，所有供乘员上下车的车门（安装的儿童锁锁止时除外）均应能从车内开启。旅居车至少应有两个车门，其中，应有一个乘客门位于车厢后部或右侧，且该乘客门的净高度应大于或等于1650mm、净宽度应大于或等于500mm，但乘客门净宽度大于或等于750mm时，净高度大于或等于1400mm即视为满足要求。

3）客车除驾驶人门和应急门外，不应在车身左侧开设车门。但对只在沿道路中央车道设置的公共汽车专用道上运营使用的公共汽车，由于公交站台位置的原因，须在车身左侧上下乘客时，允许在车身左侧开设乘客门；此类公共汽车不应在车身右侧开设乘客门。对既在沿道路中央车道设置的公共汽车专用道上运营，同时又在普通道路上运营使用的公共汽车，允许在车身左右两侧均开设乘客门，但在设计和制造上应保证车身的强度和刚度达到使用要求，且两侧的乘客门在正常状态下应不能同时开启。

4）当客车静止时，乘客门应易于从车内开启。在正常使用情况下，乘客门向车内开启时，其结构应保证开启运动不致伤害乘客，必要时应装有适当的防护装置；对车长大于或等于6m的客车，紧急情况下，乘客门还应能从车外开启。车外开门装置离地高度应小于或等于1800mm。车长大于9m的未设置乘客站立区的客车（专用校车及乘坐人数小于20的其他专用客车除外）应设置两个乘客门。

5）客车采用动力开启的乘客门，在有故障或意外的情况下，仍应能通过车门应急控制器简便地从车内打开；车门应急控制器应能让临近车门的乘客容易看见并清楚识别，并应有醒目的标志和使用方法；对公共汽车及车长大于或等于6m的其他客车，还应在驾驶人座位附近驾驶人易于操作部位设置乘客门应急开关。

6）机动车的门窗应使用符合GB 9656规定的安全玻璃。但作为击碎玻璃式应急窗的车窗，应使用厚度小于或等于5mm的钢化玻璃或每层厚度不超过5mm的中空钢化玻璃。

7）前风窗玻璃驾驶人视区部位及驾驶人驾驶时用于观察外后视镜的部位的可见光透射

比应大于或等于 70%。所有车窗玻璃不应张贴镜面反光遮阳膜。公路客车、旅游客车、设有乘客站立区的客车校车和发动机中置且宽高比小于或等于 0.9 的乘用车所有车窗玻璃的可见光透射比均应大于或等于 50%，且除符合 GB 30678 规定的客车用安全标志和信息符号外，不应张贴有不透明和带任何镜面反光材料的色纸或隔热纸。

8）客车、旅居车、专项作业车乘坐区的两侧应设置车窗。对于厢式货车和封闭式货车，驾驶室（区）两旁应设置车窗，货厢部位不应设置车窗（但驾驶室（区）内用于观察货物状态的观察窗除外）。

9）装有电动窗（包括电动天窗）的乘用车，其控制装置应确保车窗玻璃在运动过程中能在任意位置可靠停住或遇障碍可自动下降（缩回）。

10）汽车（专项作业车除外）在发动机运行状态下，在车外使用遥控钥匙能锁止车门的，应明确警示驾驶人；但对在车外使用遥控钥匙锁止车门后发动机在规定时间内（最长不大于 30min）能自动熄火的，视为满足要求。若汽车装备有取消上述功能的装置，则每次汽车点火系统重新启动时上述功能均应处于激活状态（即取消上述功能的装置应处于非激活状态）。

2.10.6 座椅（卧铺）

1）驾驶人座椅应具有足够的强度和刚度，固定可靠，汽车（三轮汽车除外）驾驶人座椅的前后位置应可以调整。驾驶区各操作机件应布置合理，工作方便。

2）所有乘员座椅及其布置应能保证就座乘客的乘坐空间。载客汽车的乘员座椅应符合相关规定，布置合理，无特殊要求时应尽量均匀分布，不应由于座椅的集中布置而形成与车辆设计功能不相适应的、明显过大的行李区（但行李区与乘客区用隔板或隔栅有效隔离的除外）。客车（设有乘客站立区的客车和专用校车除外）乘客座椅及其车辆固定件的强度应符合 GB 13057 的规定。

3）车长小于 6m 的乘用车（救护车、囚车除外）不应设置侧向座椅和后向座椅，但设计和制造上具有行动不便乘客（如轮椅乘坐者）乘坐设施的乘用车设置的后向座椅除外。乘用车、旅居车同方向座椅的座间距应大于或等于 600mm（乘用车第二排以后的可折叠座椅应大于或等于 570mm），对发动机中置且宽高比小于或等于 0.9 的乘用车还应小于或等于 1000mm，旅居车、设计和制造上具有行动不便乘客（如轮椅乘坐者）乘坐设施的乘用车相向座椅的座间距应大于或等于 1150mm。

4）除设有乘客站立区的客车及设计和制造上有特殊使用需求的专用客车（如专用校车的照管人员座椅等）外，其他客车的座椅均应纵向布置（与车辆前进的方向相同）。

5）客车（乘坐人数小于 20 的专用客车除外）踏步区域不应设置座椅（专用校车在踏步区域设置的照管人员折叠座椅除外），乘客通道内不应设置供乘客使用的折叠座椅。应急门引道处前排座椅靠背即使调整到最后位置也不能侵入应急门引道空间；沿应急门引道侧面设有不能自动折叠的座椅时，量规通过的自由空间应在该座椅打开位置处测量，若设有自动折叠座椅则可在其折叠位置测量。设有乘客站立区的客车，应安装供站立乘客用的护栏、扶手等装置，且护栏、扶手等装置的数量应与核定站立人数相适应。

6）幼儿专用校车和小学生专用校车学生座椅的座间距应分别大于或等于 500mm 和 550mm；其他客车同方向座椅的座间距应大于或等于 650mm，相向座椅的座间距应大于或等于1200mm。专用校车的学生座椅在车辆横向上最多采用“2+3”布置；其他客车座椅在车辆横向上不应采用“2+3”布置（最后一排座椅除外）。

7）卧铺客车的卧铺应纵向布置（与机动车前进方向相同），卧铺宽度应大于或等于450mm，卧铺纵向间距应大于或等于1600mm，相邻卧铺的横向间距应大于或等于350mm；卧铺不应布置为三层或三层以上，双层布置时上铺高应大于或等于780mm、铺间高应大于或等于750mm。

8）校车应至少设置一个照管人员座位。对小学生校车和中小学生校车，当学生座位数大于或等于40个时，应设置两个或三个照管人员座位。对幼儿校车，当学生座位数大于或等于20且小于40个时，应设置两个或三个照管人员座位；当学生座位数大于或等于40个时，应设置三个或四个照管人员座位。对专用校车及专门用于接送学生上下学的非专用校车，照管人员座位应有永久性标识。专用校车学生座椅及其车辆固定件的强度应符合GB 24406的要求。

9）专用校车靠近通道的学生座椅应在通道一侧设置座椅扶手；扶手和把手应有足够的强度，其扶手应使乘客易于抓紧，每个扶手的表面应防滑。

10）两轮普通摩托车、两轮轻便摩托车和边三轮摩托车主车的每个驾乘人员的固定座垫，长度应大于或等于220mm。正三轮摩托车的乘客座椅应纵向布置（与车辆前进的方向相同），且与前方驾驶人座椅后表面（或客厢前表面）的间距应小于或等于1000mm；装有与后轮对称分布的两个前轮的正三轮摩托车，其驾驶人座位和乘员座位（如有）还应布置在车辆纵向中心平面上。

2.10.7　内饰材料和隔声、隔热材料

1）汽车驾驶室和乘员舱所用的内饰材料应采用阻燃性符合GB 8410规定的阻燃材料，其中客车内饰材料的燃烧速度应小于或等于70mm/min。

2）发动机舱或其他热源（如缓速器或车内采暖装置，但不包括热水循环装置）与车辆其他部分之间应安装隔热材料，用于连接隔热材料的固定夹、垫圈等也应防火。对设有乘客站立区的客车和发动机后置的其他客车，其发动机舱使用的隔声、隔热材料应达到GB 8410规定的A级的要求。

2.10.8　号牌板（架）

1）机动车应设置能满足号牌安装要求的号牌板（架）。前号牌板（架）（摩托车除外）应设于前面的中部或右侧（按机动车前进方向），后号牌板（架）应设于后面的中部或左侧。

2）每面号牌板（架）上应设有4个号牌安装孔（三轮汽车前号牌板（架）、摩托车后号牌板（架）应设有2个号牌安装孔），以保证能用M6规格的螺栓将号牌直接牢固可靠地安装在车辆上。

2.10.9　汽车电子标识安装

汽车（无驾驶室的汽车除外）应在前风窗玻璃不影响驾驶视野的位置设置微波窗口，以保证汽车电子标识的规范安装和数据的有效读取。

2.10.10 其他要求

1）乘用车应装有护轮板，总质量大于7500kg的货车、货车底盘改装的专项作业车及总质量大于3500kg的挂车应装有防飞溅系统，其他机动车的所有车轮均应有挡泥板。

2）乘用车（三厢车除外）行李区的纵向长度应小于或等于车长的30%。

3）客车车内行李架应能防止物件跌落，其静态承载能力应大于或等于40kg/m^2。

4）客车台阶踏板（包括伸缩踏板）应有防滑功能，前缘应清晰可辨，有效深度（从该台阶前缘到下一个台阶前缘的水平距离）应大于或等于200mm。

5）对于可翻转驾驶室，应有驾驶室锁止附加安全装置（如安全钩），并且在翻转操纵机构附近易见部位应有提醒驾驶人如何正确使用该操纵机构的文字。

6）自卸车等装有液压举升装置的机动车，应装备有车厢举升的声响报警装置和（车厢举升状态下）防止车厢自降保险装置；并且，在设计和制造上应保证机动车在行驶过程中不会出现车厢自动举升现象。

2.11 安全防护装置

2.11.1 汽车安全带

1）乘用车、旅居车、未设置乘客站立区的客车、货车（三轮汽车除外），专项作业车的所有座椅，设有乘客站立区的客车的驾驶人座椅和前排乘员座椅均应装备汽车安全带。

注：前排乘员座椅指“最前H点”位于驾驶人“R”点的横截面上或在此横截面前方的座椅。

2）除三轮汽车外，所有驾驶人座椅、乘用车的所有乘员座椅（设计和制造上具有行动不便乘客乘坐设施的乘用车设置的后向座椅除外）、总质量小于或等于3500kg的其他汽车的所有外侧座椅、其他汽车（设有乘客站立区的客车除外）的前排外侧乘员座椅，装备的汽车安全带均应为三点式（或全背带式）汽车安全带。

3）专用校车和专门用于接送学生上下学的非专用校车的每个学生座位（椅）及卧铺客车的每个铺位均应装备两点式汽车安全带。

4）汽车安全带应可靠有效，安装位置应合理，固定点应有足够的强度。对于能够折叠以方便进入车辆的后部或行李舱的整体座椅或座垫或靠背，在折叠并恢复座椅到乘坐位置后，依据车辆产品使用说明书，单人就能方便地使用这些座椅配套的安全带，或很容易从这些座椅的下面或后面方便地进行恢复。

5）汽车（三轮汽车除外）应装备驾驶人汽车安全带佩戴提醒装置。当驾驶人未按规定佩戴汽车安全带时，应能通过视觉和声觉信号报警。

6）乘用车（单排座的乘用车除外）应至少有一个座椅配置符合规定的ISOFIX儿童座椅固定装置，或至少有一个后排座椅能使用汽车安全带有效固定儿童座椅。

7）设计和制造上具有行动不便乘客（如轮椅乘坐者）乘坐设施的载客汽车，装备有担架的救护车，应装备能有效固定轮椅、担架的安全带或其他约束装置。

2.11.2　间接视野装置

1）机动车（挂车除外）应在左右至少各设置一面主后视镜；乘用车、总质量小于或等于3500kg的货车和货车底盘改装的专项作业车还应设置一面内视镜，但为满足专用功能的要求安装了遮挡内视镜视野范围的非玻璃材料的装置时，可不设置内视镜；总质量大于3500kg的货车和货车底盘改装的专项作业车还应在右侧至少设置一面补盲后视镜，但驾驶室/区高度无法满足镜面或其托架的任何部分离地高度大于或等于1800mm时，不应设置补盲后视镜；总质量大于7500kg的货车和货车底盘改装的专项作业车，以及在车辆右侧设置了补盲后视镜的总质量大于3500kg且小于或等于7500kg的货车和货车底盘改装的专项作业车，还应在左右两侧至少各设置一面广角后视镜。汽车及车身部分或全部封闭驾驶人的摩托车，设置有符合GB 15084规定的其他间接视野装置（如摄影/监视装置）时，应视为满足要求。

2）汽车、车身部分或全部封闭驾驶人的摩托车内视镜和外视镜（或其他间接视野装置）的安装位置和角度，应保证驾驶人能借助内视镜和外视镜（或其他间接视野装置）在水平路面上看见符合GB 15084规定区域的交通情况；专用校车应保证驾驶人能看清乘客门关闭后乘客门车外附近的情况及后窗玻璃后下方地面上长3.6m、宽2.5m范围内的情况，并且在正常驾驶状态下能通过内视镜观察到车内所有乘客区。对于汽车列车，当所牵引挂车的宽度超过牵引车宽度时，牵引车应加装后视镜加长架（延长支架）以保证其后视镜的视野满足要求。

3）车长大于或等于6m的平头载客汽车及总质量大于7500kg的平头货车和平头货车底盘改装的专项作业车，应在车前至少设置一面前视镜或相应的监视装置，以保证驾驶人能看清风窗玻璃前下方长1.5m、左侧驾驶室最外点平行于车辆纵向中心线，右侧为车辆纵向中心线向右1.5m宽范围内的情况；但驾驶室/区高度无法满足前视镜的镜面或其托架的任何部分离地高度大于或等于1800mm时，不应设置前视镜。

4）车外后视镜和前视镜应易于调节，并能有效保持其位置。

5）安装在外侧距地面1.8m以下的后视镜，当行人等接触该镜时，应具有能缓和冲击的功能。

6）教练车（三轮汽车除外）及自学用车应安装有符合规定的辅助后视镜，以使教练员能有效观察到车辆两侧及后方的交通状态。

7）摩托车（车身部分或全部封闭驾驶人的摩托车除外）后视镜的性能和安装要求应符合GB 17352的规定，轮式拖拉机运输机组后视镜的性能和安装要求应符合GB 18447.1的规定。

2.11.3　前风窗玻璃刮水器

1）机动车的前风窗玻璃应装备刮水器，其刮刷面积应确保驾驶人具有良好的前方视野。

2）刮水器应能正常工作。

3）刮水器关闭时，刮片应能自动返回至初始位置。

2.11.4 应急出口

2.11.4.1 基本要求

1）客车应设置与其乘坐人数相匹配数量的乘客门、应急窗。

2）车长大于或等于6m的客车（乘坐人数小于20的专用客车除外），如车身右侧仅有一个乘客门且在车身左侧未设置驾驶人门，应在车身左侧或后部设置应急门。车长大于7m的客车（乘坐人数小于20的专用客车除外）应设置撤离舱口。卧铺客车的卧铺布置为上、下双层时，侧窗洞口应为上下两层。

2.11.4.2 应急门

1）应急门的净高应大于或等于1250mm，净宽应大于或等于550mm；但车长小于或等于7m的客车，应急门的净高应大于或等于1100mm，若自门洞最低处向上400mm以内有轮罩凸出，则在轮罩凸出处应急门净宽可减至300mm。

2）车辆侧面的铰接式应急门铰链应位于前端，向外开启角度应大于或等于100°，并能在此角度下保持开启。如在应急门打开时能提供大于或等于550mm的自由通道，则开度大于或等于100°的要求可不满足。

2.11.4.3 应急窗和撤离舱口

1）应急窗和撤离舱口的面积应大于或等于（4×10^5）mm^2，且能内接一个500mm×700mm（对车长小于或等于7m的客车为450mm×700mm）的矩形；如应急窗位于客车后端面，则能内接一个350mm×1550mm、四角曲率半径小于或等于250mm的矩形时也视为满足要求。

2）应急窗应采用易于迅速从车内、外开启的装置；或采用自动破窗装置；或在车窗玻璃上方中部或右角标记有直径不小于50mm的圆心击破点标志，并在每个应急窗的邻近处提供一个应急锤以方便地击碎车窗玻璃，且应急锤取下时应能通过声响信号实现报警。

3）设有乘客站立区的客车车身两侧的车窗，若洞口可内接一个面积大于或等于800mm×900mm的矩形，应设置为推拉式或外推式应急窗：若洞口可内接一个面积大于或等于500mm×700mm的矩形，应设置为击碎玻璃式的应急窗，并在附近配置应急锤或具有自动破窗功能。

注：侧窗洞口尺寸在车辆制造完成后从侧窗立柱内侧测量。

4）公路客车、旅游客车和未设置乘客站立区的公共汽车，车长大于9m时车身左右两侧应至少各配置2个外推式应急窗并应在车身左侧设置1个应急门，车长大于7m且小于或等于9m时车身左右两侧应至少各配置1个外推式应急窗；外推式应急窗玻璃的上方中部或右角应标记有击破点标记，邻近处应配置应急锤。其他车长大于9m的未设置乘客站立区的客车，车身左右两侧至少各有2个击碎玻璃式的应急窗（车身两侧击碎玻璃式的应急窗总数小于或等于4个时为所有击碎玻璃式的应急窗）具有自动破窗功能的，应视为满足要求。

5）安全顶窗应易于从车内、外开启或移开或用应急锤击碎。安全顶窗开启后，应保证从车内外进出的畅通。弹射式安全顶窗应能防止误操作。

2.11.4.4 标志

1）每个应急出口应在其附近设有“应急出口”字样，字体高度应大于或等于40mm。

2）乘客门和应急出口的应急控制器（包括用于击碎应急窗车窗玻璃的工具）应在其附

近标有清晰的符号或字样，并注明其操作方法，字体高度应大于或等于 10mm。

2.11.5　燃料系统的安全保护

1）燃料箱及燃料管路应坚固并固定牢靠，不会因振动和冲击而发生损坏和泄漏现象。不准许用户改动或加装燃料箱，不准许用户改动燃料管路和燃料种类。

2）燃料箱的加注口及通气口应保证在机动车晃动时不泄漏。

3）机动车（摩托车及装用单缸柴油机的汽车除外）的燃料系统不应用重力或虹吸方法直接向化油器或喷油器（燃油轨）供油。

4）燃料箱的加注口和通气口不应对着排气管的开口方向，且应距排气管的出气口端 300mm 以上，否则应设置有效的隔热装置。燃料箱的加注口和通气口应距裸露的电气接头及外部可能产生火花的电气开关 200mm 以上。车长大于 6m 的客车的燃料箱的加注口和通气口应距排气管的任一部位 300mm 以上。

5）汽车燃料箱各部分不应前伸至前置汽油发动机的前端面。车长大于 6m 的客车燃料箱距客车前端面应大于或等于 600mm，距客车后端面应大于或等于 300mm。发动机后置的公路客车和旅游客车，其燃料箱的前端面应位于前轴之后。

6）机动车燃料箱的通气口和加注口不应设置在有乘员的车厢内。

2.11.6　气体燃料专用装置的安全防护

1）气体燃料的供给系统应有有效的安全保护结构措施，以防止气体泄漏；每个车用气瓶出气（液）口端应具有燃料流量限制功能，以保证在其后部的燃料供给管路发生泄漏、破裂、断裂等情况下能自动关闭。

2）对于两用燃料汽车，应设置燃料转换系统并安装燃料转换开关。在燃料控制上，应具有当发动机突然停止运转时，即使点火开关打开也能自动切断气体燃料供给的功能。燃料转换开关的安装位置应便于驾驶人操作，其档位标记应明显，能分别控制供油、供气两种状态。气体燃料和汽油电磁阀的操作均应由燃料转换开关统一控制；当电流被切断时，电磁阀应处于“关闭”位置。

3）天然气管路应采用不锈钢管或其他车用高压天然气专用管路，高压液化石油气管路应采用专用管路。不准许用户改动或加装气瓶。

4）通气接口排气方向应指向车尾方向并与地面成 45°圆锥的范围内，能将泄漏气体排出车外，通气接口至排气管和其他热源距离应大于或等于 250mm，通气总面积应大于或等于 450mm^2。液化天然气管路减压阀不应设置在密封空间或其上部有相对密封气穴的位置。

5）高压管路的特殊部位（如相对移动的部件之间）应采用柔性管路，其余部位应采用刚性管路。

6）刚性高压管路应排列整齐、布置合理、固定有效，不应与相邻部件碰撞和摩擦，所有高压管路和高压管接头应得到有效的保护，高压管接头应安装在操作者易于接近的位置。

7）气体燃料车辆应安装泄漏报警装置，所有管路接头处均不应出现漏气现象。

8）加气量大于或等于 375L 的气体燃料汽车应安装导静电橡胶拖地带，拖地带导体截面积应大于或等于 100mm^2，且拖地带接地端无论空、满载应始终接地。

9）钢瓶应被可靠地固定在车上，安装钢瓶的固定座应具有阻止钢瓶旋转、移动的能力，固定座应便于拆装工作。钢瓶安装在车上后，钢瓶编号应易见，钢瓶的强度和刚度不应下降，车架（车身）结构强度也不应受影响。

10）钢瓶安装位置应远离热源，必要时应采取隔热措施。在任何情况下，钢瓶及其所有高压管路和高压接头与发动机排气管和传动轴的任何部位之间的距离应大于或等于100mm；当钢瓶及其所有高压管路和高压接头与发动机排气管的距离在100～200mm之间时，应设置固定可靠的隔热装置。

11）钢瓶应安装在通风位置或采取有效的通风措施，阀门渗漏的气体不应进入驾驶室或载人车厢。

12）钢瓶与汽车后轮廓边缘的距离应大于或等于200mm，且钢瓶及其附件不应布置在汽车前轴之前。钢瓶安装在汽车车架下时，钢瓶下方和后方应采取有效防护措施。钢瓶安装在汽车后轴之后时钢瓶后方应采取有效防护措施。

13）钢瓶不应直接安装在驾驶室、载人车厢和货箱内。当不得不安装在上述位置时，应用密封盒波纹管及通气接口将瓶口阀及连接的高压接头与驾驶室、载人车厢或货厢安全隔离。密封盒等隔离装置应有很强的防护功能，当车辆受到冲撞时应能有效地防止钢瓶冲入驾驶室、载人车厢或货厢内。

14）钢瓶的安装和保护罩的设置，应能保证钢瓶集成阀的正常操作和检查。

15）手动截止阀应安装在钢瓶到调压器之间易于操作的位置，手动截止阀不应直接安装在驾驶室或载人车厢内。

16）钢瓶至调压器之间应安装滤清装置，并易于检查、清洗和更换。

2.11.7 牵引车与被牵引车的连接装置

1）连接装置应坚固耐用。

2）牵引车和被牵引车连接装置的结构应能确保相互牢固的连接，货车列车、铰接列车牵引杆孔、牵引座牵引销的规格应与其挂车总质量相匹配。

3）牵引车和被牵引车的连接装置上应装有防止机动车在行驶中因振动和撞击而使连接脱开的安全装置。

4）牵引连接件、牵引杆孔、牵引座牵引销、连接钩及环形孔等机械连接件不应有可视裂痕，其磨损极限尺寸应符合GB/T 31883的规定。

2.11.8 货车、专项作业车前下部防护要求

总质量大于7500kg的货车、货车底盘改装的专项作业车，应按GB 26511的规定提供对平行车辆纵轴方向的作用力具有足够阻挡力的前下部防护，以防止正面碰撞时发生钻入碰撞。

2.11.9 货车、专项作业车和挂车侧面及后下部防护要求

1）总质量大于3500kg的货车（半挂牵引车除外）、货车底盘改装的专项作业车和挂车，应按GB 11567的规定提供防止人员卷入的侧面防护。

2）货车列车的货车和挂车之间应提供防止人员卷入的侧面防护。

3）总质量大于3500kg的货车、货车底盘改装的专项作业车（半挂牵引车及由于客观

原因而无法安装后下部防护装置的专用货车和专项作业车除外）和挂车（长货挂车除外）的后下部，应提供符合 GB 11567 规定的后下部防护，以防止追尾碰撞时发生钻入碰撞。

注：长货挂车是指为搬运无法分段的长货物而专门设计和制造的特殊用途车，如运输木材、钢材棒料等货物的车辆。

2.11.10　客车的特殊要求

1）客车在设计和制造上应保证发动机排气不会进入客厢。

2）客车的灭火装置配置应符合 GB 34655 的规定。

3）车长大于或等于 6m 的纯电动客车、插电式混合动力客车，应能监测动力电池工作状态并在发现异常情形时报警，且报警后 5min 内电池箱外部不能起火爆炸。

4）安装有客舱固定灭火系统的公共汽车，其客舱固定灭火系统的性能应符合 GA 1264 的规定。

2.11.11　货车的特殊要求

1）货车货箱（自卸车、装载质量 1000kg 以下的货车除外）前部应安装比驾驶室高至少 70mm 的安全架。

2）无驾驶室的三轮汽车货箱前部应安装具有足够强度的安全架，其高度应高出驾驶人座垫平面至少 800mm。

3）封闭式货车在最后排座位的后方应安装具有足够强度的板式隔离装置。隔离板若设置有用于观察货厢货物状态的观察窗，则观察窗的尺寸和设置位置应合理，且应采用安全玻璃。

4）安装有起重尾板的货车和挂车，应安装防止其中尾板承载平台自动下落或自动打开的机械锁紧装置。

5）安装有悬臂式、垂直升降式起重尾板的货车和挂车，起重尾板背部应设置有警示旗，且警示旗应能摆动，警示旗上的反光标识应朝向车辆外侧。

2.11.12　危险货物运输车辆的特殊要求

1）专门用于运送易燃和易爆物品的危险货物运输车辆，车上应备有消防器材并具有相应的安全措施；排气管的布置应能避免加热和点燃货物，距燃油箱、燃油管的净距离应大于或等于 200mm，排气管出口应装在罐体/箱体前端面之前，不高于车辆纵梁上平面的区域，并安装符合 GB 13365 规定的机动车排气火花熄灭器，机动车尾部应安装接地端导体截面积大于或等于 100mm^2 的导静电橡胶拖地带，且拖地带接地端无论空、满载，都应始终接地。

2）罐式危险货物运输车辆的罐体顶部如有安全阀、通气阀组件以及检查孔、装卸料阀门、管道等附件设备设施，应设置能承受 2 倍车辆总质量乘以重力加速度的惯性力的倾覆保护装置，且该装置应具有能将积聚在其内部的液体排出的结构或功能；若罐体顶部无任何附属设备设施或附属设备设施未露出罐体，不应设置倾覆保护装置。罐体顶部的管接头、阀门及其他附件的最高点应低于倾覆保护装置的最高点至少 20mm。

3）罐式危险货物运输车辆罐体上的管路和管路附件不应超出车辆的侧面及后下部防护装置，且罐体后封头及罐体后封头上的管路和管路附件外端面与后下部防护装置内侧在车辆长度方向垂直投影的距离应大于或等于150mm。

4）装有紧急切断装置的罐式危险货物运输车辆，在设计和制造上应保证运输液体危险货物的车辆行驶速度大于5km/h时紧急切断阀能自动关闭，或在发动机起动时能通过一个明显的信号装置（例如：声或光信号）提示驾驶人需要关闭紧急切断阀。

2.11.13　纯电动汽车、插电式混合动力汽车的特殊要求

1）车辆驱动系统的车载可充电储能系统（REESS）可以通过车辆外电源充电的纯电动汽车、插电式混合动力汽车，当车辆被物理连接到外部电源时，应不能通过自身的驱动系统移动。

2）纯电动汽车、插电式混合动力汽车在车辆起步且车速低于20km/h时，应能给车外人员发出适当的提示性声响。

3）纯电动汽车、插电式混合动力汽车B级电压电路中的可充电储能系统（REESS）应用符合规定的警告标记予以标识；当人员能接近REESS的高压部分时，还应清晰可见地注明REESS的种类（例如：超级电容器、铅酸电池、镍氢电池、锂离子电池等）。当移开遮栏或外壳可以露出B级电压带电部分时，遮栏和外壳上也应有同样的警告标记清晰可见。

4）纯电动汽车，插电式混合动力汽车B级电压电气设备的外露可导电部分，包括外露可导电的遮栏和外壳，应当按照要求连接到电平台以保持电位均衡。

5）当驾驶人离开纯电动汽车、插电式混合动力汽车时，若车辆驱动系统仍处于“可行驶模式”，则应通过一个明显的信号装置（例如：声或光信号）提示驾驶人。切断电源后，纯电动汽车应不能产生由自身电驱动系统造成的不期望的行驶。

6）对没有嵌入在一个完整的电路里的REESS，其绝缘电阻R_i除以最大工作电压的REESS阻值：

①若在整个寿命期内没有交流电路，或交流电路有附加防护，应大于或等于100Ω/V；

②若包括交流电路且没有附加防护，应大于或等于500Ω/V。

若REESS集成在了一个完整电路里，则REESS阻值应大于或等于500Ω/V或制造厂家规定的更高阻值。

7）若REESS自身没有防短路功能，则应有一个REESS过电流断开装置能在车辆制造厂商规定的条件下断开REESS电路，以防止对人员、车辆和环境造成危害。

8）当纯电动汽车、插电式混合动力汽车的绝缘电阻值低于2.11.13中第6条规定的数值（或车辆制造厂家规定的更高阻值）时，应通过一个明显的信号装置（例如：声或光信号）提示驾驶人。

9）纯电动汽车、插电式混合动力汽车应具有能切断动力电路的功能。

2.11.14　三轮汽车和拖拉机运输机组的特殊要求

1）三轮汽车正常起动和运行过程中可能触及的，且在环境温度为（23±3）℃下测定温度大于80℃的热表面应有永久性联结或固定（不使用工具无法拆卸）的防护装置或挡板。

2）三轮汽车和拖拉机运输机组的传动皮带、风扇、起动爪和动力输出轴等外露旋转件应加防护罩，并应符合GB/T 8196的规定。

3）三轮汽车的踏板、脚踏板必要时应采取防滑措施。

2.11.15　其他要求

1）汽车驾驶室内应设置防止阳光直射而使驾驶人产生眩目的装置，且该装置在汽车碰撞时，不应对驾驶人造成伤害。

2）汽车（无驾驶室的三轮汽车除外）应配备1件反光背心和1个符合GB 19151规定的三角警告牌，三角警告牌在车上应妥善放置；车长大于或等于6m的客车和总质量大于3500kg的货车，还应装备至少2个停车楔（如三角垫木）。

3）乘用车、旅居车、专用校车和车长小于6m的其他客车前后部应设置保险杠，货车（三轮汽车除外）和货车底盘改装的专项作业车应设置前保险杠。

4）乘用车、旅居车、专用校车的前风窗玻璃应装有除雾、除霜装置。

5）校车应配备急救箱，急救箱应放置在便于取用的位置并确保有效使用。

6）对装备有辅助正面和/或侧面防撞安全气囊系统的汽车，驾乘人员如已按照制造厂家规定正确使用了安全带等安全装置，在发生正面或侧面碰撞时不应由于安全气囊系统未正常展开而遭受不合理伤害。

7）机动车发动机的排气管口不应指向车身右侧（如受结构限制排气管口必须偏向右侧时，排气管口气流方向与机动车纵向中心面的夹角应小于或等于15°），且若排气管口朝下则其气流方向与水平面的夹角应小于或等于45°；客车的排气尾管如为直式的，排气管口应伸出车身外蒙皮。

8）旅居车应装备灭火器，灭火器在车上应安装牢靠并便于取用。

9）两轮普通摩托车应配备1个符合GB 811规定的乘员头盔。

2.12　消防车、救护车、工程救险车和警车的附加要求

1）消防车的车身颜色应符合相关标准的规定。

2）救护车的车身颜色应为白色，左、右侧及车后正中应喷符合规定的图案。

3）工程救险车的车身颜色应为符合GB/T 3181规定的Y07中黄色，其车身两侧应喷“工程救险”字样。

4）警车的外观制式应分别符合GA 524、GA 923和GA 525的规定。

5）消防车、救护车、工程救险车和警车应装备与其功能相适应的装置，各装置应布局合理、固定可靠、便于使用。

6）消防车、救护车、工程救险车和警车安装使用的警报器应符合GB 8108的规定，安装使用的标志灯具应符合GB 13954的规定，警报器和标志灯具应固定可靠。

2.13　残疾人专用汽车的附加要求

1）应根据驾驶人的残疾类型，在采用自动变速器的乘用车上，加装相应类型的、符合相关规定的驾驶辅助装置。加装的驾驶辅助装置安装应牢固可靠，位置应适宜操纵，且不应与车辆的其他操纵指示系统冲突或妨碍车辆其他操纵指示系统的操作。

2）驾驶辅助装置加装后，不应改变原车结构的完整性和安全性及影响原车操纵件的电

器功能、机械性能，且不应使驾驶人驾驶时受到视野内产品部件的反光眩目。

3）加装的方向盘控制辅助手柄应间隙适当，操纵灵活、方便，无阻滞现象。

4）加装的制动和加速辅助装置应具有制动、加速互锁功能并保证制动灵活、方便，不会发生失效现象。制动和加速迁延控制手柄传动到制动踏板表面的正压力达到500N时，控制手柄表面的正压力应小于或等于300N。

5）加装的转向信号迁延开关及驻车制动辅助手柄应刚性固定。转向信号迁延开关应开关自如，功能可靠，不会因振动和其他外力条件而自行开关；驻车制动辅助手柄应操纵轻便，锁止可靠，操纵力应小于或等于200N。

6）加装的驾驶辅助装置的各部件应完好有效，表面不应有影响使用的凹凸、划伤、返锈等，在接触人体的表面部位不应有毛刺、刃口、棱角或其他有害使用者的缺陷。

7）残疾人专用汽车应设置符合规定的残疾人机动车专用标志。

习　题

1. GB 7258—2017 的制定背景是什么？
2. GB 7258—2017 的编制原则有哪些？
3. 在相关现行标准中，机动车整车标志有哪些具体要求？
4. 在相关现行标准中，机动车外廓尺寸有何规定？
5. 在相关现行标准中，机动车核载的核定方法有哪些？
6. 在相关现行标准中，机动车的比功率要求是怎样的？
7. 在相关现行标准中，机动车的制动系有哪些基本要求？
8. 在相关现行标准中，汽车列车和轮式拖拉机运输机组的行驶轨迹有何要求？
9. 在相关现行标准中，机动车的照明、信号装置和其他电气设备有哪些基本要求？
10. 在相关现行标准中，车身反光标识和车辆尾部标志板的设置要求有哪些？
11. 在相关现行标准中，前照灯有哪些要求？
12. 在相关现行标准中，客车车身有哪些特殊要求？
13. 在相关现行标准中，机动车车门和车窗有哪些要求？
14. 在相关现行标准中，汽车安全带的配备要求有哪些？
15. 在相关现行标准中，消防车、救护车、工程救险车和警车有哪些附加要求？

第3章

电动汽车安全要求

学习目标

1. 了解 GB 18384—2020 的制定原则及作用。
2. 掌握电动汽车安全要求。
3. 熟悉电动汽车试验方法。

电动汽车安全要求现行使用的标准是《电动汽车安全要求》（GB 18384—2020）。

该标准规定了电动汽车的安全要求和试验方法，用以保护车辆在正常使用情况下的人员安全。对于由电子电气安全相关系统故障行为而引起的其他安全风险，电动汽车在满足常规汽车电子电气系统安全要求基础之上，可参考其他标准（如 GB/T 34590、GB/T 28046）进行电子电气系统安全设计和要求。

该标准的制定充分参考了 UN GTR NO. 20 的技术要求，并结合国内产品的技术水平、应用场景以及测试经验进行了修改。

该标准发布后将成为我国电动汽车安全性能测试的重要基础标准和电动汽车新车定型强制性检验以及进口机动车检验的重要技术依据之一。

随着新能源汽车技术的发展，电动汽车安全要求的提升，根据《电动汽车安全要求》（GB 18384—2020）的修订或新版本的发布情况，本章节内容作相应修订调整。

3.1 GB 18384—2020 概述

3.1.1 GB 18384—2020 的属性

国家标准《电动汽车安全要求》（GB 18384—2020）是为了落实工信部提出的构建电动汽车及储能系统安全标准规范体系而建设的。全国汽车标准化技术委员会于 2016 年 7 月启动了本标准的立项工作，意在制定与国际接轨且符合中国国情的电动汽车安全整车层面的强制性标准。标准制定计划于 2016 年 9 月正式下达。

3.1.1.1 编制过程

根据有关部门对电动汽车标准制定工作的要求，全国汽车标准化技术委员会电动车辆分技术委员会组织成立“电动汽车整车工作组”（以下简称工作组），系统开展电动汽车整车标准的制定工作。

1）2016 年 8 月，国标委启动了《电动汽车安全要求》《电动客车安全技术条件》《动力锂离子电池安全要求》三大强制标准立项。

2）2016 年 12 月 29 日，在南充举行的电动汽车整车工作组第三届第五次工作会议上，组建了标准制定的核心工作组，并由起草组代表介绍了标准的背景、编制思路、大纲以及与相关标准的协调性关系。

3）2017 年 2 月 1 日，在工作组内部发布了初版工作组讨论稿草案，并在工作组内部进行了为期一个月的意见征求工作。

4）2017 年 2 月 28 日在深圳举行了起草组讨论会，对初版讨论稿进行了修改和调整，并在 2017 年 6 月前进行了全国范围的意见征求。

5）2017 年 6 月 6 日，在株洲举行的电动汽车整车工作组第三届第六次工作会议上，对修改后的草案进行了逐条的解读和讨论。

6）2017 年 6—10 月，在行业内进行广泛征求意见，并对草案进行了适当的调整。

7）2017 年 10 月 13 日，在天津举行的电动汽车整车工作组第三届第七次工作会议上，对争议问题进行了一一讨论并达成一致意见，基本形成征求意见稿草案。

3.1.1.2　编制原则

1）《电动汽车安全要求》（GB 18384—2020）编写符合《标准化工作导则》（GB/T 1.1）的规定。

2）工作组内企业对修订内容进行多次征求意见，并在会上充分讨论。

3）起草过程，充分考虑国内外现有相关标准的统一和协调。

4）标准的要求要充分考虑近年来的安全事故经验以及国内当前的行业技术水平。

3.1.2　GB 18384—2020 的作用

国家标准《电动汽车安全要求》（GB 18384—2020）作用及适用范围主要包括：

1）该标准规定了电动汽车的安全要求和试验方法。

2）该标准适用于车载驱动系统的最大工作电压是 B 级电压的电动汽车。

3）该标准不适用于行驶过程中持续与电网连接的道路车辆。

3.2　术语和定义

GB/T 19596 界定的以及下列术语和定义适用于该文件。

1. 可充电储能系统（rechargeable electrical energy storage system）

可充电的且可以提供电能的能量存储系统。

2. 维修断开装置（service disconnect）

在检查或者维修电池包、燃料电池堆时用来断开高压电路的装置。

3. 传导连接（conductive connection）

采用导体进行可导电连接。

4. 直接驾驶（direct driving）

驾驶人通过方向盘、制动踏板、换档机构、加速踏板等实现对车辆的控制。

3.3　电压等级

新能源汽车电压等级要求，根据最大工作电压，将电气元件或电路分为以下等级，见表 3-1。

表 3-1 电压等级 （单位：V）

电压等级	最大工作电压 U	
	直流	交流（rms）
A	$0 < U \leqslant 60$	$0 < U \leqslant 30$
B	$60 < U \leqslant 1500$	$30 < U \leqslant 1000$

对于相互传导连接的 A 级电压电路和 B 级电压电路，当电路中直流带电部件的一极与电平台相连，且其他任一带电部分与这一极的最大电压值不大于 AC 30V（rms）且不大于 DC 60V，则该传导连接电路不完全属于 B 级电压电路，只有以 B 级电压运行的部分才被认定为 B 级电压电路。

3.4 安全要求

3.4.1 人员触电防护要求

3.4.1.1 总则

人员触电防护要求应包括以下四个部分。

1）高压标记要求。

2）直接接触防护要求。

3）间接接触防护要求。

4）防水要求。

对于相互传导连接的 A 级电压电路和 B 级电压电路，当电路中直流带电部件的一极与电平台连接，且其他任一带电部分与这一极的最大电压值不大于 AC 30V（rms）且不大于 DC 60V，则 3.4.1.4 第 1 条、3.4.1.4 第 2 条、3.4.1.4 第 3 条和 3.4.1.5 的要求对该电路（包括直流部分和交流部分）不适用。

3.4.1.2 高压标记要求

1. 高压警告标记要求

B 级电压的电能存储系统或产生装置，如 REESS 和燃料电池堆，应标记图 3-1 所示符号。对于相互传导连接的 A 级电压电路和 B 级电压电路，当电路中直流带电部件的一极与电平台连接，且满足其他任一带电部分与这一极的最大电压值不大于 AC 30V（rms）且不大于 DC 60V 的情况，则 REESS 不需标记图 3-1 所示符号；否则，REESS 无论是否存在 B 级电压，都应标记图 3-1 所示符号。符号的底色为黄色，边框和箭头为黑色。

当移开遮栏或外壳可以露出 B 级电压带电部分时，遮栏和外壳上也应有同样的符号清晰可见。当评估是否需要此符号时，应考虑遮栏或外壳可进入和可移开的情况。

图 3-1 高压警告标记

2. B 级电压电线标记要求

B 级电压电路中电缆和线束的外皮应用橙色加以区别，满足 3.4.1.3 第 2 条要求的遮栏后面或外壳里面的除外。

3.4.1.3 直接接触防护要求

1. 总则

直接接触防护是通过绝缘材料、外壳或遮栏实现人体与B级电压带电部件的物理隔离，外壳或遮栏可以是导体，也可以是绝缘体。对于具体部件的直接接触防护要求应满足3.4.1.3第2条~第5条。

对于M_2类、M_3类车型，如果在车顶布置有顶部充电装置，如图3-2所示，若从车辆入口最底部台阶处到顶部充电装置的外露B级电压带电部分的最短路径长度至少为3m，则顶部充电装置的外露B级电压带电部分可不满足直接接触防护要求。

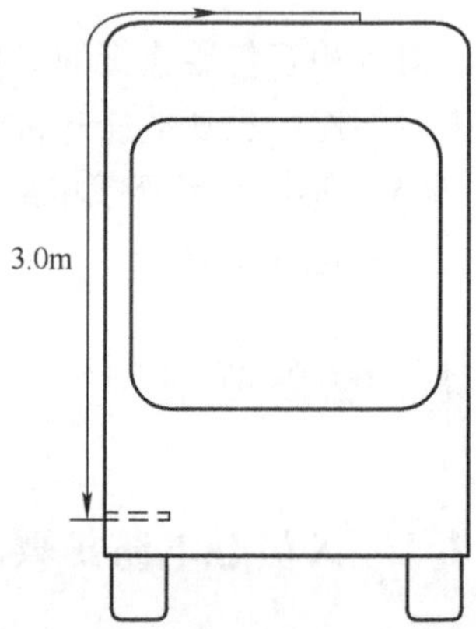

图3-2 最短路径测量示意图

2. 遮栏或外壳要求

如果通过遮栏或外壳提供触电防护，则B级带电部分应布置在外壳里或遮栏后，防止从任何方向上接近带电部分。遮栏和外壳需要满足如下两点要求。

1）乘客舱内、货舱内的遮栏和外壳应满足GB/T 4208—2017中IPXXD的防护等级要求，乘客舱外、货舱外的遮栏和外壳应满足IPXXB防护等级要求。

2）通常，遮栏和外壳只能通过工具才能打开或者去掉；若遮栏和外壳在不使用工具的情况下可以打开或者去掉，则要有某种方法使其中的B级电压带电部分在遮栏和外壳打开后1s内至少满足如下两种要求之一：

——交流电路电压应降到不超过30V（rms），直流电路电压应降到不超过60V；

或

——B级电路存储总能量小于0.2J。

3. 连接器要求

高压连接器在不使用工具的情况下，应无法打开，但以下三种情况除外。

1）高压连接器分开后，应满足IPXXB的防护等级要求。

2）高压连接器至少需要两个不同的动作才能将其从相互的对接端分离，且高压连接器与其他某个机构有机械锁止关系，在高压连接器打开前，该锁止机构应要使用工具才能打开。

3）在高压连接器分开之后，连接器中带电部分的电压能在1s内降低到不大于AC 30V（rms）且不大于DC 60V。

4. 高压维修断开装置要求

对于装有高压维修断开装置的车辆，高压维修断开装置在不使用工具的情况下，应无法打开或拔出，但以下两种情况除外。

1）高压维修断开装置打开或者拔出后，其中的B级电压带电部分满足GB/T 4208—2017中规定的IPXXB的防护等级要求。

2）高压维修断开装置在分离后1s内其B级电压带电部分电压降低到不大于AC 30V（rms）且不大于DC 60V。

5. 充电插座要求

车辆充电插座与车辆充电插头在断开时，车辆充电插座应至少满足以下一种要求：

1）在断开后1s内，充电插座B级电压带电部分电压降低到不大于AC 30V（rms）且不大于DC 60V或电路存储的总能量小于0.2J。

2）满足GB/T 4208—2017中规定的IPXXB的防护等级要求并在1min的时间内，充电插座B级电压带电部分电压降低到不大于AC 30V（rms）且不大于DC 60V或电路存储的总能量小于0.2J。

3.4.1.4 间接接触防护要求

1. 绝缘电阻要求

在最大工作电压下，直流电路绝缘电阻应不小于100Ω/V，交流电路应不小于500Ω/V。如果直流和交流的B级电压电路可导电的连接在一起，则应满足绝缘电阻不小于500Ω/V的要求。对于燃料电池电动汽车，如图3-3所示。若交流电路增加有附加防护，则组合电路至少满足100Ω/V的要求。附加防护方法应至少满足以下一种要求。

1）至少有两层绝缘层、遮栏或外壳。

2）布置在外壳里或遮栏后，且这些外壳或遮栏应能承受不低于10kPa的压强，不发生明显的塑性变形。

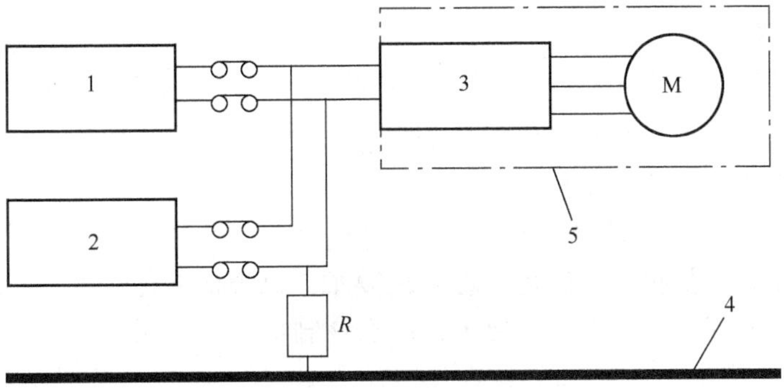

图3-3 燃料电池电动汽车绝缘电阻要求

1—燃料电池系统 2—动力电池 3—逆变器 4—电平台 5—交流电路

2. 绝缘电阻监测要求

车辆应有绝缘电阻监测功能，并能通过3.5.2.3的绝缘监测功能验证试验。在车辆B级电压电路接通且未与外部电源传导连接时，该装置能够持续或者间歇地检测车辆的绝缘电阻值，当该绝缘电阻值小于制造商规定的阈值时，应通过一个明显的信号（例如：声或光信号）装置提醒驾驶员，并且制造商规定的阈值不应低于3.4.1.4第1条的要求。

3. 电位均衡要求

用于防护与B级电压电路直接接触的外露可导电部分，例如，可导电外壳和遮栏，应传导连接到电平台，且满足以下要求。

1）外露可导电部分与电平台间的连接阻抗不大于0.1Ω。

2）电位均衡通路中，任意两个可以被人同时触碰到的外露可导电部分，即距离不大于2.5m的两个可导电部分间电阻应不大于0.2Ω。

若采用焊接的连接方式，则视作满足上述要求。

4. 电容耦合要求

电容耦合应至少满足以下要求之一。

1）B 级电压电路中，任何 B 级电压带电部件和电平台之间的总电容在其最大工作电压时存储的能量应不大于 0.2J。0.2J 为对 B 级电压电路正极侧 Y 电容或负极侧 Y 电容最大存储电能的要求。此外，若有 B 级电压电路相互隔离，则 0.2J 为单独对各相互隔离的电路的要求。

2）B 级电压电路至少有两层绝缘层、遮栏或外壳，或布置在外壳里或遮栏后，且这些外壳或遮栏应能承受不低于 10kPa 的压强，不发生明显的塑性变形。

5. 充电插座要求

（1）车辆交流充电插座

车辆交流充电插座应有端子将电平台与电网的接地部分连接。

车辆交流充电插座的绝缘电阻，包括充电时传导连接到电网的电路，当充电接口断开时应不小于 1MΩ。

（2）车辆直流充电插座

车辆直流充电插座应有端子将车辆电平台和外接电源的保护接地相连接。

车辆直流充电插座的绝缘电阻，包括充电时传导连接到车辆直流充电插座的电路，当充电接口断开时，应满足 3.4.1.4 第 1 条的要求。

3.4.1.5 防水要求

对于 M_2类、M_3类车辆可豁免本条的防水要求。对于其他车型，车辆在模拟清洗和模拟涉水试验后应仍能满足 3.4.1.4 第 1 条中的绝缘电阻要求。

制造商或车辆应至少满足以下一种要求。

1）制造商向检测机构提供附录 A 要求的证明材料，若部件防护等级高于附录 A（扫描二维码可查看）的要求，也视作满足要求。如果所提供的证明材料不满足要求，那么该制造商应按照附录 A 中 A.2 的要求进行试验。

附录 A　B 级电压零部件防水性能验证方法

2）按照 3.5.3 的试验方法对车辆进行模拟清洗和模拟涉水试验，每次试验后，在车辆仍是潮湿的情况下，应按照 3.5.2.1 中的试验方法进行整车绝缘电阻测量，绝缘电阻应满足 3.4.1.4 第 1 条的要求。另外在车辆放置 24h 后，再按照 3.5.2.1 中的试验方法进行整车绝缘电阻测量，绝缘电阻应满足 3.4.1.4 第 1 条的要求。

3.4.2 行驶

3.4.2.1 驱动系统电源接通和断开程序

车辆从驱动系统电源切断状态到“可行驶模式”应至少经过两次有意识的不同动作，且至少有一个动作是踩下制动踏板。

从“可行驶模式”到驱动系统电源切断状态只需要一个动作。

应连续或间歇地向驾驶员指示，车辆已经处于“可行驶模式”。当驾驶员离开车辆时，如果驱动系统仍处于“可行驶模式”，则应通过一个明显的信号（例如：声或光信号）装置提醒驾驶员。

车辆停止时，驱动系统自动或手动关闭后，只能通过上述程序重新进入“可行驶模式”。

3.4.2.2 行驶

1. 功率降低提示

如果电驱动系统采取了自动限制和降低车辆驱动功率的措施，当驱动功率的限制和降低影响到了车辆的行驶时，应通过一个明显的信号（例如：声或光信号）装置向驾驶员提示。

2. REESS 低电量提示

如果 REESS 的低电量影响到车辆的行驶，应通过一个明显的信号（例如：声或光信号）装置向驾驶员提示。

3. REESS 热事件报警

如果 REESS 将要发生热失控的安全事件时，应通过一个明显的信号（例如：声或光信号）装置向驾驶员提示。

4. 制动优先

当整车控制系统的制动信号和加速信号同时发生时，优先响应制动信号。

3.4.2.3 档位切换

1. 行驶档切换

驾驶员直接驾驶车辆，在车辆静止状态下从非行驶档位切换至行驶档位时，应踩下制动踏板。

2. 反向行驶

如果是通过改变电机旋转方向来实现前进和倒车两个行驶方向转换的，满足以下两种要求之一。

1）前进和倒车两个行驶方向的转换，应通过驾驶员两个不同的操作动作来完成。

2）如果仅通过驾驶员的一个操作动作来完成，应使用一个安全措施使模式转换只能在车辆静止或低速时才能完成。车速判断以车内仪表显示为准。

如果前进和倒车两个行驶方向的转换不是通过改变电机的旋转方向来实现的，则反向行驶要求不适用。

3.4.2.4 驻车

切断电源后，车辆应不能产生由自身电驱动系统造成的不期望的行驶。

3.4.2.5 车辆与外部传导连接锁止

当车辆通过充电电缆连接到位置固定的外部电源或负载时，车辆应不能通过其自身的驱动系统移动。

3.4.3 动力蓄电池要求

电动汽车动力蓄电池安全应符合 GB 38031 的要求。

3.4.4 车辆碰撞防护要求

电动汽车的正面碰撞防护应符合 GB 11551 的要求，侧面碰撞防护应符合 GB 20071 的要求，前后端保护装置耐撞性能应符合 GB 17354 的要求，顶部抗压强度应符合 GB 26134 的要求，电动汽车碰撞后安全应符合 GB/T 31498 的要求。

注：本条适用范围与 GB 11551、GB 20071、GB 17354、GB 26134 和 GB/T 31498 一致。

3.4.5 车辆阻燃防护要求

电动汽车内饰材料阻燃性能应符合 GB 8410 的要求。

注：本条适用范围与 GB 8410 一致。

3.4.6 车辆充电接口要求

电动汽车充电接口应符合 GB/T 20234.1 的要求。

注：本条适用范围与 GB/T 20234.1 一致。

3.4.7 车辆报警和提示要求

电动汽车报警和提示应符合 GB/T 19836 和 GB/T 4094.2 的要求。

注：本条适用范围与 GB/T 19836 和 GB/T 4094.2 一致。

3.4.8 车辆事件数据记录要求

M_1类电动汽车应配备事件数据记录系统（EDR）或车载视频行驶记录装置。

3.4.9 电磁兼容要求

电动汽车电磁兼容应符合 GB 34660 和 GB/T 18387 的要求。

注：本条适用范围与 GB 34660 和 GB/T 18387 一致。

3.5 试验方法

3.5.1 直接接触防护

在进行直接接触防护测试过程中，车辆应处于整车断电状态，且车辆所有遮栏和外壳应完好。

测试过程中，检测人员在不使用其他工具的前提下，按照 GB/T 4208—2017 中 IPXXD 和 IPXXB 的测试方法，仅使用探针或试指对车外和车内的开口和连接器等进行 IP 等级测试。

此外，可通过目测并结合制造商说明，验证连接器、高压维修断开装置以及车辆充电插座对于直接接触防护要求的符合性。

3.5.2 间接接触防护

3.5.2.1 整车绝缘电阻测试

1. 测试准备

电压检测工具的内阻不小于 10MΩ。在测量时若绝缘监测功能会对整车绝缘电阻的测试产生影响，则应将车辆的绝缘监测功能关闭或者将绝缘电阻监测单元从 B 级电压电路中断开，以免影响测量值，否则制造商可选择是否关闭绝缘监测功能或者将绝缘监测单元从 B 级电压电路中断开。

2. 对含有B级电压电源电路的绝缘电阻测量方法

具体测量步骤如下。

1）使车辆上电，保证车辆上所有电力、电子开关处于激活状态。

2）用相同的两个电压检测工具同时测量REESS的两个端子和电平台之间的电压，如图3-4所示。待读数稳定，较高的一个为 U_1，较低的一个为 U'_1。

3）添加一个已知电阻 R_0，阻值宜选择1MΩ，如图3-5所示，并联在REESS的 U_1 侧端子与电平台之间。再用步骤2）中的两个电压检测工具同时测量REESS的两个端子和电平台之间的电压，待读数稳定后，测量值为 U_2 和 U'_2。

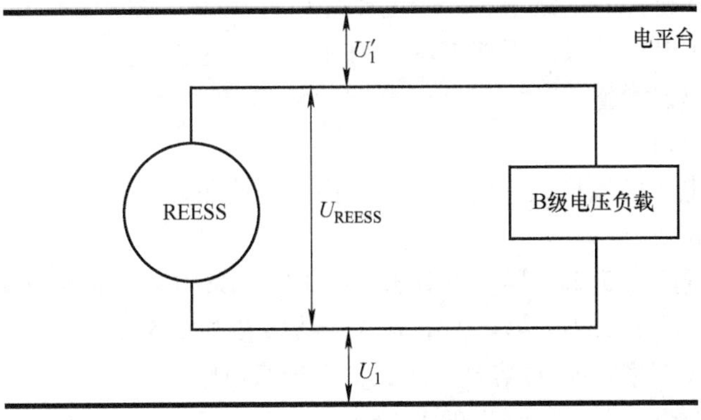

图3-4 绝缘电阻测量步骤2）

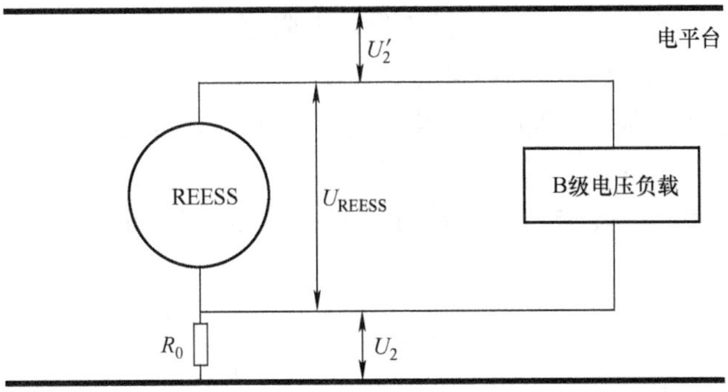

图3-5 绝缘电阻测量步骤3）

4）计算绝缘电阻 R_i，方法如下。

R_i 可以使用 R_0 和四个电压值 U_1、U'_1、U_2 和 U'_2 以及电压检测设备内阻 r，代入式（3-1）或式（3-2）来计算。

$$\frac{R_i \times r}{R_i + r} = R_0\left(\frac{U'_2}{U_2} - \frac{U'_1}{U_1}\right) \tag{3-1}$$

$$R_i = \frac{1}{\dfrac{1}{R_0\left(\dfrac{U'_2}{U_2} - \dfrac{U'_1}{U_1}\right)} - \dfrac{1}{r}} \tag{3-2}$$

3. 对不含电源的B级电压负载绝缘电阻测量方法

具体测量步骤如下。

1）将被测的B级电压负载的所有电源（包括A级电压电源）断开。

2）将B级电压负载的所有B级电压带电部分相互传导连接。

3）将B级电压负载所有外露可导电部分、A级电压部分与电平台传导连接。

4）将绝缘电阻测试设备连接在带电部分和电平台之间，该设备可选用兆欧表。

5）将绝缘电阻测试设备的测试电压设置为不低于B级电压电路的最高工作电压。

6）读出B级电压负载的绝缘电阻值为R_x。

如果系统中传导连接的电路中有多个电压等级（例如：系统中有升压转换器），并且某些组件不能承受整个电路的最大工作电压，则可以断开这些组件，用它们各自的最大工作电压对绝缘电阻进行单独测量。

4. 整车绝缘电阻计算

对于所有B级电压负载均能同时工作的车辆，可按照3.5.2.1第2条的试验方法直接测量出整车绝缘电阻。

否则，还需要按照3.5.2.1第3条对3.5.2.1第2条中无法完成测试的B级电压负载的绝缘电阻进行测量。将3.5.2.1第2条中的测量结果R_i与3.5.2.1第3条中测得的各B级电压负载的绝缘电阻R_x计算并联的结果，即为整车绝缘电阻。

如果整车有两个或以上相互隔离的B级电压电路，则可通过本条方法分别测量和计算出各个B级电压电路的绝缘电阻，并取其中最小值作为整车绝缘电阻。

3.5.2.2 充电插座绝缘电阻

在3.5.2.1的试验后继续进行充电插座绝缘电阻测试，测试方法如下。

1）使车辆断电，保证车辆上所有电力、电子开关处于非激活状态。

2）将充电插座高压端子，即直流充电插座的正负极端子或者交流充电插座相线端子，用电导线进行短接。

3）将绝缘电阻测试设备的两个探针分别连接充电插座高压端子及电平台，如图3-6所示。

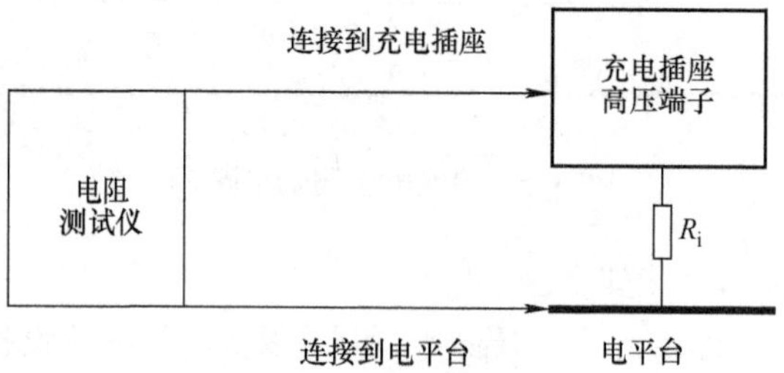

图3-6　充电插座绝缘电阻测量步骤3）

4）测试设备的检测电压应设置为大于最高充电电压。

5）读出充电口绝缘电阻值R_i。

此外，也可以用绝缘电阻测试设备分别测试充电插座各高压端子与车辆电平台间的绝缘电阻值，测试设备的检测电压要求大于最高充电电压，再计算并联结果，即为充电插座绝缘电阻。

3.5.2.3 绝缘监测功能验证试验

测试过程中，车辆B级电压电路应处于接通状态，且绝缘监测功能或设备已启动。测试中将使用可调节电阻器（例如：变阻箱等），可调节电阻器的最大电阻值≥10MΩ。

测量步骤如下。

1）在常温下，按照3.5.2.1的测试方法，测出当前整车绝缘电阻值为R_i，并记录3.5.2.1第2条测试步骤2）中较小测量电压U'_1所在的REESS高压侧。

2）按照被测车辆的正常操作流程使车辆进入“可行驶模式”。

3）若步骤1）中，U'_1在REESS的正极端，则如图3-7所示，将可调节电阻器并联在REESS正极端与车辆电平台之间。相反，若U'_1在REESS的负极端，则将可调节电阻器并联在REESS负极端与车辆电平台之间。开始测量时，可调节电阻器的阻值设置为最大值。

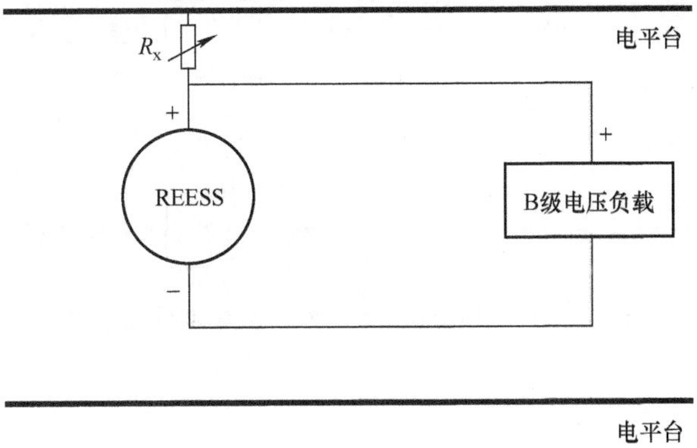

图3-7 绝缘监测验证试验

4）按照3.4.1.4第1条的要求，若最小绝缘电阻要求为100Ω/V，则将可调节电阻器的阻值减小到目标值R_x，R_x按照式（3-3）计算得到：

$$1/[1/(95U_{REESS})-1/R_i]\leqslant R_x<1/[1/(100U_{REESS})-1/R_i] \tag{3-3}$$

按照3.4.1.4第1条的要求，若最小绝缘电阻要求为500Ω/V，则将可调节电阻器的阻值减小到目标值R_x，R_x按照式（3-4）计算得到：

$$1/[1/(475U_{REESS})-1/R_i]\leqslant R_x<1/[1/(500U_{REESS})-1/R_i] \tag{3-4}$$

式中 U_{REESS}——电池包当前总电压，单位为伏（V）。

5）观察车辆是否有明显的声或光报警。

3.5.2.4 电位均衡

电位均衡可用电阻测试仪直接测量，也可以采用独立直流电源配合电流和电压检测设备进行测量。其中电阻测试仪的测量电流可调，电阻测试分辨率高于0.01Ω。独立直流电源电压也可调节。

两个外露的可导电外壳或遮栏之间的电阻，也可以通过外露的可导电外壳或遮栏与电平台之间的连接电阻值计算得出。

测试方法如下。

1）将电阻测试仪的两个探针分别连接外露的可导电外壳或者遮栏以及电平台，如图3-8所示。

2）增大测试电流，使测试电流至少达到0.2A。

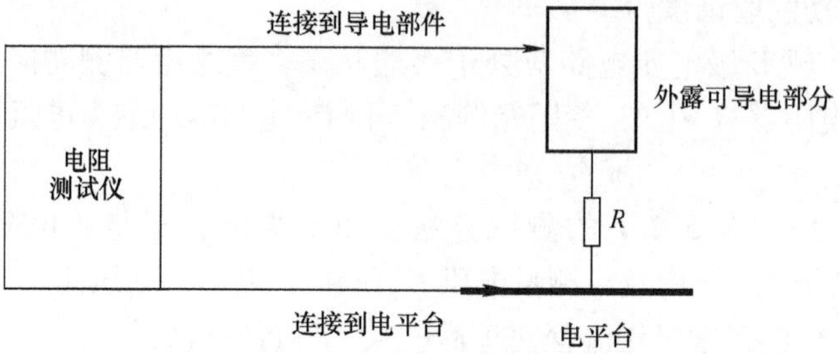

图 3-8　用电阻测试仪测试导电部件与电平台间电阻

3）将电阻测试仪的两个探针分别连接两个外露可导电外壳或者遮栏，如图 3-9 所示。

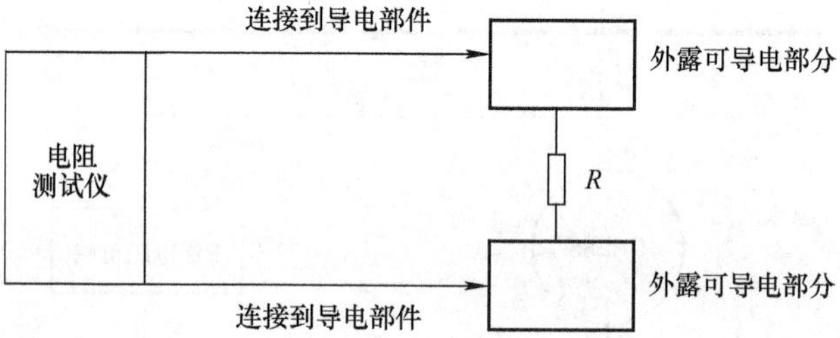

图 3-9　用电阻测试仪测试两个导电部件间电阻

4）重复步骤 2）。

3.5.2.5　电容耦合

电容耦合测试是通过计算的方式得到整车所有 B 级电压电路中 Y 电容存储的最大能量。具体计算公式见式（3-5）。

$$Q = \sum_{x=1}^{n} \frac{C_x U_x^2}{2} \tag{3-5}$$

式中　n——带有 Y 电容的 B 级电压单元个数；

C_x——某个 B 级电压单元的 Y 电容容值，单位为法（F）；

U_x——该 B 级电压单元的 Y 电容最大工作电压，单位为伏（V）。

3.5.3　整车防水

3.5.3.1　模拟清洗

本试验测试范围为整车的边界线，如两个部件间的密封、玻璃密封圈、可打开部件的外沿、前立柱的边界和灯的密封圈。

本试验采用 GB/T 4208—2017 中 IPX5 软管喷嘴。使用洁净的水，以流量为 12.5L/min ± 0.5L/min、0.10m/s ±0.05m/s 的速度，在所有可能的方向向所有的边界线喷水，喷嘴至边界线的距离为 3.0m ±0.5m。

3.5.3.2　模拟涉水

车辆应在 100mm 深的水池中，以 20km/h ±2km/h 的速度行驶至少 500m，时间大约为 1.5min。如果水池距离小于 500m，应重复试验使涉水距离累计不小于 500m，包括车辆在水池外的总试验时间应少于 10min。

3.5.4 功能安全防护

制造商根据3.4.2规定的各项功能防护要求，应提供具体方案说明，包括防护动作的触发条件、操作说明、报警提示信号说明等，检测机构据此说明材料在实车上进行测试验证并与3.4.2中的要求进行对比符合性判断。

3.6 实施日期

新申请型式批准的车型自本标准实施之日起开始执行，已获得型式批准的车型自本标准实施之日起第13个月开始执行。

关于M_1类电动汽车应配备事件数据记录系统或车载视频行驶记录装置的要求，实施日期按照GB 7258—2017中15.4的要求执行。

习　题

1. 《电动汽车安全要求》（GB 18384—2020）的编制过程包括哪些主要阶段？
2. GB 18384—2020中人员触电防护要求包括哪几个部分？
3. 直接接触防护要求中，遮栏或外壳需要满足哪些条件？
4. 间接接触防护要求中的绝缘电阻要求是怎样的？
5. 车辆从驱动系统电源切断状态到“可行驶模式”以及从“可行驶模式”到驱动系统电源切断状态分别需要怎样的操作程序？
6. GB 18384—2020中对电动汽车动力蓄电池的安全要求是如何规定的？
7. 整车绝缘电阻测试的准备工作有哪些？
8. 模拟清洗试验的测试范围、试验方法及参数是怎样的？
9. GB 18384—2020中对车辆充电接口有哪些要求？
10. 新申请型式批准的车型和已获得型式批准的车型对于GB 18384—2020的执行时间分别是如何规定的？

第4章 电动汽车用动力蓄电池安全要求

学习目标

1. 了解 GB 38031—2020 的制定背景。
2. 理解 GB 38031—2020 的制定原则和思路。
3. 掌握 GB 38031—2020 中电池单体、电池包及系统的安全要求及试验方法。
4. 熟悉电动汽车用动力蓄电池的试验条件、试验准备和试验方法等相关内容。
5. 能够运用所学知识解决关于 GB 38031—2020 的实际问题，如分析具体试验项目的意义和操作要点等。

本章内容旨在介绍《电动汽车用动力蓄电池安全要求》（GB 38031—2020）所依据的原则，理解这些原则对电动汽车用动力蓄电池单体、电池包或系统的设计和应用是很有必要的。需要注意的是，该标准仅考虑电动汽车用动力蓄电池单体、电池包或系统最基本的安全要求以提供对人身的安全保护，不涉及生产、运输、维护和回收安全，也不涉及性能和功能特性。

随着技术和工艺的进一步发展，将会要求修订该标准。

在该标准范围内电动汽车用动力蓄电池单体、电池包或系统导致的危险是指：

——泄漏，可能导致电池系统高压、绝缘失效间接造成人员电击、电池系统起火等危险；

——起火，直接烧伤人体；

——爆炸，直接危害人体，包括高温烧伤、冲击波伤害和爆炸碎片伤害等；

——电击，由于电流流过人体而引起的伤害。

电动汽车用动力蓄电池单体、电池包或系统的安全性与其材料选择、设计及使用条件有关。其中使用条件包含了正常使用条件、可预见的误用条件和可预见的故障条件，还包括影响其安全的环境条件诸如温度、海拔等因素。

4.1 GB 38031—2020 概述

4.1.1 GB 38031—2020 的属性

动力蓄电池是新能源汽车核心部件，对乘员的安全存在潜在的伤害风险，与车辆安全密切相关，有必要建立相应的安全强制标准。有助于保护人民群众的生命安全，也有利于促进新能源汽车产业持续健康发展。

2016 年，国标委下达了《电动汽车用动力蓄电池安全要求》强制性国家标准修订计划（计划编号 20160967-0-339），基于《电动汽车用动力蓄电池安全要求及试验方法》（GB/T 31485—2015）和《电动汽车用锂离子动力蓄电池包和系统 第 3 部分：安全性要求与测试方法》（GB/T 31467.3—2015），与我国牵头制定的联合国电动汽车安全全球技术法规（UN GTR 20）全面接轨，制定并升级为强制性标准。

1. 制定背景

国务院《节能与新能源汽车产业发展规划（2012—2020 年）》（国发〔2012〕22 号）“加强新能源汽车安全标准的研究与制定”和《国务院办公厅关于加快新能源汽车推广应用的指导意见》国办发〔2014〕35 号）“完善新能源汽车产品质量保障体系”等相关要求。

2. 制定原则和思路

在 GB/T 31485—2015 和 GB/T 31467.3—2015 基础上，制订并升级为强制性标准。

1）明确以保障人身安全为目标，考虑了正常使用条件、可预见的误用条件和可预见的故障条件下的安全，不涉及生产运输、维护和回收安全。

2）基于 GB/T 31485—2015，GB/T 31467.3—2015，对单体、模组、电池包和系统的安全要求与试验方法进行系统梳理。

3）对近几年国内外电动汽车安全事故的经验总结，进一步理解了电动汽车安全失效与防范机制。

4）开展大量的实测验证，在工作组和行业内充分讨论与征求意见，并形成广泛共识。

5）与 UN GTR 20、ECE R100、ISO 6469-1、1EC 62660-2/3 等最新的国际标准法规对标。

4.1.2 GB 38031—2020 的作用

《电动汽车安全要求》（GB 18384—2020）作用及适用范围主要包括以下两个方面。

1）该标准规定了电动汽车用动力蓄电池（以下简称电池）单体、电池包或系统的安全要求和试验方法。

2）该标准适用于电动汽车用锂离子电池和镍氢电池等可充电储能装置。

4.2 术语和定义

《电动汽车术语》（GB/T 19596）界定的以及下列术语和定义适用于该文件。

1. 电池单体（secondary cell）

将化学能与电能进行相互转换的基本单元装置。

注：通常包括电极、隔膜、电解质、外壳和端子，并被设计成可充电。

2. 电池模块（battery module）

将一个以上电池单体按照串联、并联或串并联方式组合，并作为电源使用的组合体。

3. 电池包（battery pack）

具有从外部获得电能并可对外输出电能的单元。

注：通常包括电池单体、电池管理模块（不含 BCU）、电池箱及相应附件（冷却部件、连接线缆等）。

4. 电池系统（battery system）

一个或一个以上的电池包及相应附件（管理系统、高压电路、低压电路及机械总成等）构成的能量存储装置。

5. 电池电子部件（battery electronics）

采集或者同时监测电池包电和热数据的电子装置。

注：电池电子部件可以包括单体控制器和用于电池单体均衡的电子部件。电池单体间的均衡可以由电池电子部件控制，或者通过电池控制单元控制。

6. 电池控制单元（battery control unit）

控制、管理、检测或计算电池系统的电和热相关的参数，并提供电池系统和其他车辆控制器通信的电子装置。

7. 额定容量（rated capacity）

以制造商规定的条件测得的并由制造商申明的电池单体、模块、电池包或系统的容量值。

注：额定容量通常用安时（A·h）或毫安时（mA·h）来表示。

8. 实际容量（practical capacity）

以制造商规定的条件，从完全充电的电池单体、模块、电池包或系统中释放的容量值。

9. 荷电状态（state-of-charge）

当前电池单体、模块、电池包或系统中按照制造商规定的放电条件可以释放的容量占实际容量的百分比。

10. 爆炸（explosion）

突然释放足量的能量产生压力波或者喷射物，可能会对周边区域造成结构或物理上的破坏。

11. 起火（fire）

电池单体、模块、电池包或系统任何部位发生持续燃烧（单次火焰持续时间大于1s）。火花及拉弧不属于燃烧。

12. 外壳破裂（housing crack）

由于内部或外部因素引起电池单体、模块、电池包或系统外壳的机械损伤，导致内部物质暴露或溢出。

13. 泄漏（leakage）

有可见物质从电池单体、模块、电池包或系统中出漏至试验对象外部的现象。

14. 热失控（thermal runaway）

电池单体放热连锁反应引起电池温度不可控上升的现象。

15. 热扩散（thermal propagation）

电池包或系统内由一个电池单体热失控引发的其余电池单体接连发生热失控的现象。

16. 充电终止电压（end-of-charge voltage）

电池单体、模块、电池包或系统正常充电时允许达到的最高电压。

17. 放电终止电压（end-of-discharge voltage）

电池单体、模块、电池包或系统正常放电时允许达到的最低电压。

4.3　缩略语和符号

4.3.1　缩略语

下列缩略语适用于该标准。

BCU：电池控制单元（battery control unit）

FS：满量程（full scale）

PSD：功率谱密度（power spectral density）

RMS：均方根（root mean square）

SOC：荷电状态（state-of-charge）

4.3.2　符号

下列符号适用于该标准。

I_1：1h 率放电电流（A），其数值等于额定容量值。

I_3：3h 率放电电流（A），其数值等于额定容量值的 1/3。

4.4　安全要求

4.4.1　电池单体安全要求

1）电池单体按照 4.7.1.2 进行过放电试验，应不起火、不爆炸。

2）电池单体按照 4.7.1.3 进行过充电试验，应不起火、不爆炸。

3）电池单体按照 4.7.1.4 进行外部短路试验，应不起火、不爆炸。

4）电池单体按照 4.7.1.5 进行加热试验，应不起火、不爆炸。

5）电池单体按照 4.7.1.6 进行温度循环试验，应不起火、不爆炸。

6）电池单体按照 4.7.1.7 进行挤压试验，应不起火、不爆炸。

4.4.2　电池包或系统安全要求

1）电池包或系统按照 4.7.2.1 进行振动试验，应无泄漏、外壳破裂、起火或爆炸现象，且不触发异常终止条件。试验后的绝缘电阻应不小于 100Ω/V。

2）电池包或系统按照 4.7.2.2 进行机械冲击试验，应无泄漏、外壳破裂、起火或爆炸现象。试验后的绝缘电阻应不小于 100Ω/V。

3）电池包或系统按照 4.7.2.3 进行模拟碰撞试验，应无泄漏、外壳破裂、起火或爆炸现象。试验后的绝缘电阻应不小于 100Ω/V。

4）电池包或系统按照 4.7.2.4 进行挤压试验，应不起火、不爆炸。

5）电池包或系统按照 4.7.2.5 进行湿热循环试验，应无泄漏、外壳破裂、起火或爆炸现象。试验后 30min 之内的绝缘电阻应不小于 100Ω/V。

6）电池包或系统按照 4.7.2.6 进行浸水试验，应满足如下要求之一：

① 按方式一进行，应不起火、不爆炸；

② 按方式二进行，试验后需满足 IPX7 要求，应无泄漏、外壳破裂、起火或爆炸现象。试验后的绝缘电阻应不小于 100Ω/V。

7）电池包或系统按照 4.7.2.7 进行热稳定性试验，镍电池包或系统除外。包括：

① 按照 4.7.2.7 第 1 条进行外部火烧试验，应不爆炸；

② 按照 4.7.2.7 第 2 条进行热扩散乘员保护分析和验证。电池包或系统在由于单个电池热失控引起热扩散、进而导致乘员舱发生危险之前 5min，应提供一个热事件报警信号。

8）电池包或系统按照 4.7.2.8 进行温度冲击试验，应无泄漏、外壳破裂、起火或爆炸现象。试验后的绝缘电阻应不小于 100Ω/V。

9）电池包或系统按照 4.7.2.9 进行盐雾试验，应无泄漏、外壳破裂、起火或爆炸现象。试验后的绝缘电阻应不小于 100Ω/V。

10）电池包或系统按照 4.7.2.10 进行高海拔试验，应无泄漏、外壳破裂、起火或爆炸现象，且不触发异常终止条件。试验后的绝缘电阻应不小于 100Ω/V。

11）电池系统按照 4.7.2.11 进行过温保护试验，应无泄漏、外壳破裂、起火或爆炸现象，且不触发异常终止条件。试验后的绝缘电阻应不小于 100Ω/V。

12）电池系统按照 4.7.2.12 进行过电流保护试验，应无泄漏、外壳破裂、起火或爆炸现象，且不触发异常终止条件。试验后的绝缘电阻应不小于 100Ω/V。

13）电池系统按照 4.7.2.13 进行外部短路保护试验，应无泄漏、外壳破裂、起火或爆炸现象。试验后的绝缘电阻应不小于 100Ω/V。

14）电池系统按照 4.7.2.14 进行过充电保护试验，应无泄漏、外壳破裂、起火或爆炸现象，且不触发异常终止条件。试验后的绝缘电阻应不小于 100Ω/V。

15）电池系统按照 4.7.2.15 进行过放电保护试验，应无泄漏、外壳破裂、起火或爆炸现象。试验后的绝缘电阻应不小于 100Ω/V。

4.5 试验条件

4.5.1 一般条件

1）除另有规定，试验环境温度为 22℃ ±5℃，相对湿度为 10% ~90%，大气压力为 86 ~106kPa。

2）4.7.1 的试验对象为电池单体，若电池单体无法独立工作，可采用电池模块进行试验，安全要求仍按照 4.4.1 执行。

3）对于由车体包覆并构成电池包箱体的电池包或系统，可带箱体或车体测试。

4）电池包或系统试验交付需要包括必要的操作文件，以及和测试设备相连所需的接口部件，如插接器、插头，包括冷却系统接口、电池包或系统的典型结构参见附录 A（由于篇幅有限，本书未收录）。制造商需要提供电池包或系统的安全工作限值。

5）电池包或系统在所有测试前和部分试验后需进行绝缘电阻测试。测试位置为：两个端子和电平台之间。要求测得的绝缘电阻值除以电池包或系统的最大工作电压不小于 100Ω/V。

具体测试方法见附录 B（由于篇幅有限，本书未收录）。

6）如果电池包或系统由于某些原因（如尺寸或质量）不适合进行某些测试，那么制造商与检测机构协商一致后可以用电池包或系统的子系统代替作为试验对象，进行全部或部分测试，但是作为试验对象的子系统应包含和整车要求相关的所有部分（如连接部件或保护部件等）。

7）调整 SOC 至试验目标值 $n\%$ 的方法：按制造商提供的充电方式将电池包或系统充满电，静置 1h，以 $1I_3$ 恒流放电，放电时间为 T。T 按照式（4-1）计算得到，或者采用制造商提供的方法调整 SOC。每次调整 SOC 后，在新的测试开始前试验对象应静置 30min。

$$T=\frac{100-n}{100}\times 3 \tag{4-1}$$

式中　T——放电时间，单位为小时（h）；

　　n——试验目标值的百分数值。

8）测试过程中的充放电倍率大小、充放电方法和充放电截止条件由制造商提供。

9）电池单体、电池包或系统的额定容量应符合制造商提供的产品技术条件。

10）除有特殊规定，试验对象均以制造商规定的完全充电状态进行测试。

11）电池单体、电池包或系统放电电流符号为正，充电电流符号为负。

12）当电池冷却系统使用了冷却液时，如果试验不要求电池冷却，也可在排掉冷却液后进行试验。

4.5.2　测量仪器、仪表准确度

测量仪器、仪表准确度应不低于以下要求。

1）电压测量装置：±0.5%FS。

2）电流测量装置：±0.5%FS。

3）温度测量装置：±0.5℃。

4）时间测量装置：±0.1%FS。

5）尺寸测量装置：±0.1%FS。

6）质量测量装置：±0.1%FS。

4.5.3　测试过程误差

控制值（实际值）与目标值之间的误差要求如下。

1）电压：±1%。

2）电流：±1%。

3）温度：±2℃。

4.5.4　数据记录与记录间隔

除在某些具体测试项目中另有说明，否则测试数据（如时间、温度、电流和电压等）的记录间隔应不大于 100s。

4.6 试验准备

4.6.1 电池单体试验准备

4.6.1.1 标准充电

电池单体先以制造商规定且不小于$1I_3$的电流放电至制造商技术条件中规定的放电终止电压，搁置1h（或制造商提供的不大于1h的搁置时间），然后按制造商提供的充电方法进行充电，充电后搁置1h（或制造商提供的不大于1h的搁置时间）。

若制造商未提供充电方法，则由检测机构和制造商协商确定合适的充电方法，或依据以下方法充电：以制造商规定且不小于$1I_3$的电流恒流充电至电池单体达制造商技术条件中规定的充电终止电压时转恒压充电，至充电电流降至$0.05I_1$时停止充电，充电后搁置1h（或制造商提供的不大于1h的搁置时间）。

4.6.1.2 预处理

1）正式测试开始前，电池单体需要先进行预处理循环，以确保试验对象的性能处于激活和稳定的状态。步骤如下。

① 按照4.6.1.1对电池单体进行标准充电。

② 以制造商规定的且不小于$1I_3$的电流放电至制造商规定的放电截止条件。

③ 静置30min或制造商规定时间。

④ 重复步骤①~③不超过5次。

2）如果电池单体连续两次的放电容量变化不高于额定容量的3%，则认为电池单体完成了预处理，预处理循环可以中止。

4.6.2 电池包或系统试验准备

4.6.2.1 工作状态确认

正式开始测试前，电池包或系统的电子部件或BCU应处于正常工作状态。

4.6.2.2 预处理

1）正式测试开始前，电池包或系统需要先进行预处理循环，以确保测试时试验对象的性能处于激活和稳定的状态。步骤如下。

① 以不小于$1I_3$的电流或按照制造商推荐的充电方法充电至制造商规定的充电截止条件。

② 静置30min或制造商规定的时间。

③ 以制造商规定的且不小于$1I_3$的电流放电至制造商规定的放电截止条件。

④ 静置30min或制造商规定的时间。

⑤ 重复步骤①~④不超过5次。

2）如果电池包或系统连续两次的放电容量变化不高于额定容量的3%，则认为电池包或系统完成了预处理，预处理循环可以中止。

3）除在某些具体测试项目中另有说明，否则若预处理循环完成并满充后和一个新的测试项目之间的时间间隔大于24h，则需要重新进行一次标准充电；使用不小于1I_3的电流充电至制造商规定的充电截止条件或按照制造商推荐的充电方法充电，静置30min或制造商规定的时间。

4.7 试验方法

4.7.1 电池单体安全性试验方法

4.7.1.1 一般要求

所有安全试验均在有充分安全保护的环境条件下进行。如果试验对象有附加主动保护线路或装置，应除去。

4.7.1.2 过放电

1）试验对象为电池单体。

2）试验对象按4.6.1.1方法充电。

3）以1I_1电流放电90min。

4）完成以上试验步骤后，在试验环境温度下观察1h。

4.7.1.3 过充电

1）试验对象为电池单体。

2）试验对象按4.6.1.1方法充电。

3）以制造商规定且不小于1I_3的电流恒流充电至制造商规定的充电终止电压的1.1倍或115%SOC后，停止充电。

4）完成以上试验步骤后，在试验环境温度下观察1h。

4.7.1.4 外部短路

1）试验对象为电池单体。

2）试验对象按4.6.1.1方法充电。

3）将试验对象正极端子和负极端子经外部短路10min，外部线路电阻应小于5mΩ。

4）完成以上试验步骤后，在试验环境温度下观察1h。

4.7.1.5 加热

1）试验对象为电池单体。

2）试验对象按4.6.1.1方法充电。

3）将试验对象放入温度箱，用以下的条件加热。

① 锂离子电池单体：温度箱按照5℃/min的速率由试验环境温度升至130℃ ±2℃，并保持此温度30min后停止加热。

② 镍氢电池单体：温度箱按照5℃/min的速率由试验环境温度升至85℃ ±2℃，并保持此温度2h后停止加热。

4）完成以上试验步骤后，在试验环境温度下观察1h。

4.7.1.6 温度循环

1）试验对象为电池单体。

2）试验对象按4.6.1.1方法充电。

3）放入温度箱中，温度箱温度按照表 4-1 和图 4-1 进行调节，循环次数 5 次。

4）完成以上试验步骤后，在试验环境温度下观察 1h。

表 4-1　温度循环试验一个循环的温度和时间

温度/℃	时间增量/min	累计时间/min	温度变化率/（℃/min）
25	0	0	0
−40	60	60	13/12
−40	90	150	0
25	60	210	13/12
85	90	300	2/3
85	110	410	0
25	70	480	6/7

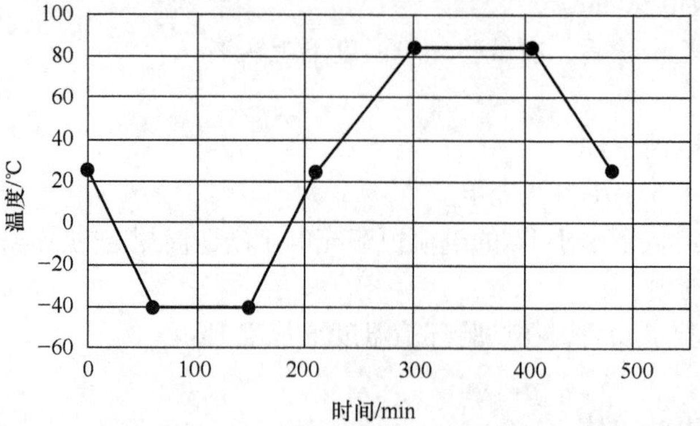

图 4-1　温度循环试验示意图

4.7.1.7　挤压

1）试验对象为电池单体。

2）试验对象按 4.6.1.1 方法充电。

3）按下列条件进行试验。

① 挤压方向：垂直于电池单体极板方向施压，或与电池单体在整车布局上最容易受到挤压的方向相同。

② 挤压板形式：半径 75mm 的半圆柱体，半圆柱体的长度（L）大于被挤压电池单体的尺寸。

③ 挤压速度：不大于 2mm/s。

④ 挤压程度：电压达到 0V 或变形量达到 15% 或挤压力达到 100kN 或 1000 倍试验对象重量后停止挤压。

⑤ 保持 10min。

4）完成以上试验步骤后，在试验环境温度下观察 1h。

4.7.2 电池包或系统安全性试验方法

4.7.2.1 振动

1）试验对象为电池包或系统。

2）为保护试验操作人员和实验室安全，制造商应提供电压锐变限值作为异常终止条件。

3）试验开始前，将试验对象的 SOC 状态调至不低于制造商规定的正常 SOC 工作范围的 50%。

4）按照试验对象车辆安装位置和 GB/T 2423.43 的要求，将试验对象安装在振动台上。每个方向分别施加随机和定频振动载荷，加载顺序宜为 z 轴随机、z 轴定频、y 轴随机、y 轴定频、x 轴随机、x 轴定频（汽车行驶方向为 x 轴方向，垂直于行驶方向的水平方向为 y 轴方向）。检测机构也可自行选择顺序，以缩短转换时间。测试过程按照 GB/T 2423.56。

5）对于装载在除 M_1、N_1类以外的车辆上的电池包或系统，按照表 4-2 和图 4-2 所示的振动测试参数对存在多个安装方向（$x/y/z$）的试验对象进行测试时，按照 RMS 大的安装方向进行试验。对于安装在车辆顶部的电池包或系统，按照制造商提供的不低于表 4-2 和图 4-2的振动测试参数开展振动测试。

6）对于装载在 M_1、N_1类车辆上的电池包或系统，振动测试参数按照表 4-3 和图 4-3 进行。

表 4-2 除 M_1、N_1类以外的车辆电池包或系统的振动测试条件

随机振动（每个方向测试时间为 12h）			
频率/Hz	z 轴功率谱密度(PSD)/(g^2/Hz)	y 轴功率谱密度(PSD)/(g^2/Hz)	x 轴功率谱密度(PSD)/(g^2/Hz)
5	0.008	0.005	0.002
10	0.042	0.025	0.018
15	0.042	0.025	0.018
40	0.0005	—	—
60	—	0.0001	—
100	0.0005	0.0001	—
200	0.00001	0.00001	0.00001
RMS	z 轴	y 轴	x 轴
	0.73g	0.57g	0.52g
正弦定频振动（每个方向测试时间为 2h）			
频率/Hz	z 轴定频幅值	y 轴定频幅值	x 轴定频幅值
20	±1.5g	±1.5g	±2.0g

7）试验过程中，监控试验对象内部最小监控单元的状态，如电压和温度等。

8）完成以上试验步骤后，在试验环境温度下观察 2h。

4.7.2.2 机械冲击

1）试验对象为电池包或系统。

2）对试验对象施加表4-4 规定的半正弦冲击波，±z 方向各6 次，共计12 次。

3）半正弦冲击波最大、最小容差允许范围如表4-5 和图4-4 所示。

4）相邻两次冲击的间隔时间以两次冲击在试验样品上造成的响应不发生相互影响为准，一般应不小于5 倍冲击脉冲持续时间。

5）完成以上试验步骤后，在试验环境温度下观察2h。

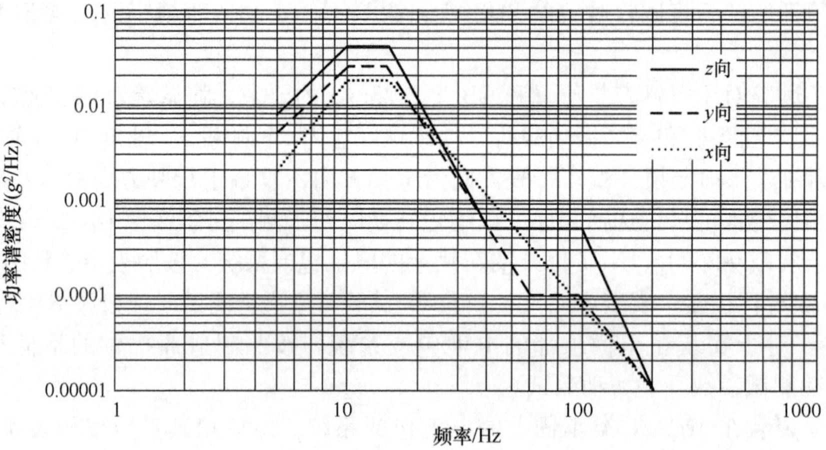

图4-2　除 M_1、N_1类以外的车辆电池包或系统随机振动测试曲线

表4-3　M_1、N_1类车辆电池包或系统的振动测试条件

随机振动（每个方向测试时间为12h）			
频率/Hz	z 轴功率谱密度(PSD)/(g^3/Hz)	y 轴功率谱密度(PSD)/(g^2/Hz)	x 轴功率谱密度(PSD)/(g^2/Hz)
5	0.015	0.002	0.006
10	—	0.005	—
15	0.015	—	—
20	—	0.005	—
30	—	—	0.006
65	0.001	—	—
100	0.001	—	—
200	0.0001	0.00015	0.00003
RMS	z 轴	y 轴	x 轴
	0.64g	0.45g	0.50g
正弦定频振动（每个方向测试时间为1h）			
频率/Hz	z 轴定频幅值	y 轴定频幅值	x 轴定频幅值
24	±1.5g	±1.0g	±1.0g

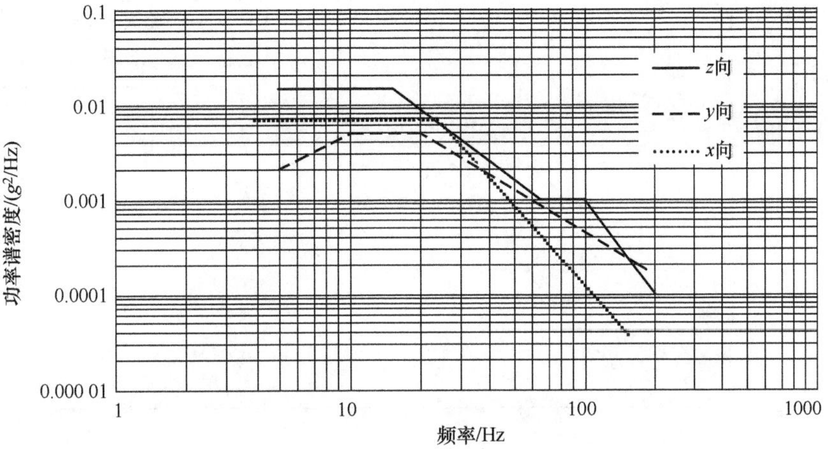

图 4-3 M_1、N_1类车辆电池包或系统随机振动测试曲线

表 4-4 机械冲击测试参数

测试程序	参数要求
冲击波形	半正弦波
测试方向	±z
加速度值	7g
脉冲时间/ms	6
冲击次数	正负方向各 6 次

表 4-5 机械冲击脉冲容差范围

点	脉宽/ms	±z 方向加速度值
A	1.00	0.00g
B	2.94	5.95g
C	3.06	5.95g
D	5.00	0.00g
E	0.00	2.68g
F	2.00	8.05g
G	4.00	8.05g
H	7.00	0.00g

4.7.2.3 模拟碰撞

1）试验对象为电池包或系统。

2）按照试验对象车辆安装位置和 GB/T 2423.43 的要求，将试验对象水平安装在带有支架的台车上。根据试验对象的使用环境给台车施加规定的脉冲，并落在表 4-6 和图 4-5 最大、最小容差允许范围内（汽车行驶方向为 x 轴方向，另一垂直于行驶方向的水平方向为 y 轴方向）。对于试验对象存在多个安装方向（x/y/z）时，按照加速度大的安装方向进行试验。

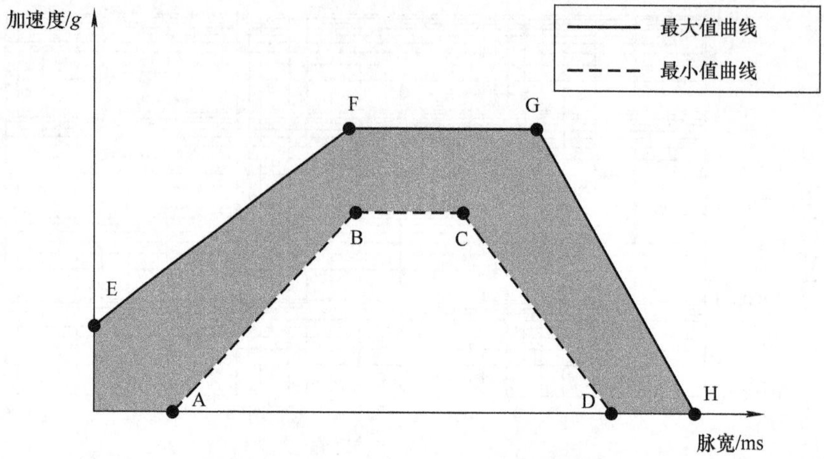

图 4-4　机械冲击脉冲容差范围示意图

表 4-6　模拟碰撞脉冲容差范围

点	脉宽/ms	≤3.5t（整车整备质量）		3.5～7.5t（整车整备质量）		≥7.5t（整车整备质量）	
		x 方向加速度	y 方向加速度	x 方向加速度	y 方向加速度	x 方向加速度	y 方向加速度
A	20	0g	0g	0g	0g	0g	0g
B	50	20g	8g	10g	5g	6.6g	5g
C	65	20g	8g	10g	5g	6.6g	5g
D	100	0g	0g	0g	0g	0g	0g
E	0	10g	4.5g	5g	2.5g	4g	2.5g
F	50	28g	15g	17g	10g	12g	10g
G	80	28g	15g	17g	10g	12g	10g
H	120	0g	0g	0g	0g	0g	0g

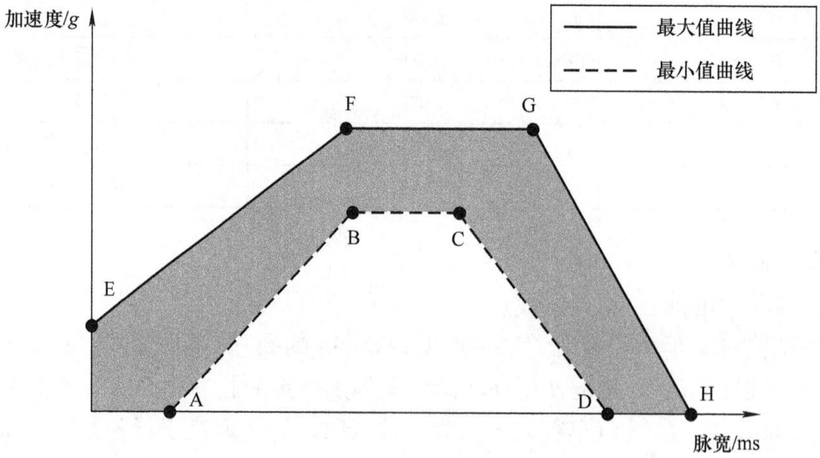

图 4-5　模拟碰撞脉冲容差范围示意图

3）完成以上试验步骤后，在试验环境温度下观察2h。

4.7.2.4 挤压

1）试验对象为电池包或系统。

2）按下列条件进行试验。

① 挤压板形式（选择以下两种挤压板中的一种）：

——挤压板如图4-6所示，半径75mm的半圆柱体，半圆柱体的长度（L）大于试验对象的高度，但不超过1m；

——挤压板如图4-7所示，尺寸为600mm × 600mm（长 × 宽）或更小，三个半圆柱体半径为75mm，半圆柱体间距30mm。

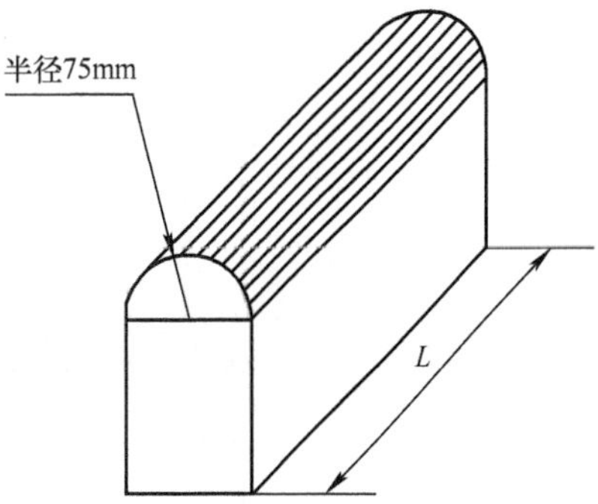

图4-6 挤压板形式一示意图

② 挤压方向：x方向和y方向（汽车行驶方向为x轴方向，另一垂直于行驶方向的水平方向为y轴方向），为保护试验操作安全，可分开在两个试验对象上执行测试。

③ 挤压速度：不大于2mm/s。

④ 挤压程度：挤压力达到100kN或挤压变形量达到挤压方向的整体尺寸的30%时停止挤压。

⑤ 保持10min。

3）完成以上试验步骤后，在试验环境温度下观察2h。

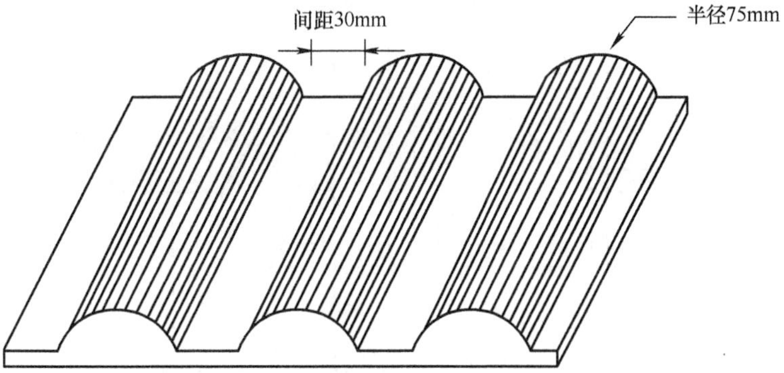

图4-7 挤压板形式二示意图

4.7.2.5 湿热循环

1）试验对象为电池包或系统。

2）按照GB/T 2423.4执行试验Db，变量如图4-8所示。其中最高温度是60℃或更高温度（如果制造商要求），循环5次。

3）完成以上试验步骤后，在试验环境温度下观察2h。

4.7.2.6 浸水

1）试验对象为通过4.7.2.1振动试验后的电池包或系统。

2）试验对象按照整车连接方式连接好线束、接插件等零部件，选择以下两种方式中的

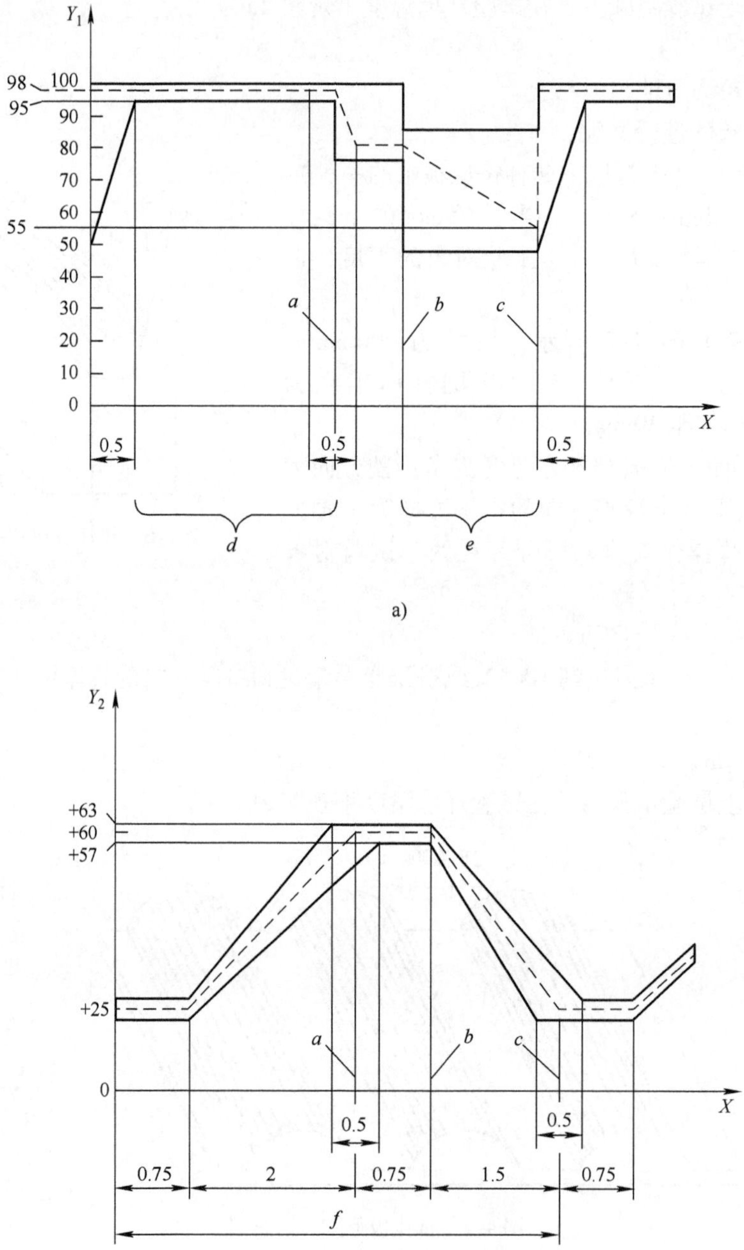

图 4-8　温湿度循环

Y_1—相对湿度（%）　Y_2—温度/℃　X—时间/h

a—升温结束时间　b—降温开始时间　c—推荐温湿度值　d—冷凝时间　e—干燥时间　f——一个循环周期时间/h

一种进行试验。

① 方式一：试验对象以实车装配方向置于 3.5%（质量分数）氯化钠溶液中 2h，水深要足以淹没试验对象。

② 方式二：试验对象按照 GB/T 4208—2017 中 14.2.7 所述方法和流程进行试验。试验对象按照制造商规定的安装状态全部浸入水中。对于高度小于 850mm 的试验对象，其最低点应低于水面 1000mm；对于高度等于或大于 850mm 的试验对象，其最高点应低于水面 150mm。试验持续时间为 30min。水温与试验对象温差不大于 5℃。

3）将电池包取出水面，在试验环境温度下静置观察 2h。

4.7.2.7 热稳定性

1. 外部火烧

1）试验对象为电池包或系统。对电池包或系统起到保护作用的车身结构，可以参与火烧试验。

2）试验环境温度为 0℃ 以上，风速不大于 2.5km/h。

3）测试中，盛放汽油的平盘尺寸超过试验对象水平投影尺寸 20cm，不超过 50cm。平盘高度不高于汽油表面 8cm。试验对象应居中放置。汽油液面与试验对象底部的距离设定为 50cm，或者为车辆空载状态下试验对象底面的离地高度。平盘底层注入水。外部火烧示意图如图 4-9 所示。

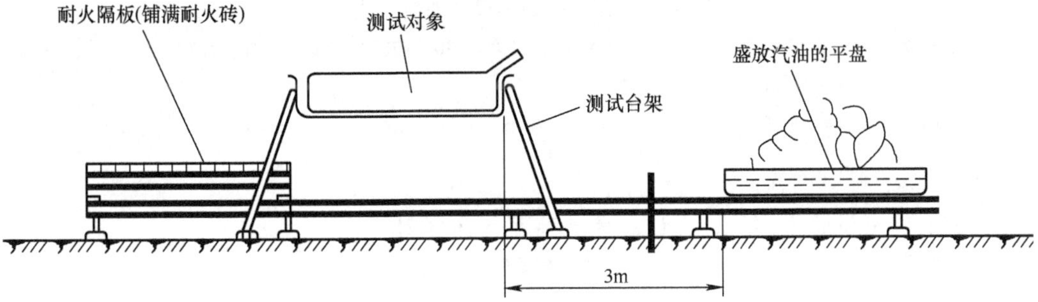

图 4-9 外部火烧示意图

4）外部火烧试验分为以下 4 个阶段。

① 预热。在离试验对象至少 3m 远的地方点燃汽油，经过 60s 的预热后，将油盘置于试验对象下方。如果油盘尺寸太大无法移动，可以采用移动试验对象和支架的方式。

② 直接燃烧。试验对象直接暴露在火焰下 70s。

③ 间接燃烧。将耐火隔板盖在油盘上。试验对象在该状态下测试 60s。或经双方协商同意，继续直接暴露在火焰中 60s。耐火隔板由标准耐火砖拼成，具体筛孔尺寸如图 4-10 所示，也可以用耐火材料参考此尺寸制作。

④ 离开火源。将油盘或者试验对象移开，在试验环境温度下观察 2h 或试验对象外表温度降至 45℃ 以下。

2. 热扩散

电池包或系统按照附录 B（扫描二维码可查看）进行热扩散乘员保护分析和验证。

附录 B 热扩散乘员保护分析与验证报告

4.7.2.8 温度冲击

1）试验对象为电池包或系统。

2）试验对象置于（−40±2）~（60±2）℃ 的交变温度环境中（如果制造商要求，可采用更严苛的试验温度），两种极端温度的转换时间在 30min 以内。试验对象在每个极端温度

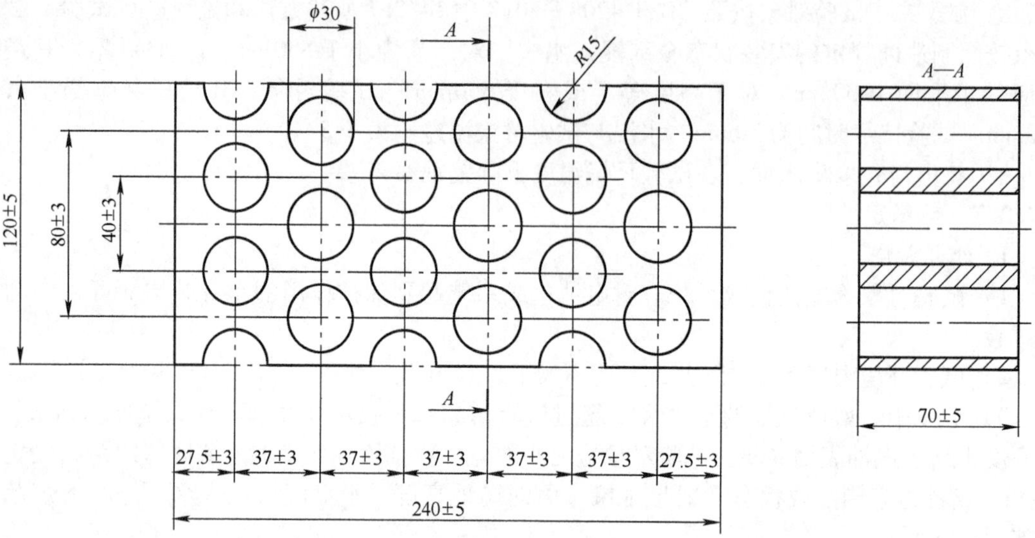

图 4-10　耐火隔板的尺寸和技术数据

注：1. 耐火性：SK30；成分：30% ~33% Al_2O_3；密度：1900 ~2000kg/m^3；有效孔面积：44. 18%；开孔率：20% ~22% 体积比。

2. 单位：mm。

环境中保持 8h，循环 5 次。

3）完成以上试验步骤后，在试验环境温度下观察 2h。

4. 7. 2. 9　盐雾

1）试验对象为电池包或系统。

2）按照 GB/T 28046. 4—2011 中 4. 4. 5. 2 的测试方法和 GB/T 2423. 17 的测试条件进行试验。

3）盐溶液采用氯化钠（化学纯、分析纯）和蒸馏水或去离子水配制，其浓度为 5% ±1%（质量分数）。35℃ ±2℃下测量 pH 值在 6. 5 ~7. 2 之间。

4）将试验对象放入盐雾箱按图 4-11 所示循环进行试验，一个循环持续 24h。在 35℃ ±2℃下对试验对象喷雾 8h，然后静置 16h，在一个循环的第 4 小时和第 5 小时之间进行低压上电监控。

5）共进行 6 个循环。

6）对于完全放置在乘员舱、行李舱或货舱的试验对象，可不进行盐雾试验。

4. 7. 2. 10　高海拔

1）试验对象为电池包或系统。

2）为保护试验操作人员和实验室安全，制造商应提供电流锐变限值、电压异常限值作为异常终止条件。

3）测试环境：气压条件为 61. 2kPa（模拟海拔为 4000m 的气压条件），温度为试验环境温度。

4）保持上面第 3 条测试环境，搁置 5h。

5）搁置结束后，保持 3）的测试环境，对试验对象按制造商规定的且不小于 $1I_3$ 的电流

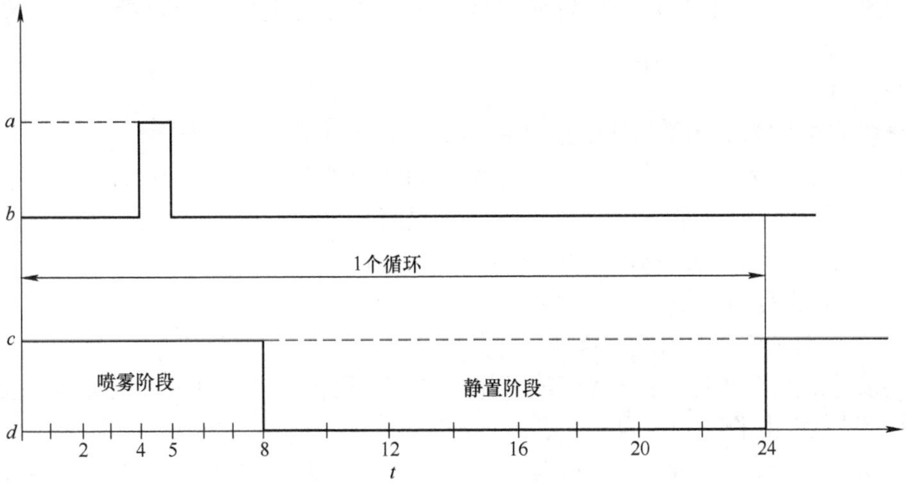

图 4-11　盐雾试验循环

t—时间/h　a—低压上电监控时间　b—连接线束完毕时间，不通电
c—打开时间（喷盐雾）　d—关闭时间（停喷盐雾）

放电至制造商规定的放电截止条件。

6）完成以上试验步骤后，在试验环境温度下观察 2h。

4.7.2.11　过温保护

1）试验对象为电池系统。

2）为保护试验操作人员和实验室安全，制造商应提供试验上限参数作为异常终止条件。

3）在试验开始时，影响试验对象功能并与试验结果相关的所有保护设备都应处于正常运行状态，冷却系统除外。

4）试验对象应由外部充放电设备进行连续充电和放电，使电流在电池系统制造商规定的正常工作范围内尽可能快地升高电池的温度，直到试验结束。

5）室内或温度箱的温度应从 20℃ ±10℃或更高的温度（如果电池系统制造商要求）开始逐渐升高，直到达到根据①或②（如适用）确定的温度，然后保持在等于或高于此温度，直到试验结束。

① 当电池系统具有内部过热保护措施时，应提高到电池系统制造商定义为这种保护措施的工作温度阈值的温度，以确保试验对象的温度将按照 4.7.2.11 第 4 条的规定升高。

② 如果电池系统没有配备任何具体的内部过热防护措施，那么应将温度升高到电池系统制造商规定的最高工作温度。

6）当符合以下任一条件时，结束试验：

① 试验对象自动终止或限制充电或放电。

② 试验对象发出终止或限制充电或放电的信号。

③ 试验对象的温度稳定，温度变化在 2h 内小于 4℃。

7）完成以上试验步骤后，在试验环境温度下观察 1h。

4.7.2.12　过电流保护

1）试验对象为可由外部直流电源供电的电池系统。

2）为保护试验操作人员和实验室安全，制造商应提供试验上限参数作为异常终止条件。

3）试验条件如下。

① 试验应在20℃ ±10℃的环境温度下进行。

② 按照电池系统制造商推荐的正常操作（如使用外部充放电设备），调整试验对象的SOC到正常工作范围的中间部分，只要电池系统能够正常运行即可，可不需要精确的调整。

③ 与电池系统制造商协商确定可以施加的过电流（假设外部直流供电设备的故障）和最大电压（在正常范围内）。

4）按照电池系统制造商的资料进行过电流试验。

① 连接外部直流供电设备，改变或禁用充电控制通信，以允许通过与电池系统制造商协商确定的过电流水平。

② 启动外部直流供电设备，对电池系统进行充电，以达到电池系统制造商规定的最高正常充电电流。然后，将电流在5s内从最高正常充电电流增加到4.7.2.12第3条中③所述的过电流水平，并继续进行充电。

5）当符合以下任一条件时，结束试验。

① 试验对象自动终止充电电流。

② 试验对象发出终止充电电流的信号。

③ 试验对象的温度稳定，温度变化在2h内小于4℃。

6）完成以上试验步骤后，在试验环境温度下观察1h。

4.7.2.13　外部短路保护

1）试验对象为电池系统。

2）试验条件如下。

① 试验应在20℃ ±10℃的环境温度或更高温度（如果电池系统制造商要求）下进行。

② 在试验开始时，影响试验对象功能并与试验结果相关的所有保护设备都应处于正常运行状态。

3）外部短路过程如下。

① 在开始试验时，用于充电和放电的相关主要接触器都应闭合（如电池系统回路中包含相关继电器），来表示可行车模式以及允许外部充电的模式。如果这不能在单次试验中完成，则应进行两次或更多次试验。

② 将试验对象的正极端子和负极端子相互连接。短路电阻不超过5mΩ。

4）保持短路状态，直至符合以下任一条件时，结束试验。

① 试验对象的保护功能起作用，并终止短路电流。

② 试验对象外壳温度稳定（温度变化在2h内小于4℃）后，继续短路至少1h。

5）完成以上试验步骤后，在试验环境温度下观察1h。

4.7.2.14　过充电保护

1）试验对象为电池系统。

2）为保护试验操作人员和实验室安全，制造商应提供试验上限参数作为异常终止条件。

3）试验条件如下。

① 试验应在20℃ ±10℃的环境温度或更高温度（如果电池系统制造商要求）下进行。

② 按照电池系统制造商推荐的正常操作（如使用外部充放电设备），调整试验对象的SOC到正常工作范围的中间部分。只要试验对象能够正常运行即可，可不需要精确的调整。

③ 在试验开始时，影响试验对象功能并与试验结果相关的所有保护设备都应处于正常运行状态。用于充电的所有相关的主要接触器都应闭合（如电池系统回路中包含相关继电器）。

4）充电过程如下。

① 外部充电设备应连接到试验对象的主端子。外部充电设备的充电控制限制应禁用。

② 试验对象应由外部充电设备在电池系统制造商许可的用时最短的充电策略下进行充电。

5）充电应持续进行，直至符合以下任一条件时，结束试验。

① 试验对象自动终止充电电流。

② 试验对象发出终止充电电流的信号。

③ 当试验对象的过充电保护控制未起作用，或者如果没有4.7.2.14第5条①所述的功能，则继续充电，使得试验对象的温度超过电池系统制造商定义的最高工作温度再加10℃的温度值。

④ 当充电电流未终止且试验对象温度低于最高工作温度再加10℃的温度值时，充电应持续2h。

6）完成以上试验步骤后，在试验环境温度下观察1h。

4.7.2.15 过放电保护

1）试验对象为电池系统。

2）试验条件如下。

① 试验应在20℃ ±10℃的环境温度或更高温度（如果电池系统制造商要求）下进行。

② 按照电池系统制造商推荐的正常操作（如使用外部充放电设备），调整试验对象的SOC到较低水平，但应在正常的工作范围内。只要试验对象能够正常运行即可，可不需要精确的调整。

③ 在试验开始时，影响试验对象功能并与试验结果相关的所有保护设备都应处于正常运行状态。用于放电的所有相关的主要接触器都应闭合（如电池系统回路中包含相关继电器）。

3）放电过程如下。

① 外部放电设备应连接到试验对象的主端子。

② 应与电池系统制造商协商，在规定的正常工作范围内以稳定的电流进行放电。

4）放电应持续进行，直至符合以下任一条件时，结束试验。

① 试验对象自动终止放电电流。

② 试验对象发出终止放电电流的信号。

③ 当试验对象的自动中断功能未起作用，或者没有4.7.2.15第4条①所述的功能，则应继续放电，使得试验对象放电到其额定电压的25%为止。

④ 试验对象的温度稳定，温度变化在2h内小于4℃。

5）完成以上试验步骤后，在试验环境温度下观察1h。

4.8 实施日期

新申请型式批准的车型自本标准实施之日起开始执行，已获得型式批准的车型自本标准实施之日起第 13 个月开始执行。

习　题

1. GB 38031—2020 制定的背景是什么？
2. GB 38031—2020 的制定原则和思路有哪些？
3. GB 38031—2020 中关于电池单体的安全要求有哪些试验项目？
4. 电池包或系统的安全要求中，振动试验的具体内容是什么？
5. 机械冲击试验对电池包或系统有哪些要求？
6. 模拟碰撞试验如何进行？
7. 湿热循环试验的步骤有哪些？
8. 浸水试验有哪两种方式？
9. 热稳定性试验包含哪些内容？
10. GB 38031—2020 的实施日期是如何规定的？

第5章

电动汽车碰撞后安全要求

学习目标

1. 熟悉电动汽车碰撞试验前的准备工作。
2. 熟悉电动汽车碰撞试验过程。
3. 掌握碰撞后对电动汽车的检查与试验方法。
4. 掌握电动汽车碰撞后的安全技术要求。

5.1 GB/T 31498—2021 概述

5.1.1 GB/T 31498—2021 的属性

近年来，我国汽车产业和市场高速发展，已逐步成为全球汽车产业的核心地区，2023年汽车产销分别完成3016.1万辆和3009.4万辆，其中新能源汽车产销量分别达958.7万辆和949.5万辆。汽车保有量突破3.36亿辆，新能源汽车保有量达2041万辆，占汽车总量的6.07%；其中纯电动汽车保有量1552万辆，占新能源汽车保有量的76.04%。

随着电动汽车保有量的增加，其道路交通事故数量也开始增加。传统汽车碰撞安全主要关注碰撞发生后由于物理挤压和惯性冲击导致的乘员伤害，电动汽车由于动力电池和高压电气系统的存在，除需关注物理挤压和惯性冲击导致的乘员伤害外，还应重点关注碰撞后电路短路、人员触电、电解液泄漏甚至起火、爆炸等风险。

为提升汽车碰撞安全技术水平，降低碰撞事故人员伤亡率，我国已制定发布了一系列的汽车安全标准，建立了适应中国实际的，包含乘用车、商用车等多种车辆型式，涵盖传统汽柴油车、电动汽车等不同能源类型车辆，覆盖正面碰撞、侧面碰撞、后面碰撞等多种碰撞工况，从整车级别到系统零部件级别的全方位的汽车碰撞安全标准体系。

5.1.2 GB/T 31498—2021 的作用

《电动汽车碰撞后安全要求》（GB/T 31498—2021）是我国电动汽车安全标准体系的重要组成部分，对于保证电动汽车碰撞安全性至关重要。

该标准规定了带有B级电压电路的纯电动汽车和混合动力汽车的正面（100%重叠率）碰撞、侧面碰撞、后面碰撞后的特殊安全要求和试验方法。所有试验程序分别基于《汽车正面碰撞的乘员保护》（GB 11551—2014）、《汽车侧面碰撞的乘员保护》（GB 20071—2006）和《乘用车后碰撞燃油系统安全要求》（GB 20072—2006）规定的汽车正面100%重叠率碰撞试验、侧面碰撞试验和后面碰撞试验程序的基础之上。

GB/T 31498—2021 适用于 M_1类及最大设计总质量不大于 2500kg 的 N_1类汽车以及多用途货车中带有 B 级电压电路的纯电动汽车、混合动力汽车的正面碰撞，以及 M_1、N_1类汽车中带有 B 级电压电路的纯电动汽车、混合动力汽车的侧面碰撞和后面碰撞。

但 GB/T 31498—2021 不适用于燃料电池电动汽车。

5.2 术语和定义

《电动汽车术语》（GB/T 19596—2017）和《汽车正面碰撞的乘员保护》（GB 11551—2014）界定了下列术语和定义。

1. 工作电压（working voltage）

根据制造商说明，在任何正常工作状态下，电力系统可能发生的交流电压的有效值（rms）或直流电压的最大值（不考虑暂态峰值）。

2. B 级电压（voltage class B）

电路组件或电路的工作电压交流大于 30V（rms）且小于等于 1000V（rms），直流大于 60V 且小于等于 1500V 的电压分类。

3. 高压系统（high voltage system）

车辆带有 B 级电压电路的部分。

4. 可充电储能系统（rechargeable energy storage system）

可充电的且可提供电能的能量存储系统，如蓄电池、电容器。

5. 乘员舱（passenger compartment）

由顶盖、地板、侧围、车门、玻璃窗和前围、后围或后座椅靠背支撑板以及防止乘员接触带电部件的电气保护遮栏、外壳围成的容纳乘员的空间。

6. 直接接触（direct contact）

人或动物与带电部分的接触。

7. 间接接触（indirect contact）

人或动物与基本绝缘失效情况下变为带电的外露可导电部分的接触。

8. 可导电部分（conductive part）

能够使电流通过的部分，在正常工作状态下不带电，但在基本绝缘出现故障的情况下，可能成为带电部分。

9. 外露可导电部分（exposed conductive part）

可以通过 IPXXB 关节试指触及的可导电部分。在针对特定的电路而言，一个电路中的带电部分也许是另一个电路中的外露导体，例如，乘用车的车身可能是辅助电路中的带电部分，但对于动力电路来说它是外露导体。

10. 带电部分（live part）

正常使用时被通电的导体或导电部分。

11. 电平台（electrical chassis）

一组电气相连的可导电部件，其电位作为基准电位。

12. 高压母线（high voltage bus）

与 REESS 相连接的高压电路，包括 REESS 的对外输出部分和充电部分。

13. 起火（fire）

能持续发生火焰的现象（瞬间的火花或电弧不属于起火）。

14. 爆炸（explosion）

由于能量释放产生瞬间压力波并能对周边物体进行结构性或物理性破坏的现象。

15. 电力系统负载（balance of electric power system）

断开所有 REESS 和燃料电池堆，剩下的 B 级电压电路。

16. 保护系统（protective system）

用来约束乘员的内部安装部件及装置。

17. 碰撞角（angle of impact）

垂直于壁障前表面的直线与车辆纵向行进方向线之间的夹角。

18. 壁障表面（barrier face）

壁障紧贴着胶合板的那一部分表面。

19. 乘员舱（passenger compartment）

容纳乘员的空间，由顶盖、地板、侧围、车门、玻璃窗和前围、后围或后座椅靠背支撑板围成。

20. “R”点（R point）

制造厂为每个座椅规定的，与车辆结构相关的基准点。

21. “H”点（H point）

每个座椅的基准点。

22. 整备质量（unladen kerb mass）

处于运行状态的车辆质量，没有驾驶员、乘客和货物，但燃油箱加入占总容量 90% 的燃料，并带有随车工具和备胎（如果这些由车辆制造厂作为标准装备提供）。

23. 基准质量（reference mass）

车辆的整备质量加上 100kg（侧碰撞假人及其测量设备的质量）的质量。

24. 多用途货车（multipurpose goods vehicle）

其设计和结构上主要用于载运货物，具有长头车身和驾驶室结构（一半以上的发动机长度位于车辆前风窗玻璃最前点以前，或转向盘的中心位于车辆总长的前四分之一部分之后），具有敞开式货车车厢，乘客人数不大于 5 人（含驾驶员），最大设计总质量不大于 3500kg 的货车。

25. 燃油箱容量（capacity of the fuel tank）

车辆制造商规定的燃油箱的容量。

26. 横向平面（transverse plane）

垂直于车辆纵向中垂面的垂直平面。

27. 保护系统（protective system）

对乘员起约束和/或保护作用的装置。

28. 移动变形壁障（mobile deform able barrier）

用于撞击试验车辆的装置，由移动车和碰撞块组成。

29. 碰撞块（impactor）

安装在移动变形壁障前部的可变形部分。

30. 移动车（trolley）

带有车轮的框架结构，可对着撞击点沿纵轴自由行驶。其前端用于安装碰撞块。

5.3 碰撞试验

5.3.1 试验前的车辆准备

5.3.1.1 车辆充电

按照车辆制造厂规定的充电规程，为蓄电池进行充电，使蓄电池达到完全充电状态，或按下列规程为蓄电池充电。

（1）常规充电

在环境温度为20～30℃时，使用车载充电器（如果已安装）为蓄电池充电；也可以采用车辆制造厂推荐的外部充电器给蓄电池充电，使用时记录外部充电器的型号、规格。

试验过程中不能使用特殊类型的充电模式，例如蓄电池均衡充电模式或维护模式；车辆制造厂应该保证试验过程中车辆没有进行过特殊充电操作。

（2）充电结束的标准

12h的充电即为充电结束的标准；如果标准仪器发出明显的信号提示驾驶员蓄电池没有充满，在这种情况下，最长充电时间t_{max}为

$$t_{max}=3\times 制造厂规定的蓄电池容量(kW\cdot h)/供电功率(kW)$$

（3）完全充电蓄电池

如果依据常规充电规程，达到充电结束标准，则认为蓄电池已全充满。

不可外接充电的混合动力电动汽车按车辆正常运行状态准备试验。

纯电动汽车和可外接充电式混合动力汽车在车辆充电结束24h内进行碰撞试验。

5.3.1.2 正面碰撞试验的车辆准备

1. 一般要求

试验车辆能反映出该系列产品的特征，包括正常安装的所有装备，并应处于能够正常运行的状态。一些对车辆碰撞结果无明显影响的零件可以被等质量代替物代替。

2. 车辆质量

1）对于M_1类车辆，提交试验的车辆质量是整备质量。对于N_1类车辆，提交试验的车辆质量是其整备质量加上136kg，或是其额定载货量的质量㊀（取两者中较小的）作为配重。配重应均匀分布，牢固地安装在车辆的载货区域内。

2）混合动力电动汽车燃油箱应注入水，水的质量为制造厂规定的燃油满容量时燃油质量的90%，偏差±1%。

3）所有其他系统的液体（制动系、冷却系等）应排空，排出液体的质量予以补偿。

4）如果车载测量装置的质量超过25kg，可以通过减少一些对车辆碰撞试验结果无明显影响的零件来进行补偿。

5）车载测量装置对各轴轴荷的变化不得大于5%，每轴的变化不超过20kg。

㊀ 此质量在试验报告中需要标明。

3. 乘员舱的调整

(1) 转向盘位置

若转向盘可调，则应调节到制造厂规定的位置。如果制造厂没有规定，则应调节到可调范围的中间位置。在加速过程结束时，转向盘处于自由状态，且处于制造厂规定的车辆直线行驶时的位置。

(2) 玻璃

车辆上的活动玻璃应处于关闭位置。为便于试验测量，经制造厂同意，可以放下活动玻璃，但此时操纵手柄的位置相当于玻璃关闭时所处的位置。

(3) 变速杆

变速杆应处于空档位置。

(4) 踏板

踏板应处于正常的位置。若踏板可调，除非制造厂对该位置有特殊要求，则应放于中间位置。

(5) 车门

车门关闭但不锁止。

(6) 活动车顶

如果安装有活动车顶或可拆式车顶，它应处于应在位置并关闭。为便于试验测量，经制造厂同意，可以打开。

(7) 遮阳板

遮阳板应处于收起位置。

(8) 后视镜

内后视镜应处于正常的使用位置。

(9) 扶手

前后座椅扶手若可移动，则应处于放下位置，除非受到车内假人的限制。

(10) 头枕

高度可调节的头枕应处于最高位置。

(11) 座椅

1) 前排座椅位置。对于纵向可调节的座椅，应使“H”点位于行程的中间位置或者最接近于中间位置的锁止位置，并处于制造厂规定的高度位置（假如高度可以单独调节）。对于长条座椅，应以驾驶员位置的“H”点为基准，“H”点的相对位置见图5-1。当假人不能正确安放并且驾驶员座椅或前排乘客座椅的设计“H”点（X_1，Z_1）符合式（5-1）（即该点落在图5-1直线A的左侧区域内）时，允许对该座椅进行适当的调节，直到假人可以正确安放为止，以便使该设计“H”点位于图5-1中平面坐标系直线A的右侧且尽可能地接近直线A。

$$X < \frac{1670 - Z}{1.94} \tag{5-1}$$

式中 X——通过加速踏板表面设计中心并且垂直于车辆纵向中央平面的水平直线与设计“H”点间在前后方向上的水平距离，单位为毫米（mm）；

Z——通过加速踏板表面设计中心并且垂直于车辆纵向中央平面的水平直线与设计

"H"点间在上下方向上的垂直距离，单位为毫米（mm）。

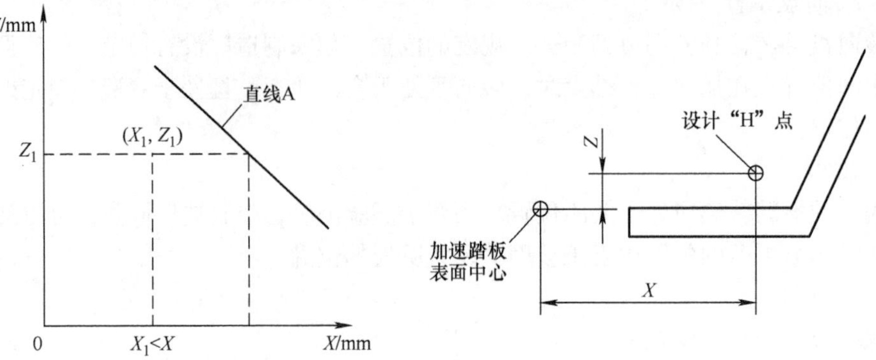

图5-1　"H"点相对位置

2）前排座椅靠背位置。如果可调，座椅靠背应调节到使假人躯干倾角尽量接近制造厂规定的正常使用角度，若制造厂没有规定，则应调节到从铅垂面向后倾斜25°角的位置。

3）后排座椅。如果可调，后排座椅或后排长条座椅应处于最后位置。

4. 假人

1）按照假人的布置要求，在每个前排外侧座椅上，安放一个符合要求的假人。假人应符合50% HybridⅢ假人技术要求及相应调整要求。

2）试验时，使用制造厂设置的约束系统。

5.3.1.3　侧面碰撞试验的车辆准备

1. 一般要求

试验车辆能反映出该系列产品的特征，包括正常安装的所有装备，并应处于能够正常运行的状态。一些对车辆碰撞结果无明显影响的零件可以被等质量代替物代替。

2. 车辆质量

1）试验车辆质量应为车辆的基准质量。其质量偏差应调整到其基准质量±1%的范围内。

2）混合动力电动汽车燃油箱应注入水。水的质量为制造厂规定的燃油满容量时燃油质量的90%，偏差±1%。

3）所有其他系统的液体（制动系、冷却系等）应排空，排出液体的质量予以补偿。

4）如果车载测量装置的质量超过25kg，可以通过减少一些对车辆碰撞结果无明显影响的零件来进行补偿。

5）车载测量装置对各轴轴荷的变化不得大于5%，每轴的变化不超过20kg。

3. 乘员舱的调整

1）车窗关闭，至少碰撞侧的车窗关闭。

2）车门关闭但不锁止。

3）变速杆处于空档位置，驻车制动器松开。

4）如果有座椅舒适性调整系统，则将其调整到车辆制造商给定的位置。

5）假人乘坐座椅及其零部件如果可调，则应调整到下述位置。

① 座椅前后位置应调整并尽可能锁止在最接近中间的位置。如果此位置正好在两个锁

止槽之间，则锁止在靠后的槽内。当假人不能正确安放并且驾驶员座椅或前排乘客座椅的设计“H”点（X_1，Z_1）符合式（5-1）（即该点落在图5-1直线A的左侧区域内）时，允许对该座椅进行适当的调节，直到假人可以正确安放为止，以便使该设计“H”点位于图5-1中平面坐标系直线A的右侧且尽可能地接近直线A。

② 头枕应调整到其上表面与假人头部重心在同一高度平面上，如果做不到，则将头枕调整到最高位置。

③ 座椅靠背应调整到使三维“H”点装置的躯干基准线向后倾斜25°±1°，制造商如有特殊规定可以除外。

④ 如果车上同时有可调整座椅和固定座椅，则所有可调整座椅的前后有效行程应调整到中点位置，高度应按照固定座椅的高度位置调整。如果调整行程的中间点没有锁止位置，应调整到此位置的下、后部锁止点或使用其外侧中点。对于旋转（倾斜）调整，应向后部调整同时带动假人头部向后移动。如果假人超出正常乘员乘坐空间，或头部顶到车顶，此时再次调整座椅靠背角或座椅前后位置，以保证假人头部与车顶留有10mm间隙。

6）除非制造商有特殊规定，其他前排座椅位置应调整到与假人乘坐座椅相同位置。

7）如果方向盘可调，应调整到行程的中间位置。

8）轮胎气压应调整到制造商规定的气压值。

9）试验车辆放置时应保证车轴处于水平，直到完成全部准备工作后安放上侧碰撞假人。

10）带有可调整离地间隙的悬架系统的车辆应调整到制造商规定50km/h车速正常行驶时的离地间隙进行试验。如果有需要，可以加辅助支撑来保证，但不得影响试验车碰撞性能。

4. 侧碰撞假人及其安放

1）侧碰撞假人应符合《汽车侧面碰撞的乘员保护》（GB 20071—2006）附录E或F，侧碰撞假人的技术规定及安放程序中的规定，并按照规定安放在碰撞侧前排座椅上。

2）假人佩戴该车型选用的安全带或其他约束系统。安全带及安全带固定点应符合《机动车乘员用安全带和约束系统》（GB 14166—2024）和《机动车乘员用安全带和约束系统安装固定点》（GB 14167—2024）的规定。

3）假人佩戴的安全带或约束系统应按制造商规定调整到适合假人佩戴；如果制造商没有规定，则高度方向上应调整到中间位置，如无法做到，应调整到最接近的中间位置偏下位置。

5.3.1.4　后面碰撞试验的车辆准备

1. 混合动力汽车燃油装置

1）燃油箱应符合GB 18296的要求。

2）燃油装置各部件应被车身或车架部件适当地保护起来，以防止与地面障碍物发生接触。如果这些部件位于车辆下部，离地高度比在其前部的车身或车架部件离地高度大，可以不要求保护。

3）燃油装置管路及其他部件装在车辆尽可能安全的位置。扭转和弯曲运动、车辆结构或传动装置的振动，不能引起燃油装置各部件产生摩擦、挤压或其他任何不正常受力。

4）软管与燃油装置刚性部件间连接件的设计和构造，应保证其在车辆各种使用条件下，无论是扭转和弯曲运动，还是车辆结构或传动装置的振动，均能保证密封。

5）如果加油口位于车辆的侧面，燃油箱盖处于关闭状态时，不应凸出邻近的车身外表面。

2. 电路系统

1）除布置在空心元件中的电线外，其他的电线均应固定在其途经的车辆构件、车身壁或隔板上，在其穿过车身壁或隔板处应予以保护，以防止绝缘层受损。

2）电路系统的设计、构造和安装应保证其元件裸露处耐腐蚀。

3. 试验车辆状态

1）试验车辆应装备计入车辆整备质量中的所有正常安装的部件和设备，并且装备涉及防火性能的部件和设备。

2）向燃油箱加注至少满容量90%的燃料或其密度和黏度与正常使用燃油相近的非可燃液体，其他系统（如制动液罐、散热器等）可以排空。

3）变速器可不处于空档位置，驻车制动器可处于制动状态。

4. 偏离限制

若制造厂要求，允许下述偏离。

1）负责进行该项试验的检验机构，可以使用已进行过其他（包括影响其结构的）试验的同一辆试验车进行本标准所规定的试验。

2）允许车辆的质量适当增加，但不超过其整备质量的10%，附加的质量应牢固地固定在结构件上，试验中不能影响乘员舱的结构性能。

5.3.2 碰撞试验

本部分车辆正面碰撞试验形式和试验方法按照 GB 11551（现行标准为 GB 11551—2014）的相关规定进行；车辆侧面碰撞试验形式和试验方法按照 GB 20071（现行标准为 GB 20071—2006）的相关规定进行；车辆后面碰撞试验形式和试验方法按照 GB 20072（现行标准为 GB 20072—2024）的相关规定进行。

5.3.2.1 正面碰撞试验

1. 试验场地和设施

（1）试验场地

试验场地应足够大，以容纳跑道、壁障和试验必需的技术设施。在壁障前至少5m的跑道应水平、平坦和光滑。

（2）壁障

壁障由钢筋混凝土制成，前部宽度不小于3m，高度不小于1.5m。壁障厚度应保证其质量不低于7×10^4kg。壁障前表面应铅垂，其法线应与车辆直线行驶方向成0°夹角，且壁障表面应覆以20mm±1mm厚、状态良好的胶合板，如图5-2所示。如果有必要，应使用辅助定位装置将壁障固定在地面上，以限制其位移。

（3）壁障的定位

壁障的方位应使碰撞角为0°，如图5-2所示。

2. 车辆的驱动

1）车辆不应靠自身动力驱动。

2）在碰撞瞬间，车辆应不再承受任何附加转向或驱动装置的作用。

3）车辆到达壁障的路线在横向任一方向距离理论轨迹均不应超过150mm。

3. 试验速度

在碰撞间，车辆速度应为$50_{-2}^{\ 0}$km/h。如果试验在更高的碰撞速度下进行并且车辆符合要求，也认为试验合格。

4. 特殊要求

1）在试验过程中，车门不得开启。

2）在试验过程中，前门的锁止系统不得发生锁止。

3）碰撞试验后，除支持假人质量的必要的工具之外，不使用其他工具。应能：

① 对应于每排座位，若有门，至少有一个门能打开。如果没有门，移动座椅或改变座椅靠背位置使得所有乘员能够撤离（本要求仅适用于硬顶结构的车辆）。

② 将假人从约束系统中解脱时，如果发生了锁止，通过在松脱装置上施加不超过60N的压力，该约束系统应能被打开。

③ 不调整座椅，从车辆中完好地取出假人。

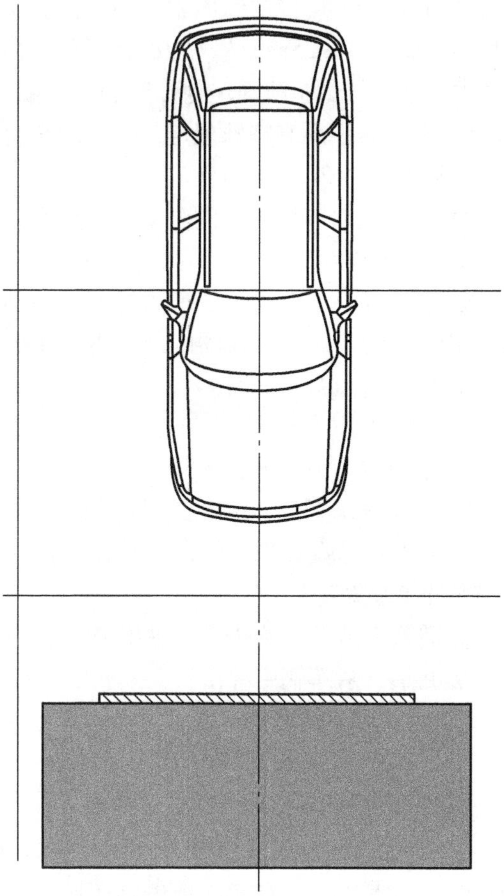
图5-2　带胶合板的0°壁障

4）在碰撞过程中，燃油供给系统不应发生泄漏。

5）碰撞试验后，若燃油供给系统存在液体连续泄漏，则在碰撞后前5min平均泄漏速率不得大于30g/min；如果来自燃油供给系统的液体与来自其他系统的液体混合，且不同的液体不容易分离和辨认，则在评定连续泄漏时，收集到的所有液体都应计入。

5.3.2.2　侧面碰撞试验

试验应在驾驶员侧进行，若车辆侧面结构不对称且差异影响到侧碰撞性能时，由车辆制造商和检测机构协商进行试验。如碰撞试验在驾驶员侧进行，车辆制造商应向主管部门提交与驾驶员侧性能一致的资料；如因车辆结构特性的原因，试验可以在驾驶员侧对面侧进行，但需要主管部门明确授权。

1. 试验场地

试验场地应足够大，以容纳移动变形壁障驱动系统、被撞车碰撞后的移动和试验设备的安装。车辆发生碰撞和移动的场地地面应水平、平整、干燥和干净。

2. 试验条件

1）试验车辆应保持静止。

2）移动变形壁障应满足规定的特性。

3）移动变形壁障的纵向中垂面轨迹应垂直于被撞车辆的纵向中垂面。

4）移动变形壁障的纵向中垂面与试验车辆上通过碰撞侧前排座椅“R”点的横断垂面之间的距离应在 ±25mm 内。在碰撞瞬间，应确保由变形壁障前表面上边缘和下边缘限定的水平中间平面与试验前确定的位置的上下偏差在 ±25mm 内。

5）除非本标准有特殊规定，仪器应符合《道路车辆　冲击试验中的测量技术　仪器仪表》（ISO 6487：2015）的规定。

6）侧碰撞时试验假人的温度应稳定在 22℃ ±4℃之间。

3. 试验速度

在碰撞瞬间，移动变形壁障的速度应为 50km/h ± 1km/h，并且该速度至少在碰撞前 0.5m 内保持稳定。测量仪器的准确度为 1%。如果试验在更高的碰撞速度下进行，且车辆符合技术要求，也认为合格。

4. 特殊要求

1）在试验过程中车门不得开启。

2）碰撞试验后，不使用工具应能：

① 打开足够数量的车门，使乘员能正常进出。必要时可倾斜座椅靠背或座椅，以保证所有乘员能够撤离。

② 将假人从约束系统中解脱出来。

③ 将假人从车辆中移出。

3）所有内部构件在脱落时均不得产生锋利的凸出物或锯齿边，以防止增加伤害乘员的可能性。

4）在不增加乘员受伤危险的情况下，允许出现因永久变形产生的脱落。

5）在碰撞试验后，如果燃油供给系统出现液体连续泄漏，其泄漏速度不得超过 30g/min；如果燃油供给系统泄漏的液体与其他系统泄漏的液体混合，且不同的液体不容易分离和辨认，则在评定连续泄漏的泄漏速度时计入所有收集到的液体。

5. 移动变形壁障

1）移动变形壁障由碰撞块和移动车组成，总质量为 950kg ±20kg，其重心在纵向中垂面 10mm 内，距前轴 1000mm ±30mm，距地面 500mm ±30mm；碰撞块前表面与壁障重心距离为 2000mm ±30mm；在碰撞前静止状态下，碰撞块前表面下边缘离地间隙为 300mm ±5mm。

2）移动车的前、后轮距为 1500mm ±10mm，轴距为 3000mm ±10mm。

3）碰撞块由 6 个独立的蜂窝状铝块、两个前铝面板和一个后铝面板组成，其形式和位置如图 5-3 所示。蜂窝状铝块（以下简称蜂窝铝块）必须经过处理，使其随着变形的增大，冲击力的大小逐渐增加。这些处理过的蜂窝材料应进行清洁以清除蜂窝铝块成型时遗留的残渣，蜂窝铝的质量变化不应超过该批蜂窝铝块平均质量的 5%。每批处理过的蜂窝铝块单元均需要取出一个样品进行静态试验，每生产 100 个蜂窝铝块，制造商应使用固定在刚性壁障上的测力墙做一次动态试验。

碰撞块分上下两组，下面一组高 250mm ±3mm，厚 500mm ±2mm；下面一组比上面一组厚 60mm ±2mm。碰撞块上组的蜂窝单元采用 3003 铝，下组的蜂窝单元采用 5052 铝。

蜂窝铝块的蜂窝单元尺寸为 19mm ±1.9mm，长宽方向按图 5-4 的定义，长为 500mm ±5mm，宽为 250mm ±3mm。蜂窝铝块必须分别按图 5-4 规定的 6 个区域布置，且每块（包括不完整蜂窝单元）应完全充满每个区域。

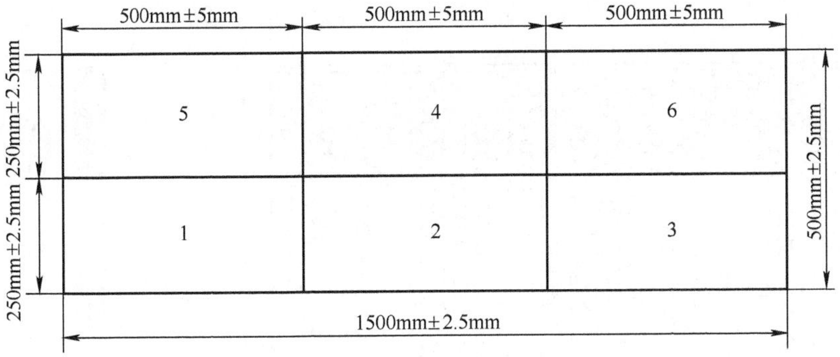

a) 正面

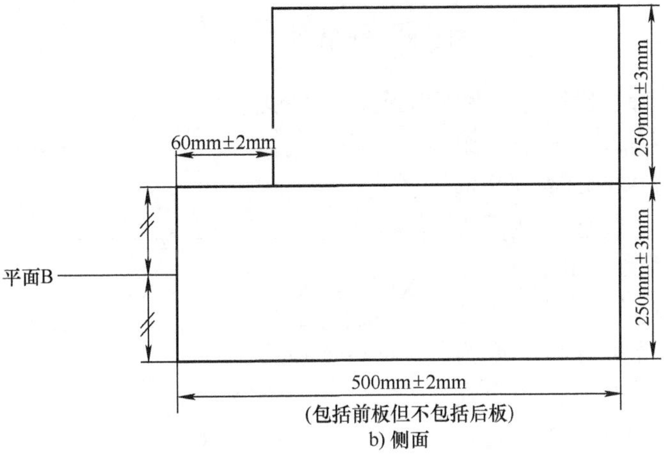

b) 侧面

图 5-3 碰撞块的尺寸

4）前面板由 $AlMg_2$ 到 $AlMg_3$ 系列的铝合金制造，延伸率≥12%，极限拉伸强度≥175N/mm²。前面板宽 1500mm ± 1mm，高 250mm ± 1mm，厚度是 0.5mm ± 0.06mm。组装后，碰撞块（见图 5-3）的整体尺寸是：宽 1500mm ± 2.5mm 和高 500mm ± 2.5mm，下组前面板的上边缘和上组前面板的下边缘排列对齐在 4mm 之内。

带前板的蜂窝铝块的前表面必须进行预压紧。试验前，蜂窝铝块 1、2 和 3 的前表面预压缩 10mm ± 2mm，使其厚度达到 500mm ± 2mm；蜂窝铝块 4、5 和 6 的前表面预压缩 10mm ± 2mm，使其厚度达到 440mm ± 2mm。

5）背面面板是由 3mm 厚铝合金板组成的，其材质为 $AlMg_2$ 到 $AlMg_3$，硬度在 50 ~ 65HBW 之间，其几何特性应满足图 5-5 的要求。

背面面板上有小孔用于通风，其位置、直径

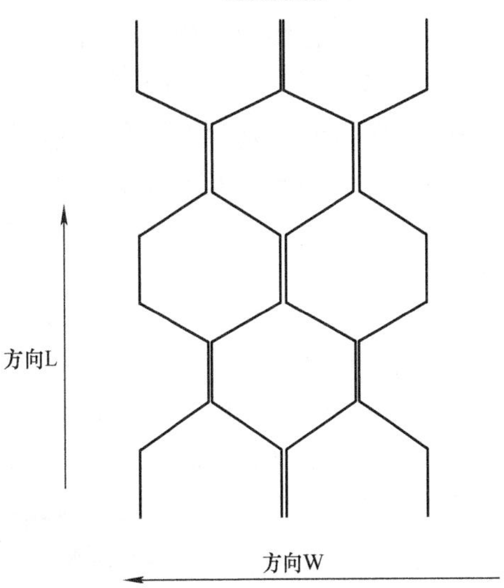

图 5-4 蜂窝铝块的膨胀方向

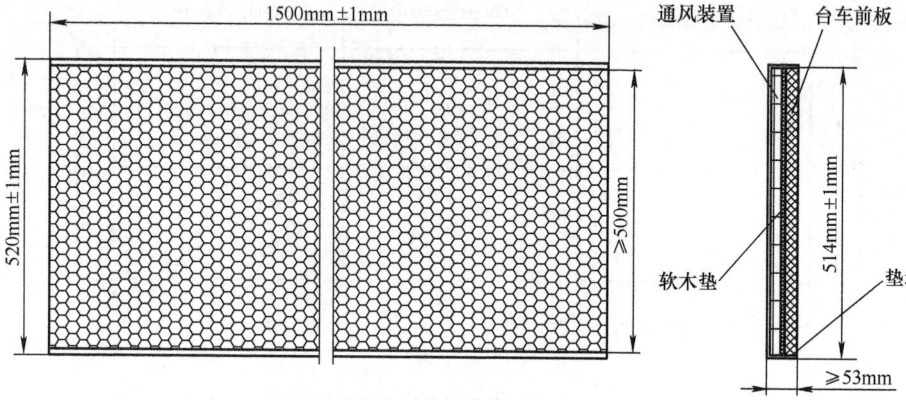

图 5-5　背面面板

和排列如图 5-6 所示，蜂窝铝块位于背面面板穿孔区的中心。

前面板和背面面板使用一种有双组分的聚亚安酯（例如有 XB 5304 硬化剂的 Ciba Geigy XB 5090-1 树脂）或同等物作为黏合剂，粘贴在蜂窝状铝块上。前面板以不超过 0.5kg/m^{2}的方式将黏合剂均匀地施于其上，最大薄膜厚度为 0.5mm。对于背面面板的最小的黏合强度是 0.6MPa（87psi），并依照美国材料试验学会（ASTM）C297-6 的规定，采用平面拉伸测试法对背面面板的黏合强度进行测试。

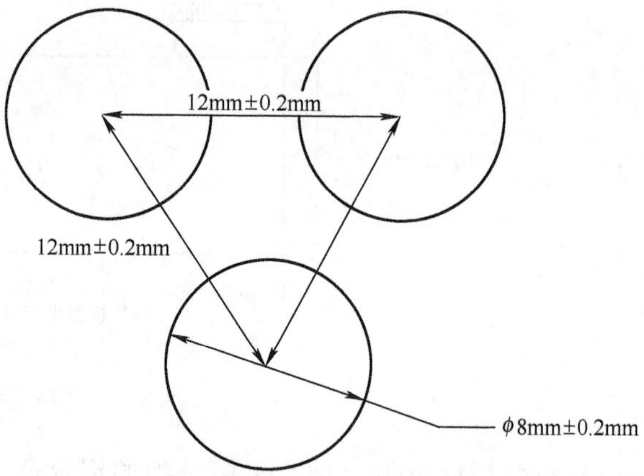

图 5-6　背面面板通风孔的排列间距

6）碰撞块必须按照图 5-7 所示在移动车上固定，固定时使用 6 个 M8 螺栓，在移动车车轮的前面不能大于壁障的整体尺寸。在下层背面面板法兰和移动车面之间可加适当的垫片，以避免安装螺栓紧固时背板弯曲。

碰撞块应刻印有连续的序列号，用蚀刻或其他永久保存方法刻上，注明每个物块的批次和生产日期。

7）通风装置由 5mm 厚、20mm 宽的板条构成，每个垂直方向的板条上开有 9 个直径 8mm 的通风孔，几何特性见图 5-8。

通风装置的安装如图 5-8 所示。

移动车和通风装置之间的界面应坚硬平坦，在没有安装软木衬垫板时，确保 0.5mm 厚的标准塞尺不能在任何一点插入到通风装置和移动车表面之间。如果出现大于 0.5mm 的缝隙，则通风装置框架需要更换或调整，使其缝隙不大于 0.5mm。

达到上述要求后，在移动车与通风装置之间固定一个 1.0mm 厚的软木衬垫板，并紧固到无缝隙的程度。

8）移动变形壁障上装有适当装置，用以避免与试验车发生二次碰撞。

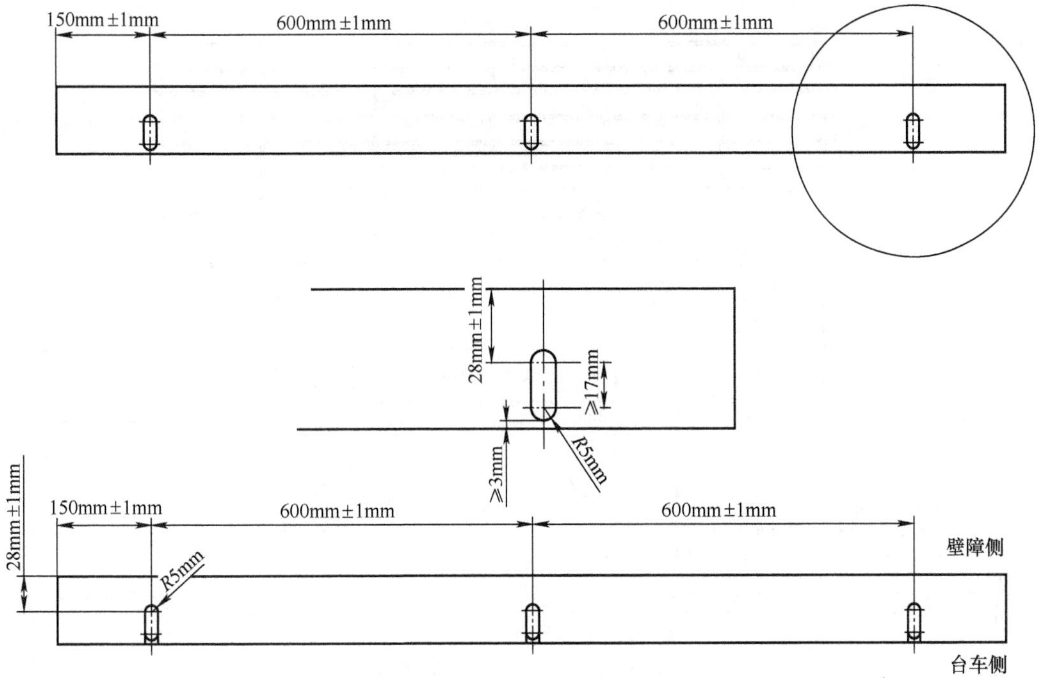

图 5-7　背面面板法兰的顶部和底部结构

6. 蜂窝铝块的静态试验

从一批处理过的蜂窝铝块中提取一个样品或几个样品，依照下述实验步骤进行静态测试。

1）用于静态测试的蜂窝铝块的尺寸应是碰撞块的正常尺寸，即顶层 250mm×500mm×440mm，底层 250mm×500mm×500mm。

2）样品在两个平行加载板之间压缩，加载板至少超过蜂窝铝块截面边缘 20mm。

3）压缩速度为 100mm/min，误差为 5%。

4）静态压缩数据采样频率最小为 5Hz。

5）持续进行静态试验直到蜂窝铝块 4、5、6 压缩为 300mm，蜂窝铝块 1、2、3 压缩为 350mm。

处理后的蜂窝铝块进行静态压紧时，其力-变形曲线应在图 5-9 中规定的曲线区域内。每块蜂窝铝定义有各自的力-变形曲线区域。

7. 蜂窝铝块的动态试验

每生产 100 个蜂窝铝块，制造商应使用固定在刚性壁障上的测力墙做一次动态试验，试验方法如下。

（1）试验场地

试验场地应足够大，以容纳移动变形壁障的跑道、固定壁障和试验必需的设备，在跑道的最后部分刚性壁障前至少有 5m 的水平、光滑路面。

（2）固定刚性壁障和测力墙

刚性壁障由钢筋混凝土构成，前面宽度不得小于 3m，高度不得低于 1.5m，其厚度应保

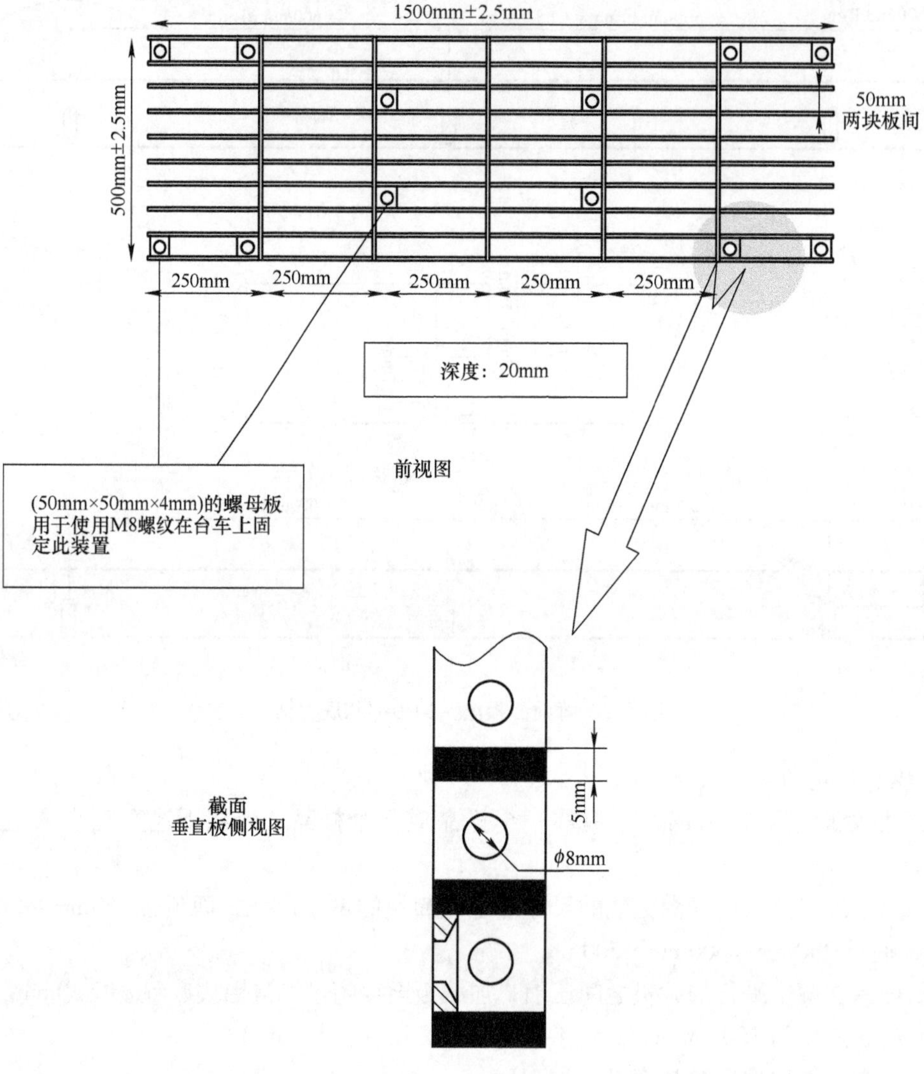

图 5-8　通风装置

证其重量不低于 70t。

刚性壁障前平面应垂直、正交于跑道中轴线，表面装有载荷传感器，用以测量碰撞瞬间移动变形壁障上每个铝块的载荷。碰撞平板中心应同所选择的移动变形壁障中心重合，它们的边缘相距 20mm。传感器的安装和平板表面应满足 ISO 6487 的附件的规定。当装有表面保护装置时，该装置由胶合板组成（厚 12mm ± 1mm），表面保护装置加在每个载荷传感器板上，以保证不会降低传感器的灵敏度。

刚性壁障可固定在地面上或放置在地面上，但要用附加固定装置固定。当刚性壁障上的载荷传感器的特性不同时，如果能得到同样的结果，也可以使用。

（3）移动变形壁障

移动变形壁障由碰撞块和移动车组成，总质量为 950kg ± 20kg，其重心在纵向中垂面 10mm 内，距前轴 1000mm ± 30mm，距地面 500 mm ± 30mm；碰撞块前表面与壁障重心距离为 2000mm ± 30mm；碰撞前静止状态下，碰撞块前表面下边缘离地间隙为 300mm ± 5mm。

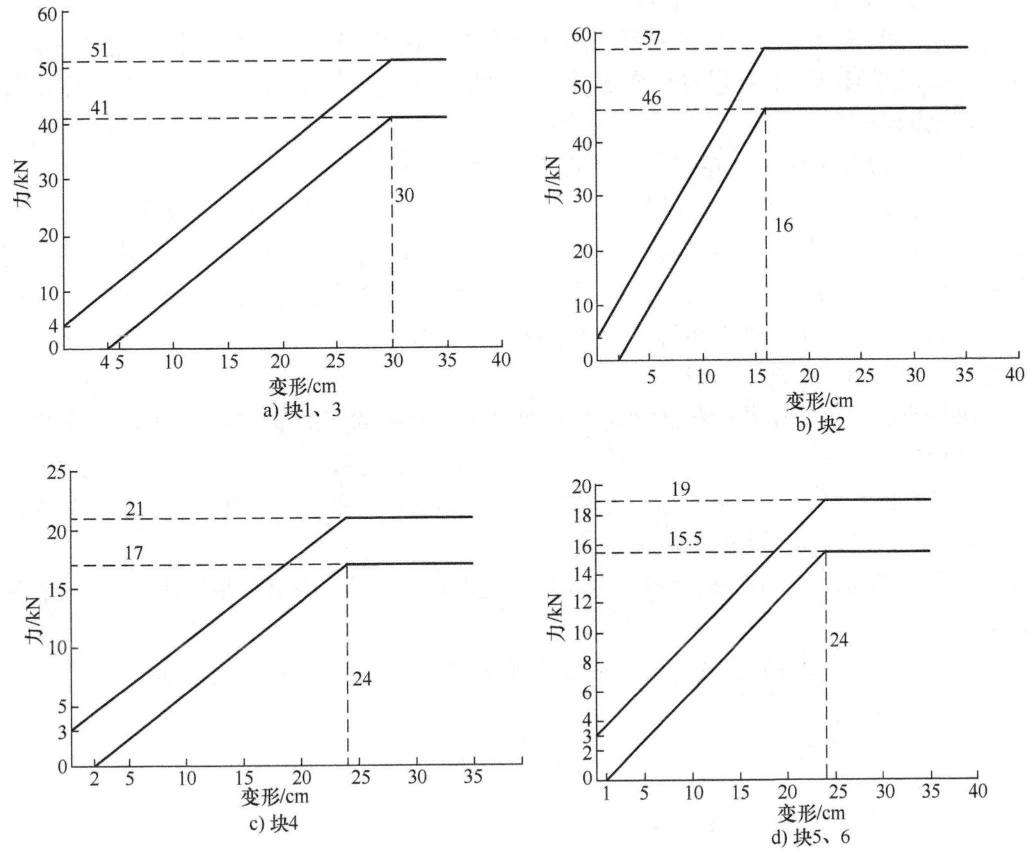

图 5-9　静态试验的力-变形曲线图

在碰撞瞬间，移动变形壁障不应受到转向和驱动装置的作用。它应与壁障垂直碰撞，碰撞位置对准精度在 10mm 内。

（4）测量装置要求

碰撞速度为 35km/h ±2km/h，测量装置精度为 1%。

载荷测量装置应满足 ISO 6487 的要求：各块 CFC，60Hz；第 1 和第 3 部分的 CAC，200kN；第 4、第 5 和第 6 部分的 CAC，100kN；第 2 部分的 CAC，200kN。

纵向加速度应在移动车纵向上 3 个不同的位置进行测量，一个在中央，两侧各一个，位于不被弯曲的位置；中心加速度传感器位于移动变形壁障重心 500mm 之内，且处于距移动变形壁障重心在 ±10mm 距离之内的纵向垂直平面内；侧边加速度传感器安装高度相差 ±10mm，距离移动变形壁障前面的距离相差不超过 ±20mm。

加速度测量装置应满足 ISO 6487 的要求：CFC，1000Hz（积分前）；CAC，50g。

（5）数据处理

原始数据：在时间 $T=T_0$时，消除数据中所有的偏差。消除偏差的方法记录在试验报告中。

1）滤波。原始数据在处理/计算之前要滤波。加速度传感器用于积分的数据的滤波等级为 CFC 180、ISO 6487；加速度传感器用于脉冲计算的数据的滤波等级为 CFC 60、ISO 6487；载荷传感器数据的滤波等级为 CFC 60、ISO 6487。

2）移动变形壁障表面变形量的计算。

① 将来自所有3个加速度传感器的加速度数据（在经 CFC 180 滤波后），经过两次积分以获得碰撞块变形单元的变形量。变形量的最初条件：速度为冲击速度（来自速度测量装置），变形为0。

② 绘出移动变形壁障的左、中、右的变形-时间曲线。

3个加速度传感器计算的变形量的最大偏差应在10mm之内，否则应去除超出范围者，以确保剩余两个加速度传感器计算的变形的差值在10mm之内；如果左、右、中部加速度传感器所测量的变形均在10mm之内，则用3个加速度传感器的平均加速度值计算壁障表面的变形量；如果只有2个加速度传感器的变形在10mm内，那么就用这2个加速度传感器的平均加速值计算壁障表面的变形量。

如果从所有3个加速器传感器（左、右和中间）计算的变形量均不在10mm范围内，则对原始数据进行审查，以确定造成如此大变化的原因。在这种情况下，试验室将决定哪一个加速度传感器的数据可用来确定移动变形壁障的变形量；如果没有可使用的传感器数据，则试验必须重做，并在试验报告中给出完整的解释。

平均变形量-时间数据和载荷壁的力-时间数据联合使用，得出每块铝块的力-变形量数据结果。

3）能量的计算。每块铝块和整个移动变形壁障表面吸收的能量 E_n 应该是计算到碰撞块变形量的峰值点：

$$E_n = \int_{t_0}^{t_1} F_n \cdot ds_{mean} \tag{5-2}$$

式中 t_0——开始接触的时刻；

t_1——移动车停止的时刻，也就是速度为0；

F_n——碰撞块产生变形时所受的力；

s_{mean}——碰撞块变形的变形量。

4）动态力值的确认。

① 将接触期间全部力的积分计算出的总冲量 I 与动量变化（$M\times\Delta V$）的变化进行比较。

② 将总能量的变化和移动变形壁障动能 E_k 的变化进行比较。E_k 为

$$E_k = \frac{1}{2}MV_i^2 \tag{5-3}$$

式中 V_i——冲击速度；

M——整个移动变形壁障质量。

如果动量变化（$M\times\Delta V$）超过总冲量（I）的 ±5%，或吸收的总能量（ΣE_n）超过动能 E_k 的 ±5%，则必须检查实验数据，以确定产生该错误的原因。

（6）试验结果的判定。

1）在同时满足下述情况下，允许其变形特性偏离出图5-10中的规定碰撞块刚度特性的力-变形区域界限。

① 在碰撞刚刚开始且碰撞块开始变形150mm内时的偏离。

② 偏离不超过其最接近瞬时对应的界限限值的50%。

③ 每一偏离对应的一个位移不超过35mm变形，这些位移的总和不超过70mm（见图5-10）。

④ 偏离出界限限值的总能量不超过该块能量的5%。

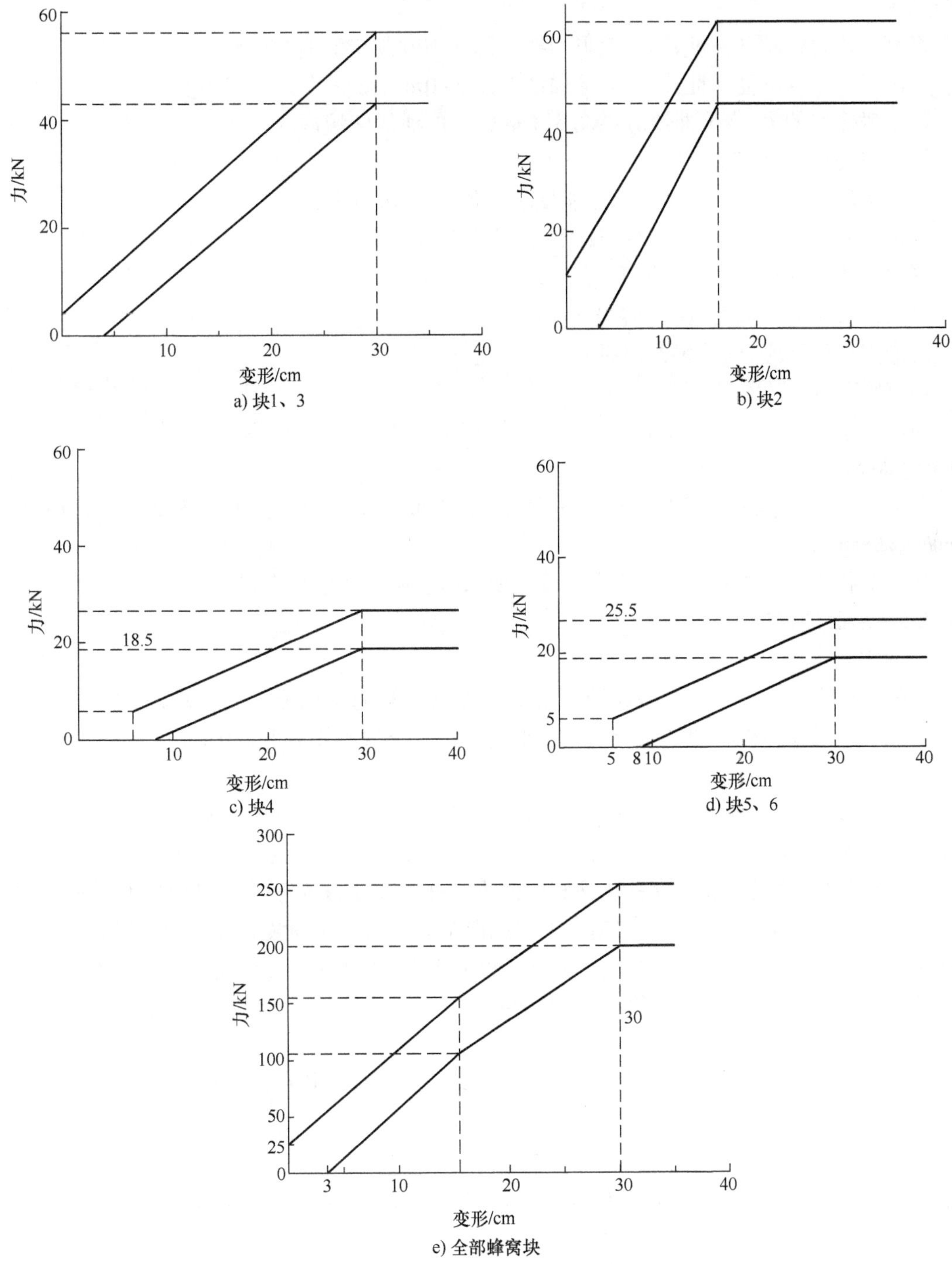

图 5-10　动态试验的力-变形曲线图

2）各蜂窝铝块的刚度特性。

蜂窝铝块 1 和蜂窝铝块 3 是相同的，它们的刚度保证其力-变形曲线在图 5-10a 规定的曲线区域内。

蜂窝铝块 5 和蜂窝铝块 6 是相同的，它们的刚度保证其力-变形曲线在图 5-10d 规定的曲线区域内。

蜂窝铝块 2 的刚度保证其力-变形曲线在图 5-10b 规定的曲线区域内。

蜂窝铝块 4 的刚度保证其力-变形曲线在图 5-10c 规定的曲线区域内。

整个碰撞块的力-变形曲线应在图 5-10e 规定的曲线区域内。

3）各蜂窝铝块的耗散能量。

蜂窝铝块 1 和蜂窝铝块 3 的耗散能量应为各块 9.5kJ ±2kJ。

蜂窝铝块 5 和蜂窝铝块 6 的耗散能量应为各块 3.5kJ ±1kJ。

蜂窝铝块 2 的耗散能量应为 15kJ ±2kJ。

蜂窝铝块 4 的耗散能量应为 4kJ ±1kJ。

碰撞中总耗散能量为 45kJ ±3kJ。

4）碰撞块的变形。

通过对加速度传感器数据积分计算，碰撞块从开始接触算起的最大变形量应为 330mm ±20mm。

动态试验后，碰撞块残留的最后静态变形量在高度 B 平面（图 5-3）处应等于 310mm ±20mm。

当 6 个载荷传感器的输出信号满足以上要求时，则该碰撞块合格。

5.3.2.3　后面碰撞试验

1. 试验场地

试验场地应足够大，以容纳碰撞装置驱动系统、被撞车辆碰撞后移动及试验设备的安装。车辆发生碰撞和移动的场地应水平、平整，路面摩擦系数不小于 0.5。

2. 碰撞装置

1）碰撞装置为一种刚性的钢制结构。碰撞装置表面应为平面，宽度不小于 2500mm，高度不小于 800mm，其棱边圆角半径为 40 ~ 50mm，表面装有厚度为 20mm 的胶合板。

2）碰撞时应满足下述要求：碰撞表面铅垂，并垂直于被撞车辆的纵向中心平面；碰撞装置移动方向应水平，并平行于被撞车辆的纵向中心平面；碰撞装置表面中垂线和被撞车辆的纵向中心平面间横向偏差不大于 300mm，并且碰撞表面宽度必须超过被撞车辆的宽度；碰撞表面下边缘离地高度应为 175mm ±25mm。

3. 碰撞装置的驱动形式

碰撞装置既可以固定在移动车上（移动壁障），也可以是摆锤的一部分。

4. 使用移动壁障碰撞

1）如果碰撞装置用约束元件固定于移动车（移动壁障）上，则约束元件一定是刚性的，且不能因碰撞而产生变形，在碰撞瞬间移动车能与牵引装置脱离而能自由移动。

2）碰撞速度为（50 ±2）km/h。

3）移动车和碰撞装置总质量为（1100 ±20）kg。

5. 使用摆锤碰撞

1）碰撞装置的碰撞表面中心与摆锤旋转轴线间距离不小于 5m。

2）碰撞装置须牢固地固定在刚性臂上并通过刚性臂自由地悬挂，摆锤结构不能因碰撞而变形。

3）摆锤装有制动器，以防止摆锤二次碰撞试验车。

4）摆锤撞击中心在碰撞瞬间速度为（50±2）km/h。

5）摆锤撞击中心的转换质量“m_r”与总质量“m”、撞击中心与旋转轴间距离“a”和系统重心与旋转轴距离“l”之间关系如下：

$$m_r = m\frac{l}{a} \tag{5-4}$$

6）转换质量 m_r应为（1100±20）kg

如果碰撞速度大于移动壁障碰撞和摆锤碰撞中规定的速度，和（或）碰撞装置的质量大于移动壁障和摆锤转换质量，且车辆符合标准的要求，则应认为该试验有效。

5.3.3 碰撞后电安全要求检查与试验

5.3.3.1 电压测量方法

在碰撞测试之后，确定高压母线的电压（V_b、V_1、V_2），如图5-11所示。电压测量应在碰撞之后5~60s之间进行，取最小电压值。

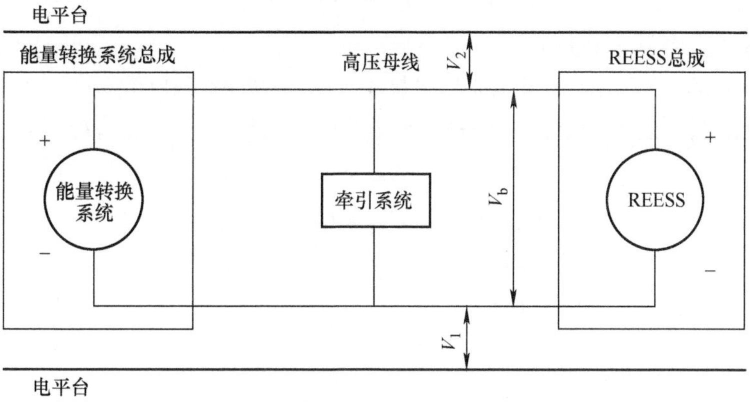

图5-11　高压母线电压测量

在车辆的REESS与电力系统负载主动断开的情况下，电力系统负载不适用本程序。

5.3.3.2 电能测量方法

在碰撞之前，开关S_1和一个已知的放电电阻R_e并联连接到相关的电容（图5-12）。在碰撞之后5~60s之间，开关S_1闭合，同时测量并记录电压V_b和电流I_e。电压V_b和电流I_e的乘积应与这段时间进行积分（从开关S_1闭合的时间t_c至电压V_b降低到高压阈值60V直流的时间t_h），所得到的积分等于总能量TE，见式（5-5）：

$$\mathrm{TE} = \int_{t_c}^{t_h} V_b \times I_e \mathrm{d}t \tag{5-5}$$

式中　TE——电容总能量（J）；

V_b——电源高压母线之间的电压（V）；

I_e——通过R_e的电流（A）；

t_c——开关S_1闭合的时间（s）；

t_h——电压U降低到高压阈值60V直流的时间（s）。

在碰撞后5~60s之间的一个时间点测量V_b，并且X-电容器（C_x）的电容是由制造商

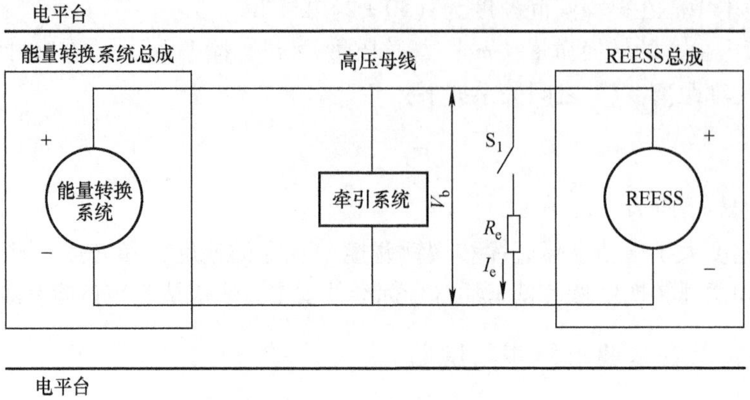

图 5-12　电能测量

规定时，应按式（5-6）计算总能量 TE：

$$TE = 0.5 \times C_x \times (V_b^2 - 3600) \tag{5-6}$$

式中　C_x——X—电容器参数（F）。

在碰撞后 5 ~ 60s 之间的一个时间点测量 V_1、V_2（见图 5-11），并且 Y-电容器（C_{Y1}，C_{Y2}）的电容是由制造商规定时，应按式（5-7）和式（5-8）分别计算总能量 TE_{Y1}、TE_{Y2}：

$$TE_{Y1} = 0.5 \times C_{Y1} \times (V_1^2 - 3600) \tag{5-7}$$

$$TE_{Y2} = 0.5 \times C_{Y2} \times (V_2^2 - 3600) \tag{5-8}$$

式中　TE_{Y1}——Y1 电容器能量（J）；

TE_{Y2}——Y2 电容器能量（J）；

C_{Y1}——Y1 电容器参数（F）；

C_{Y2}——Y2 电容器参数（F）；

V_1——电源正极高压母线与电平台之间的电压（V）；

V_2——电源负极高压母线与电平台之间的电压（V）。

在车辆的 REESS 与电力系统负载主动断开的情况下，电力系统负载不适用本条款。

5.3.3.3　物理防护试验方法

在进行车辆碰撞测试之后，不使用工具打开、拆卸或拆除高压部件周围的任何部件，周围所有余下的部件应被视为人体保护的一部分。

用 GB 4208 定义的关节试验试指（IPXXB）（图 5-13）插入物理防护的任何缺口或开口，所用的测试力为 10N ± 1N。如果关节测试指部分或全部进入物理防护部分，则关节测试指应安放在下面规定的每个位置。

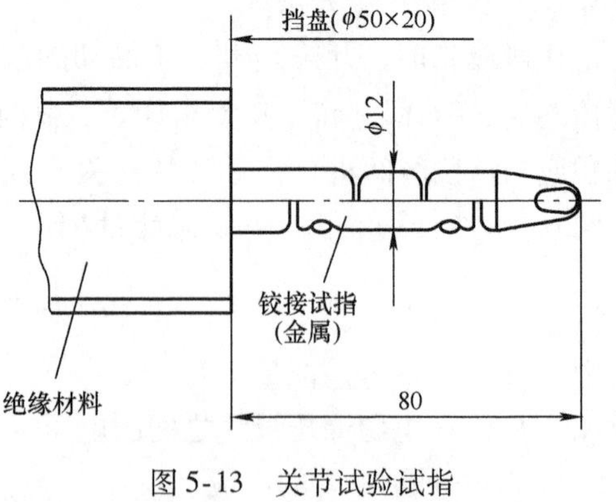

图 5-13　关节试验试指

从直线位置开始，测试指的两个关节应逐步旋转，直至相对于测试指相邻截面的轴线最大角度为 90°，并应安放在每个可能位置。内部屏障被视为是外壳的一部分。

可用一面镜子或纤维镜来检查关节测试指是否接触高压母线，也可通过低压信号电路检查关节测试指是否接触高压带电部件。

如果 IPXXB 测试指不能与高压带电部位接触，则认为符合要求。

5.3.3.4 绝缘电阻测量方法

高压母线与电平台之间的绝缘电阻可通过使用内部直流电压源（连接直流电路两极）的测量方法进行测量与计算相结合得出，或使用外部直流电压源（连接 B 级电路与电平台）的测量方法得出结果。

1. 使用内部直流电压源（连接直流电路两极）的测量方法

通过车辆本身 REESS 或能量转换系统或其他电源连通 B 级电路，该电压等级应在车辆制造商指定的正常运行工作电压范围内。如果碰撞过程中 REESS 或能量转换系统或其他电源与 B 级电路自动断开，测量绝缘电阻时可重新将其连接，或可使用外部电压源连接至 B 级电路。外部电压源应至少提供与 REESS 或能量转换系统或其他电压源水平相同的电压。

测量步骤如下。

1）测量并记录高压母线的负极侧与正极侧之间的电压（V_b），如图 5-11 所示。

2）测量和记录高压母线的负极侧与电平台之间的电压（V_1），如图 5-11 所示。

3）测量和记录高压母线的正极侧与电平台之间的电压（V_2），如图 5-11 所示。

如果 V_1 大于或等于 V_2，在高压母线的负极侧与电平台之间插入一个已知的标准电阻（R_0）。安装 R_0 之后，测量高压母线的负极侧与车辆电平台之间的电压（V_1'），如图 5-14 所示。

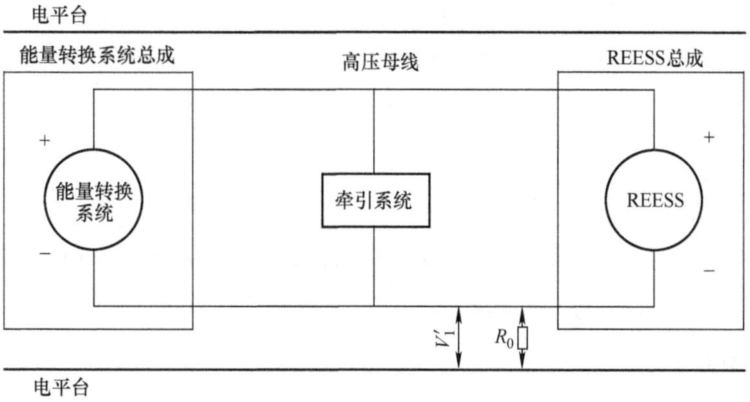

图 5-14 内部直流电压源（连接直流电路两极）的测量方法（一）

根据式（5-9）计算绝缘电阻（R_i）：

$$R_i = R_0 \times (V_b/V_1' - V_b/V_1) \text{ 或 } R_i = R_0 \times V_b(1/V_1' - 1/V_1) \tag{5-9}$$

如果 V_2 大于或等于 V_1，在高压母线的正极侧与电平台之间插入一个已知的标准电阻（R_0）。安装 R_0 之后，测量高压母线的正极侧与车辆电平台之间的电压（V_2'），如图 5-15 所示。

根据式（5-10）计算绝缘电阻（R_i）：

$$R_i = R_0 \times (V_b/V_2' - V_b/V_2) \text{ 或 } R_i = R_0 \times V_b(1/V_2' - 1/V_2) \tag{5-10}$$

将结果 R_i（电气绝缘电阻值，单位为 Ω）除以高压母线的工作电压（单位为 V，所得结果应满足 GB/T 31498—2021《电动汽车碰撞后安全要求》4.2.5 的要求）：

$$R(\Omega/V) = R_i(\Omega)/\text{工作电压}(V)$$

已知的标准电阻 R_0（单位为 Ω）等于所要求绝缘电阻的最小值（单位为 Ω/V）乘以车辆的工作电压（单位为 V），但允许 ±20% 的浮动。R_0 的阻值对绝缘电阻的计算没有影响，

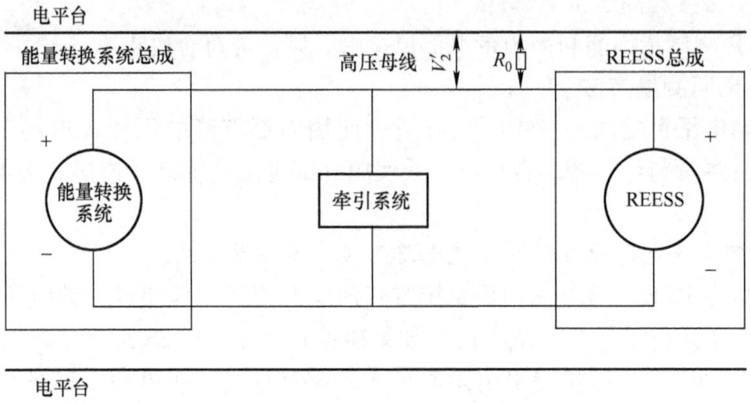

图5-15　内部直流电压源（连接直流电路两极）的测量方法（二）

只是该范围内的 R_0 的阻值使得电压的测量结果更精确。

2. 使用外部直流电压源（连接B级电路与电平台）的测量方法

测试电压应是不小于B级电力系统最大工作电压的直流电压，施加该电压于带电部件和电平台之间足够长的时间以获取稳定读数。如果系统有几个不同电压等级的带电部件（如包含升压转换器），可施加各自的最大工作电压来进行绝缘电阻的测量。

使用合适的设备进行测量（如兆欧表）。

将测试结果 R_i（电气绝缘电阻值，单位为Ω）除以高压母线的工作电压（单位为V）：

$$R(\Omega/\mathrm{V}) = R_i(\Omega)/\text{工作电压}(\mathrm{V})$$

5.4　安全技术要求

按GB 11551、GB 20071完成车辆准备、碰撞试验后，车辆包括REESS的动力用高压系统及与动力用高压系统传导连接的高压部件应同时符合下列要求。

5.4.1　防触电保护

5.4.1.1　电压

按照电压测量方法规定的测试方法，高压母线的电压 V_b、V_1 和 V_2 不大于30V交流或60V直流。

5.4.1.2　电能

高压母线上的总电能TE应小于0.2J。

TE可通过以下两种方式之一得到，一种是按照式（5-6）所对应的测试程序进行电能测量，测得总电能TE。另一种是按照式（5-7）通过高压母线的电压 V_b 和制造商规定的X-电容器的电容（C_x）来计算总能量TE。储存在Y-电容器里的能量（TE_{Y1}，TE_{Y2}）也应少于0.2J。通过高压母线和电平台的电压 V_1 和 V_2 以及制造商所规定的Y-电容器的电容（C_{Y1}，C_{Y2}）根据式（5-8）来计算该值。

5.4.1.3　物理防护

为了防止直接接触高压带电部位，碰撞后车辆应有IPXXB级别的保护，试验方法按物理防护试验方法进行。另外，为了防止间接接触的触电伤害，用大于0.2A的电流进行测量，所有外露的可导电部件与电平台之间的电阻应低于0.1Ω。电连接是采用焊接方式时，则符合此要求。

5.4.1.4　绝缘电阻

按照绝缘电阻测量方法的规定进行测量，车辆绝缘电阻应符合下述两点的要求。如果乘客舱内有2个或2个以上带电电位没有受到IPXXB级别的保护，则本条款不适用。

1. 动力系统由单独的直流和交流母线组成

如果交流高压母线和直流高压母线是互相传导绝缘的，高压母线与电平台之间的绝缘电阻，对于直流母线来说，最小值应为100Ω/V；同时对于交流母线来说，最小值应为500Ω/V。

2. 动力系统由连接的直流和交流母线组成

如果交流高压母线和直流高压母线是互相传导连接的，高压母线与电平台之间的绝缘电阻的最小值应为500Ω/V。如果在碰撞之后，所有交流高压母线的保护级别达到IPXXB，或交流电压等于或小于30V，则高压母线与电平台之间的绝缘电阻的最小值应为100Ω/V。

每一条高压母线至少应满足上述四个方面的要求中的一个。如果碰撞试验在车辆的REESS与电力系统负载主动断开的情况下进行，则车辆的电力系统负载应满足物理防护要求或绝缘电阻要求中的一条；REESS和充电用高压母线应满足上述四个要求中的一个。

5.4.2　其他方面

5.4.2.1　电解液泄漏

碰撞结束30min内，不应有电解液从REESS中溢出到乘员舱，不应有超过5.0L的电解液从REESS中溢出。

5.4.2.2　REESS要求

（1）REESS移动要求

位于乘员舱里面的REESS应保持在安装位置，REESS部件应保持在其外壳内。位于乘员舱外面的任何REESS部分不应进入乘员舱。

（2）REESS特殊安全要求

碰撞结束30min内REESS不应爆炸、起火。

习　题

1. GB/T 31498—2021规定了哪些碰撞工况后的特殊安全要求和试验方法？
2. GB/T 31498—2021中正面碰撞试验车辆质量如何确定？正面碰撞试验速度要求是多少？
3. 碰撞后电安全要求检查中的电压测量方法是怎样的？电能测量方法有哪些？
4. 碰撞后防触电保护的物理防护试验方法如何进行？
5. 碰撞后对电解液泄漏有何要求？REESS有哪些特殊安全要求？
6. GB/T 31498—2021中对于高压母线与电平台之间的绝缘电阻测量有哪些方法？

第6章

电动汽车动力性能试验方法

学习目标

1. 熟悉电动汽车动力性能试验前的准备工作。
2. 掌握电动汽车动力性能试验方法。
3. 掌握电动汽车动力性能试验的数据处理方法。

6.1 GB/T 18385—2024 概述

6.1.1 GB/T 18385—2024 的属性

在国家的引导与政策扶持下，我国新能源汽车市场迅速发展。特别是近几年在双碳目标大背景下，新能源汽车的产销量快速增长。纯电动汽车（BEV）作为新能源汽车“三纵三横”技术体系中重要的“一纵”，技术迭代更新迅速。

《电动汽车　动力性能　试验方法》（GB/T 18385—2005）于 2005 年发布，是测试纯电动汽车动力性能重要的指导性文件之一，对于推动纯电动汽车技术进步有着积极的意义。然而，该标准发布距今已经 20 年，纯电动汽车的技术创新却是日新月异，原标准中的试验条件、试验方法等较多内容已经不适用于现在的纯电动汽车动力性能的测试需求。因此，《电动汽车　动力性能　试验方法》（GB/T 18385—2024）对原标准进行了修订，代替《电动汽车　动力性能　试验方法》（GB/T 18385—2005），以适应纯电动汽车的发展。

GB/T 18385—2024 于 2024 年 8 月发布，2025 年 3 月 1 日开始实施。

6.1.2 GB/T 18385—2024 的作用

GB/T 18385—2024 规定了纯电动汽车的加速特性、最高车速及爬坡能力等的试验方法，适用于 M 类和 N 类纯电动汽车。与 GB/T 18385—2005 相比，主要技术变化如下。

增加了术语“可充电储能系统”“荷电状态”“原地起步加速能力”“超越加速能力”“最大爬坡度”及其定义；增加了试验方法通则；增加了最大爬坡度试验方法；增加了规范性附录“环形道路修正因数确定方法”。

更改了“30min 最高车速”“最高车速”“加速能力”“爬坡车速”“坡道起步能力”术语和定义；更改了试验车辆状态的要求；更改了环境条件的要求；更改了测量的参数、单位和准确度的要求；更改了道路条件的要求；更改了 REESS 的充电要求；更改了预热的要求；更改了车辆试验质量及载荷分布的要求；更改了 30min 最高车速试验方法；更改了最高车速试验方法；更改了加速能力试验方法；更改了爬坡车速试验方法；更改了坡道起步能力试验方法。

删除了术语“电动汽车整车整备质量”“电动汽车试验质量”“动负荷半径（轮胎）”及其定义；删除了里程表的设定；删除了试验顺序的要求；删除了蓄电池完全放电和蓄电池40%放电。

本章所述为《电动汽车 动力性能 试验方法》（GB/T 18385—2025）。

6.2 术语和定义

1. 可充电储能系统（rechargeable electrical energy storage system，REESS）

可充电的且可提供电能的能量储存系统。

2. 荷电状态（stage-of-charge）

当前蓄电池中按照规定放电条件可以释放的容量占可用容量的百分比。

3. 30min 最高车速（maximum thirty-minutes speed）

纯电动汽车能持续行驶30min以上的最高平均车速。

4. 最高车速（maximum speed）

按规定的试验方法，纯电动汽车能保持的最高稳定平均速度。

5. 加速能力（v_1 至 v_2）［acceleration ability（v_1 to v_2）］

纯电动汽车从速度 v_1 加速到速度 v_2 所需的最短时间。

6. 原地起步加速能力（initial starting acceleration ability）

纯电动汽车由静止状态加速到规定的终了车速所经历的最短时间。

7. 超越加速能力（overriding acceleration ability）

纯电动汽车由规定的起始车速加速到规定的终了车速所经历的最短时间。

8. 爬坡车速（speed uphill）

纯电动汽车在给定坡度的坡道上能持续行驶1km以上的最高平均车速。

9. 最大爬坡度（maximum grad ability）

纯电动汽车在良好路面上，满载状态下所能通过的极限坡道（采用坡道垂直高度与水平距离的百分比表示）。

10. 坡道起步能力（hill starting ability）

纯电动汽车在坡道上能起动且1min内向上行驶至少10m的最大坡度。

6.3 动力性能试验

6.3.1 试验条件

6.3.1.1 试验车辆状态

1）机械运动部件用润滑油及冷却液的规格和加注量应符合车辆制造厂的规定。

2）试验驾驶员应按照车辆制造厂推荐的操作程序使REESS在正常运行温度下工作。

3）除了驱动用途以外，所有的储能系统应充到车辆制造厂规定的最大值（电能、液压、气压等）。

4）试验前车辆在安装REESS的条件下磨合一定的里程，也可根据车辆制造厂的技术要求进行磨合。该里程须大于300km，同时应使REESS至少经历一次从完全充电状态放电至荷电状态报警的过程，电量报警装置工作正常。

5）牵引车匹配的挂车尽可能不增加牵引车迎风面积或采用车辆制造厂推荐的挂车进行试验。

6.3.1.2　环境条件

1. 环境温度及大气压力

室外试验环境温度应在0～40℃之间，室内试验环境温度应在23℃±5℃之间。大气压力应在91～104kPa之间。

2. 风速

对于M_1类车辆和最大设计总质量小于2t的N_1类车辆，在高于路面0.7m处测量；对于其他车辆，在高于路面1.6m处测量。平均风速不超过3m/s，最大风速不超过5m/s。

3. 相对湿度

相对湿度相对湿度小于95%。

6.3.1.3　测量参数、单位和准确度

测量参数、单位和准确度应符合表6-1的规定。

表6-1　测量参数、单位、准确度

测量参数	单位	准确度
时间	s	±0.1
长度	m	±0.1%
温度	℃	±1
风速	m/s	±0.5
大气压力	kPa	±1
速度	km/h	±0.1或±0.1%取大者
质量	kg	±0.5%
轮胎气压	kPa	±1%

6.3.1.4　道路条件

1. 总体要求

试验应该在干燥的直线跑道或环形跑道上进行。路面坚硬、平整、干净且有良好的附着性能。

2. 最高车速试验道路条件

（1）直线道路

1）测量区长度。测量区长度不得至少200m，并用标杆做好标记。

2）加速区长度。加速区与测量区具有相同特性，长度能保证车辆在进入测量区前可以加速到车辆所能达到的最高车速并稳定行驶至少200m。

3）坡度。加速区的后200m和测量区的纵向坡度不超过0.5%，测量区的横向坡度不超过3%。试验采用单方向试验时，直线道路纵向坡度不超过0.1%。

4）环形道路上选择直线段。如果环形中的一部分满足直线道路的要求，且其离心惯性

反作用力小于汽车试验质量的 20%，并可通过道路横向坡度得到补偿，则此环形道路的这部分可作为直线道路测量区。

（2）环形道路

1）环形道路长度。环形道路的长度不小于 2000m。

环形道路由直线部分和近似环形的部分相接而成。环形部分的曲率半径应不小于 200m，以保证车辆行驶中的离心力通过道路横向坡度补偿，即使驾驶员在试验中不对方向盘进行任何操作，车辆也可保持在车道内正常行驶。

2）环形道路修正因数。按环形道路修正因数确定方法所给出的确定修正因数的试验方法，修正因数不应超过 5%。如果试验车辆上安装的速度调节器或限速装置起作用，则不必修正。

3. 加速能力试验道路条件

测量区为一条平直、干燥、清洁的混凝土或沥青（或相类似的）直线道路。测量区的纵向坡度不超过 0.1%，横向坡度不超过 3%。

4. 试验坡道要求

1）爬坡道路如图 6-1 所示，测试路段坡道长度应不小于 20m，且能满足试验车辆进行坡道起步能力试验的长度要求。测试路段的前后设有渐变路段，坡前平直路段不小于 8m，坡道路面表面平整、坚实、干燥、坡度均匀，具有良好附着性能。

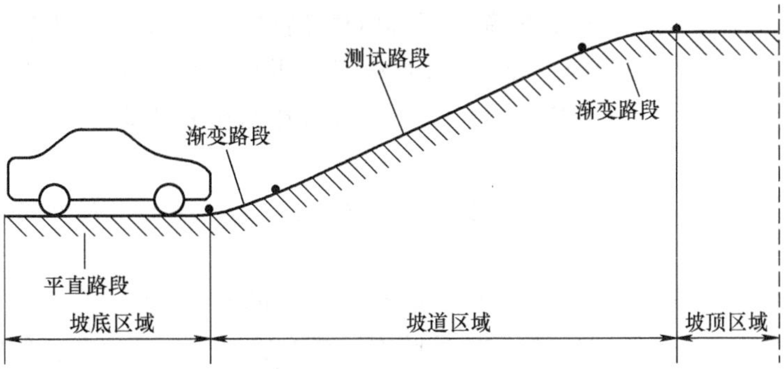

图 6-1 爬坡道路示意图

2）测试路段的纵向坡度变化率不大于 0.1%，横向坡度变化率应不大于 3%。

6.3.2 试验车辆准备

6.3.2.1 REESS 的充电

1. 常规充电

常规充电宜采取交流充电方式，如果车辆有直流充电方式，根据车辆制造厂的建议，可选择直流充电方式。

根据车辆制造厂的建议选择下列方式之一进行充电。

1）车载充电器（如装有）。

2）由车辆制造厂建议的外接充电器。

上述充电程序不包括任何自动或手动启动的特殊充电程序，例如均衡充电模式或维护模式。

2. 充电结束的标准

当车载或外部仪器显示 REESS 已完全充电时，判定为充电完成。如果车载或外部仪器发出明显的信号提示 REESS 没有充满，在这种情况下，最长充电时间 t_{max}（h）为 $t_{max}=3\times$ 车辆制造厂规定的 REESS 能量（kW·h）/供电功率（kW）。

6.3.2.2 预热

即将进行试验前，按照车辆制造厂推荐或适当的方式对会影响试验结果的车辆系统、部件进行预热，以达到车辆制造厂推荐的稳定温度条件，预热方式在记录中注明。

6.3.2.3 车辆试验质量及载荷分布

1. 各类别车辆试验质量及载荷分布要求

（1）M_1 类车辆和最大设计总质量小于 2t 的 N_1 类车辆

1）试验质量。当车辆的最大设计装载质量小于或等于 180kg 时，试验质量应为整车整备质量加上最大设计装载质量；当车辆的最大设计装载质量大于 180kg 但小于或等于 360kg 时，试验质量应为整车整备质量加上 180kg；当车辆的最大设计装载质量大于 360kg 时，车辆的试验质量应为整车整备质量加上 50% 的最大设计装载质量。试验质量包括测量人员和仪器的质量。

2）载荷分布。

① 对于 M_1 类车辆，载荷的质心应位于前排外侧座椅 R 点连线的中点。

② 对于最多两排座椅的车辆，载荷的质心应位于前排外侧座椅 R 点连线的中点。

③ 对于多于两排座椅的车辆，最初的 180kg 载荷的质心应位于前排外侧座椅 R 点连线的中点，附加载荷的质心应位于车辆中心线上，且应在前排外侧座椅 R 点连线中点和第二排外侧座椅 R 点连线中点之间。

④ 对于 N_1 类车辆，附加载荷（指试验总载荷减去测量仪器和人员的质量）的质心应位于车辆货厢的中心。

（2）M_2 类、M_3类汽车和最大设计总质量不小于 2t 的 N 类车辆

除了特殊规定外，适用于 M_2 类、M_3类城市客车的试验质量为整车整备质量加上最大设计装载质量的 65%；半挂牵引车及牵引货车的试验质量为车辆制造厂规定的汽车列车状态下最大设计总质量；其他车辆的试验质量应为整车整备质量加上最大设计装载质量。试验质量包括测量人员和仪器的质量。

M_2 类、M_3类车辆的载荷按照 GB/T 12428《客车装载质量计算方法》的规定进行分布，乘员人均质量按表 6-2 进行计算。

表 6-2 乘员人均质量 （单位：kg/人）

项目		客车类型		
		A 级、Ⅰ级	Ⅱ级	B 级、Ⅲ级
乘客人均质量	乘客平均质量	66	66	66
	手提行李的平均质量	—	3	3
	随身行李的平均质量	—	10	10
车组人员人均质量		75	75	75

N 类车辆的载荷按照 GB/T 12534《汽车道路试验方法通则》的规定进行分布，N 类车辆无特殊规定时装载质量均为厂定最大装载质量或使试验车处于厂定最大总质量状态；装载质量均匀分布，装载物应固定牢靠，试验过程中不得晃动和颠离；不应因潮湿、散失等条件变化而改变其质量。保证装载质量的大小、分布不变。

2. 各试验项目试验质量及载荷分布要求

1）进行 30min 最高车速试验、最高车速试验和加速能力试验时，车辆按照 6.3.2.3 第 1 条的规定加载。

2）进行爬坡车速、最大爬坡度和坡道起步能力试验时，半挂牵引车及牵引货车按照 6.3.2.3 第 1 条（2）的规定加载。

3）其他车辆均按照最大设计装载质量（包括测量人员和仪器的质量）加载，载荷分布应均匀，固定牢靠。

6.3.3 试验项目及方法

6.3.3.1 试验通用技术规则

1）在环境温度下，轮胎气压符合车辆制造厂的规定。进行坡道试验时，轮胎气压为车辆制造厂规定的轮胎在冷状态的充气压力下再增加 20kPa；轮胎花纹深度应至少在原始花纹深度的 75% 以上，且胎面良好。

2）车辆按 6.3.2.2 和 6.3.2.3 的规定进行预热以及确认试验质量。

3）车辆在进行各项动力性能试验前，记录车载或外部仪器显示的 SOC，且 SOC 须满足表 6-3 中的要求。

表 6-3 各项动力性能试验前 SOC 要求

试验项目	试验开始前的 SOC
30min 最高车速	≥90%
最高车速	≥50% 或处于车辆制造厂推荐的 SOC 以上
加速能力	
爬坡车速	
最大爬坡度	≤40%
坡道起步能力	

4）除试验必要的设备和车辆日常操纵件外，试验过程中关闭车上的照明装置及辅助装置（如空调、座椅加热、多媒体等），若汽车装有隐藏式灯具，灯架应位于车灯隐藏状态下的位置。若试验时有汽车行驶安全的需要，可打开车灯，但应在记录中注明。

5）车辆应清洁，如无特殊要求，试验过程中车窗和乘客舱或驾驶室通风口应关闭。

6）若车辆有多种驾驶模式（如智能模式、运动模式等），应选择车辆制造厂推荐的驾驶模式进行试验，在记录中注明。

7）在进行电动汽车动力性能的各项试验时，按照各项试验要求选择档位进行试验，若该项试验无特殊要求，则按照默认设定档位或车辆制造厂推荐的档位进行试验。

8）记录各项试验的有效数据。

6.3.3.2 30min 最高车速试验

1）30min 最高车速的试验可在环形道路上进行，也可在底盘测功机上进行。

在底盘测功机上试验时，按照车辆试验质量及载荷分布要求的试验载荷对车辆加载，进行行驶阻力测定。行驶阻力测定方法按照以下方法进行。

a）轻型汽车行驶阻力可根据车辆制造厂的要求按照 GB 18352.6—2016《轻型汽车污染物排放限值及测量方法（中国第六阶段）》中附件 CC 规定的滑行法或基于车辆参数计算道路载荷和行驶阻力的方法确定。

采用滑行法时，车辆行驶到比车辆制造厂规定的 30min 最高车速估计值高 10～15km/h 的车速，并稳定维持至少 1min 后开始滑行，若 30min 最高车速估计值与设计最高车速相同或相差小于 10km/h，应以车辆设计最高车速开始滑行。

b）其他车辆行驶阻力测定可根据车辆制造厂的要求按照 GB/T 27840—2021《重型商用车辆燃料消耗量测量方法》中附录 C 或附录 E 的规定进行。

2）试验车辆以车辆制造厂提供的 30min 最高车速估计值匀速行驶 30min，试验中车速如有变化，可通过调整加速踏板，使车速稳定在 30min 最高车速估计值 ±5% 的区间内。

3）如果试验中车辆出现驾驶员不可控的降速，且车速达不到 30min 最高车速估计值的 95%，可按照上述 30min 最高车速估计值重新进行一次试验。若车辆仍无法保持该车速行驶 30min，则车辆制造厂重新估计 30min 最高车速值，直至车辆能按照车辆制造厂重新估计的 30min 最高车速匀速行驶 30min。

4）测量车辆驶过的里程 S_1，并按照式（6-1）计算平均 30min 最高车速 v_{30}：

$$v_{30}=\frac{S_1}{500} \tag{6-1}$$

式中　S_1——车辆驶过的里程（m）；

v_{30}——平均 30min 最高车速（km/h）。

6.3.3.3 最高车速试验

1. 标准试验程序（双方向试验）

1）设定测试长度，应至少 200m。

2）为了降低道路坡度和风向（风速）等因素造成的影响，依次使用道路的相同路径从试验道路的两个方向往返进行试验。两次测试连续进行，间隔时间尽可能短。

3）在符合要求的直线试验道路上将试验车辆进行加速，在车辆在驶入测量区之前应加速到其所能达到的最高车速并稳定行驶 200m，保持这个车速进入测量区并持续行驶设定的测量长度。

在单次试验中车辆行驶速度最大值与最小值相差不应超过最小值的 2%，记录车辆通过测量区的时间 t_i。

4）随即进行反方向的试验，并记录 t_i。

5）在往返方向上的试验次数相同且不少于 1 次，记录的 t_i 中最大值与最小值相差不应超过最小值的 3%。

按照式（6-2）计算试验结果：

$$v=\frac{L\times 3.6}{\bar{t}} \tag{6-2}$$

式中 v——实际最高车速（km/h），按照 GB/T 8170 修约至一位小数；

$\bar{t}$——往返方向试验所测 t_i 的算术平均值（s）；

L——设定的测量长度（m）。

2. 单一方向试验程序

由于试验道路的自身特性，车辆不能从两个方向都达到其最高车速，可只从一个方向进行试验。试验道路特性必须满足试验道路的总体要求和最高车速试验道路的要求。

试验过程中的平均风速在车辆行驶方向的水平分量不超过 ±2m/s。

试验按照标准试验程序（双方向试验）的 1、2、3 条进行，连续重复进行 5 次，单次试验中车辆行驶速度最大值与最小值相差不超过最小值的 2%，记录每次试验通过测量区的时间 t_i，t_i 的最大值与最小值相差不应超过最小值的 3%。v_i 按照式（6-3）~式（6-5）进行修正：

$$v_v = |v| \times 3.6 \tag{6-3}$$

$$v_t = \frac{L \times 3.6}{t_i} \tag{6-4}$$

$$v_i = v_t \pm v_v f \tag{6-5}$$

式中 如果风的水平分量与车辆行驶方向相反，则选择“+”号，否则选择“-”号；

v_v——试验过程中的平均风速行驶方向水平分量（km/h）；

v——所测量的风速行驶方向水平分量（m/s）；

v_t——每次测量的最高车速（km/h）；

L——测量道路长度（m）；

t_i——每次试验通过测量区的时间（s）；

v_i——第 i 次最高车速试验结果（km/h）；

f——修正因数，取值为 0.6。

去掉 v_i 的最大值和最小值，由式（6-6）计算得出最高车速 v（按照 GB/T 8170 修约至一位小数）：

$$v = \frac{1}{3}\sum_{i=1}^{3} v_i \tag{6-6}$$

3. 环形道路上的最高车速试验程序

1）在环形道路上标记测量的起始点。

2）汽车在环形道路上加速至最高车速后至少稳定行驶 200m，在经过标记的起始点时开始测量，保持最高车速行驶，当车辆再次行驶到起始点时结束测量，至少行驶 3 次，记录每次试验通过测量区的时间 t_i 及车辆在测量区间的行驶距离。

3）行驶过程中不对方向盘施加任何用来修正方向的动作，记录的 t_i 中最大值与最小值相差不应超过最小值的 3%。

4）按式（6-7）及式（6-8）计算最高车速：

$$\bar{t} = \frac{1}{n}\sum_{i=1}^{n} t_i \tag{6-7}$$

$$v_a = \frac{L \times 3.6}{\bar{t}} \tag{6-8}$$

式中　v_a——环形道路上的最高车速（km/h）；

$\bar{t}$——t_i的算术平均值（s）；

L——汽车实际行驶的环形道路的长度（m）。

用环形道路测量最高车速，需要考虑环形道路离心力的影响以及随之发生的汽车方向的变化，最高车速 v 应按式（6-9）对 v_a进行修正，并按照 GB/T 8170 修约至一位小数：

$$v = v_a k \tag{6-9}$$

式中　k——根据环形道路修正因数确定方法确定的修正因数，$1.00 \leqslant k \leqslant 1.05$；

v_a——最高车速（km/h）。

6.3.3.4　加速能力（v_1 至 v_2）试验

1. 一般要求

1）如车辆制造厂有加速能力（v_1 至 v_2）试验特定的驾驶模式及档位选择，按车辆制造厂规定的驾驶模式及档位进行试验；如车辆制造厂无特殊规定，按车辆默认设定的驾驶模式及档位选择进行试验，并在记录中注明。

2）若车辆换档模式具有自动模式和手动模式选择功能，按照车辆制造厂的要求选择自动模式或手动模式。选择手动模式试验时参照手动档车辆的规定进行试验，并在记录中注明。

3）每项试验应往返进行，每个方向至少进行 3 次，若一次试验发生问题，则该往返试验均应重做。

4）每项试验取所有有效数据的算术平均值（按照 GB/T 8170 修约至一位小数）作为试验的最终结果。

2. 加速能力试验程序

（1）原地起步加速能力试验

1）手动档车辆的换档装置应置于车辆制造厂规定或者适当的档位，车辆起步加速，在车轮滑转最小的情况下使车辆达到最大加速能力。离合器的操纵及换档时刻的选择应使加速能力发挥最大但驱动电机转速不超过峰值功率对应的电机转速，或按照车辆制造厂规定的换档时刻进行换档操作，当车辆开始运动时触发记录装置。

2）自动档（含无变速器）车辆在驱动装置启动的情况下（必要时可踩下制动器），将换档装置置于 D 档或车辆制造厂规定的档位，车辆起步加速，在车轮滑转最小的情况下使车辆达到最大加速能力，当车辆开始运动时触发记录装置。

3）在加速过程中全力踩下加速踏板，使车辆尽可能快地加速到 100km/h（如果最高车速的 90% 达不到 100km/h，则取最高车速的 90% 向下圆整到 5 的整数倍的车速作为试验终了车速）。记录每次试验过程中的车速、加速时间和加速距离。

（2）超越加速能力试验

1）车辆从规定的起始车速开始全力踩下加速踏板加速到 100km/h。最高车速小于或等于 70km/h 的车辆的起始车速取 30km/h，最高车速大于 70km/h 的车辆的起始车速取 60km/h。记录每次试验过程中的车速、加速时间和加速距离。如果最高车速的 90% 达不到 100km/h，取最高车速的 90% 向下圆整到 5 的整数倍的车速作为试验终了车速。

2）加速前，车速控制在规定的起始车速向下 2km/h 范围内，并保持匀速行驶至少 2s，当车速达到上述规定的起始车速（30km/h 或 60km/h）时触发记录装置。

3）手动档车辆按照如下规定选择档位，在试验过程中不换档。

M_1 类和最大设计总质量小于 2t 的 N_1 类车辆的档位选择：对于有 2 个或 3 个前进档的车辆，档位置于最高档；对于有 4 个或 5 个前进档的车辆，档位置于最高档或者次高档；对于有 6 个前进档的车辆，档位应置于第 4 档和第 5 档；对于有 6 个以上前进档的车辆，档位置于速比为 1.00 和速比最接近 1.00 的档位，若车辆无速比为 1.00 的档位，则应置于速比最接近 1.00 的两个档位。

M_2 类、M_3 类汽车和最大设计总质量不小于 2t 的 N 类车辆的档位选择：档位置于最高档和次高档。

4）自动档（含无变速器）车辆的换档装置置于 D 档或车辆制造厂规定的档位，车辆可在变速控制器的控制下换档。

（3）数据处理

所有有效试验数据的算术平均值、标准偏差和变化系数（标准偏差/算术平均值），按式（6-10）~式（6-12）计算：

$$\mu = \frac{\sum_{i=1}^{n} T_i}{n} \tag{6-10}$$

$$\mathrm{SD} = \sqrt{\frac{\sum_{i=1}^{n} (\mu - T_i)^2}{n - 1}} \tag{6-11}$$

$$k_{\mathrm{a}} = \frac{\mathrm{SD}}{\mu} \tag{6-12}$$

式中 μ——算术平均值，按照 GB/T 8170 修约至一位小数；

i——第 i 次试验；

T_i——第 i 次试验数据；

n——试验总次数；

SD——标准偏差；

k_{a}——变化系数。

原地起步加速能力试验，变化系数不应大于 3%；超越加速能力试验，变化系数不应大于 6%。

6.3.3.5 爬坡车速试验

此试验方法仅于 M_1 类、M_2 类、N_1 类纯电动汽车，其他类型的电动汽车可以不做。

爬坡车速试验在底盘测功机上进行。车辆按照 6.3.2.3 车辆试验质量及载荷分布要求加载试验载荷，进行行驶阻力测定。行驶阻力测定方法按照如下规定进行。

1）行驶阻力可根据车辆制造厂的要求按照《轻型汽车污染物排放限值及测量方法（中国第六阶段）》（GB 18352.6—2016）中附件 CC 规定的滑行法或基于车辆参数计算道路载荷和行驶阻力的方法确定。采用滑行法时，车辆行驶到比车辆制造厂规定的 4% 爬坡车速高 10 ~ 15km/h 的车速，并稳定维持至少 1min 后开始滑行。若 4% 爬坡车速设计值与设计最高车速相差小于 10km/h，则以车辆设计最高车速开始滑行。其他车辆行驶阻力测定可根据车辆制造厂的要求按照《重型商用车辆燃料消耗量测量方法》（GB/T 27840—2021）中附录 C 或附录 E 的规定进行。

2）将试验车辆置于测功机上，调整底盘测功机使其增加一个相当于4%坡度的附加载荷。

3）起动车辆将试验车辆加速，手动档车辆使用适当档位，自动档车辆置于D档或车辆制造厂推荐的档位，使车辆加速至能达到的最高稳定车速并稳定行驶5s后，开始记录持续行驶1km的时间t。开始记录直至完成1km行驶试验期间，试验中车辆行驶速度最大值与最小值相差不应超过最小值的2%。

4）调整测功机，使其增加一个相当于12%坡度的附加载荷，重复上述第3条的试验。

5）试验完成后，停车检查各部位有无异常现象发生，并详细记录。

6）按式（6-13）计算试验结果：

$$v_t = \frac{3600}{t} \tag{6-13}$$

式中　v_t——实际爬坡车速（km/h）；

t——持续行驶1km所测时间（s）。

6.3.3.6　最大爬坡度试验

如果车辆制造厂有特殊规定的爬坡档位，车辆换档装置置于车辆制造厂规定的档位；如无特殊规定的档位，则手动档置于最低前进档，自动档置于D档，全驱车使用全轮驱动。试验在车辆制造厂规定坡度的坡道上进行，若规定坡度大于40%，则设置安全保险装置。

1）将汽车停在接近坡道区域的平直路线段上。

2）起步后全力踩下加速踏板，在测试路段采集汽车的车速变化数据，爬坡中车速不断升高或趋于稳定通过测试路段，则爬坡成功并记录平均车速；爬至坡顶后，停车检查各部位有无异常现象发生。

3）如果第一次爬坡失败，可重做一次试验，总共不应超过两次，第二次爬坡在记录和报告中应特别说明；如果试验再次失败，车辆制造厂应重新计算最大爬坡度。

4）若没有车辆制造厂规定坡度的坡道，可通过增减装载质量或采用变速器较高一档（如Ⅱ档）进行试验，按式（6-14）折算为试验车辆的最大爬坡度。增减装载质量后的载荷分布需符合6.3.2.3的要求。

$$\tan\alpha_m \times 100\% = \tan\left\{\arcsin\left[\frac{\sin\alpha_1 G_{a1}\frac{i_1}{i_2} + \left(G_{a1}\frac{i_1}{i_2} - G_a\right)R}{G_a}\right]\right\} \times 100\% \tag{6-14}$$

式中　$\tan\alpha_m \times 100\%$——最大爬坡度；

α_1——试验坡道的实际坡度角（°）；

G_{a1}——车辆试验时的实际总质量（kg）；

G_a——车辆的最大设计总质量（kg）；

i_1——车辆最低档总速比；

i_2——车辆试验采用档位的总速比；

R——滚动阻力系数，一般取0.01。

按式（6-15）计算爬坡的平均车速：

$$v_p = \frac{L \times 3.6}{t} \tag{6-15}$$

式中 v_p——车辆爬坡的平均车速（按照 GB/T 8170 修约至一位小数）(km/h)；

L——测试路段的长度（m）；

t——通过测试路段的时间（s）。

6.3.3.7 坡道起步能力试验

1）试验坡道的坡度由车辆制造厂规定。

2）在选定的坡道中段设置至少 10m 的测量区，测量区前设起步区，起步区与测量区的坡度应相同。

3）试验车辆爬坡至起步区，靠车辆自身制动系统稳定地停在坡道上，将档位放置在 P 档或 N 档，驱动电机关闭 2min。

4）起动驱动电机，如果车辆制造厂有特殊规定的爬坡档位，车辆换档装置置于车辆制造厂规定的档位；如无特殊规定的档位，则手动档置于最低前进档，自动档置于 D 档，全驱车使用全轮驱动。全力踩下加速踏板，车速应不断增加或趋于稳定地向上，车辆起步时不能出现驾驶员不可控制的明显的溜坡现象，并以不低于 10m/min 的平均速度通过测量区，判定为坡道起步成功。若车辆起步时出现明显的车轮原地滑转，可采用合适的加速踏板开度，以保证车轮在滑转最小的情况下起步。

5）若第一次坡道起步爬坡失败，可重做一次试验，总共不应超过两次。第二次坡道起步爬坡在记录和报告中需要特别说明。如果试验再次失败，车辆制造厂应重新计算坡道起步能力。

6）若没有车辆制造厂规定坡度的坡道，根据场地条件选择坡度角尽可能接近的坡道，通过增减装载质量或采用变速器较高一档（如Ⅱ档）进行试验，参照式（6-14）计算在实际试验道路坡度上车辆试验采用的档位以及对应的实际试验总质量。

7）按照计算的实际试验总质量进行加载，载荷分布符合 6.3.2.3 的要求，车辆按照3）~5）的规定，使用按式（6-14）计算时选用的档位进行坡道起步能力试验。

习　题

1. GB/T 18385—2025 适用于哪些类型的电动汽车？
2. 试验前车辆在 REESS 方面有什么要求？
3. 最高车速试验道路条件中对直线道路有什么要求？
4. 30min 最高车速试验如何进行？
5. 简述加速能力试验中原地起步加速能力试验程序。
6. 简述加速能力试验中超越加速能力试验程序。
7. 爬坡车速试验的试验方法是怎样的？
8. 最大爬坡度试验对车辆档位有何要求？
9. 简述坡道起步能力试验的试验步骤。

第7章

电动汽车能量消耗量和续驶里程试验方法

学习目标

1. 熟悉电动汽车能量消耗量和续驶里程试验前的准备工作。
2. 掌握电动汽车能量消耗量和续驶里程试验方法。
3. 掌握电动汽车能量消耗量和续驶里程试验的数据处理方法。

7.1 GB/T 18386 概述

7.1.1 GB/T 18386 的属性

我国汽车工业在快速发展的同时，也带来了能源和环境问题。电动汽车作为缓解能源环境问题的重要手段，近年来发展迅速。如何科学评价电动汽车的能量消耗量和续驶里程也愈加重要，在这方面，我国制定形成了支撑纯电动汽车评价的国家标准——GB/T 18386。

GB/T 18386 规定了纯电动汽车的能量消耗量和续驶里程的试验方法，其前三个版本均包含了轻型汽车和重型商用车辆全部质量段的车型。为适应产业的新发展形势，2019 年 3 月 13 日，全国汽车标准化技术委员会电动车辆分技术委员会审查会上审议通过了《电动汽车能量消耗量和续驶里程试验方法》（GB/T 18386）的修订，并同意将该标准分为轻型汽车和重型商用车辆两部分，形成了《电动汽车能量消耗量和续驶里程试验方法　第 1 部分：轻型汽车》（GB/T 18386.1—2021）、《电动汽车能量消耗量和续驶里程试验方法　第 2 部分：重型商用车辆》（GB/T 18386.2—2022）。

7.1.2 GB/T 18386 的作用

GB/T 18386.1—2021 适用于 N_1 类和最大设计总质量不超过 3500kg 的 M_1、M_2 类车辆，最大设计总质量超过 3500kg 的 M_1 类车辆和 L_5类车辆可参照执行。

GB/T 18386.2—2022 适用于最大设计总质量超过 3500kg 的纯电动汽车，包括货车、半挂牵引车、客车、自卸汽车和城市客车。混凝土搅拌运输车可参照自卸汽车相关测量方法，其他专用运输车可参照货车相关测量方法执行。

GB/T 18386.2—2022 不适用于专用作业汽车，包括厢式专用作业汽车、罐式专用作业汽车、专用自卸作业汽车、仓栅式专用作业汽车、起重举升专用作业汽车及特种结构专用作业汽车等。

7.2 术语和定义

《机动车运行安全技术条件》（GB 7258—2017）、《机动车辆及挂车分类》（GB/T 15089—2001）、《电动汽车术语》（GB/T 19596—2017）、《轻型汽车污染物排放限值及测量方法（中国第六阶段）》（GB 18352.6—2016）、《中国汽车行驶工况 第1部分：轻型汽车》（GB/T 38146.1—2019）和《中国汽车行驶工况 第2部分：重型商用车辆》（GB/T 38146.2—2019）界定的术语和定义适用于本章。

7.3 能量消耗量和续驶里程试验

7.3.1 试验条件

7.3.1.1 环境条件

1. 轻型汽车

试验室温度应设置为23℃，允许偏差为±5℃；浸车区域温度应设置为23℃，允许偏差为±3℃；以每5min移动算术平均值计，且与设定温度不存在系统偏差。温度应连续测量，取样时间间隔不大于1min。

2. 重型商用车辆

环境温度为（23±5）℃，经汽车生产企业建议并经由检验机构确认，环境温度范围可放宽至5~35℃。试验过程中及试验开始、结束时，温度不能超出此范围，在试验报告中注明实际环境温度；相对湿度应小于95%；大气压力应处于91~104kPa之间。

7.3.1.2 测量参数、单位和准确度

1. 试验用测试设备要求

（1）冷却风机

在底盘测功机上进行试验时，使用冷却风机（见图7-1）产生的变速气流冷却试验车辆。

图7-1 试验中的冷却风机

风机底端离地高度约20cm，与汽车前端的距离约30~60cm，出风口面积不小于0.3m^2，宽度或直径不小于0.8m。风机出口处各设定点位置的空气线速度比滚筒相应速度高5km/h，风机出口处的空气线速度的偏差在±5km/h内，或滚筒速度对应车速的±10%以内，取其较大者。

风机的空气线速度是由一定数量测量点的平均值确定。如出风口为矩形的风机，将出风口等分为9个小矩形（出风口每边各3等份），测量点位于每个矩形的中心，处于中间的矩形区域不测量（见图7-2）。

如出风口为圆形的风机，则将出风口等分为8个扇形（水平线、垂直线以及两条45°线），测量点位于每个扇形对称轴距圆心2/3半径处（见图7-3）。

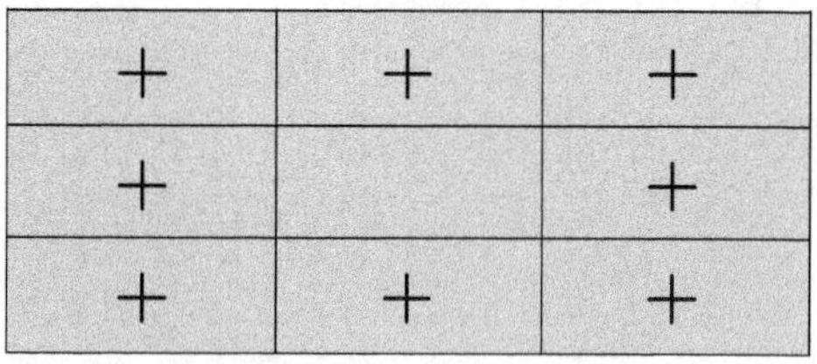

图7-2　矩形出风口的测量点示意图

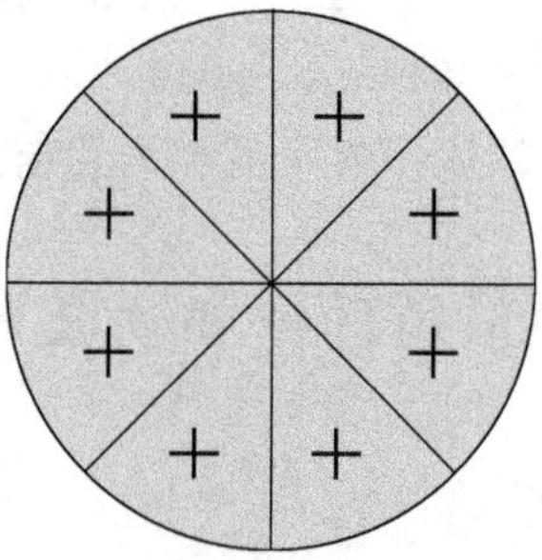

图7-3　圆形出风口的测量点示意图

测量风速时，风机前没有车辆或其他障碍物，空气线速度测试装置距空气出口距离为0~20cm之间。

如车辆生产企业要求并经环境保护主管部门同意，可以调整冷却风机的高度和横向位置。这种情况下，应在试验报告里记录风扇的位置（高度和距离），并在后续的相关测试中使用相同的要求。

（2）底盘测功机

底盘测功机应具有一个或两个滚筒，滚筒在所有测量点的圆周跳动应小于0.25mm，直径和名义直径在所有测量点的偏差应在±1.0mm以内。双滚筒底盘测功机的滚筒之间永久耦合，或通过前滚筒直接或者间接驱动所有惯量和功率吸收装置。测功机可以使用3个道路载荷参数来模拟道路阻力，可以调整并拟合载荷曲线。

测功机应具有时间测量系统，用于计算加速度或测量车辆或测功机的滑行时间，其精确度至少为±0.001%；还应具有速度测量系统，其精度至少为±0.080km/h。瞬态加速度不低于3m/s^{2}时，响应时间（即牵引力阶跃式加大，达到这个牵引力的90%的时间）小于100ms。时间、速度测量系统在测功机初始安装时应进行验证，瞬态加速度初始安装及维护后都应进行验证。

测功机的基本惯量应由制造商规定，确认与每次测量的基本惯量误差在±0.5%范围，且与在恒加速度、恒减速度和恒作用力试验中得出的任何算数平均值的误差在±0.2%以内。转速测量频率应不小于1Hz。

对四驱控制系统进行标准规定的测试循环试验时，还应满足下列要求。

四驱模式下模拟的道路载荷应能再现车辆在光滑、干燥、平整路面上汽车的行驶能力。

初始安装和进行维护后，测功机前后滚筒行驶距离的差别应小于WLTC测试循环距离的0.2%；在任意200ms的时间内，前后滚筒的行驶距离偏差小于0.1m；所有滚筒的速度差小于±0.16km/h。使用1s移动平均滤波器，以至少20Hz的采集频率获取滚筒速度数据，对前后滚筒速度差进行评估。

（3）底盘测功机标定

1）力测量系统。对于所有被测量的增量，测力传感器的准确度和线性度应在 ±10N 以内。初始安装时和对设备进行主要维护后，以及测试前的 370 天内，均应验证准确度和线性度。

2）测功机寄生损失标定与检查。如测功机寄生功率与现有损失曲线的差别超过 9.0N 时，应重新测量并更新测功机的寄生损失。初始安装、重要维护后和测试前 35 天之内均应进行寄生功率检查。

3）未放置车辆时的道路负荷模拟验证。测功机初始安装、重要维护后和测试前 7 天内，应进行测功机空载滑行测试，以验证测功机性能。在所有基准速度点，滑行阻力算数平均值的误差应小于 10N，或者 2%，取其中较大者。

2. 试验测量的参数、单位和准确度

具体要求见表 7-1。

表 7-1 试验测量的参数、单位和准确度要求

测量参数	单位	准确度	分辨率
时间	s	±0.1	0.1
距离	m	±0.1%	1
温度	℃	±1	1
速度	km/h	±1%	0.2
质量	kg	±0.5%	1
电能	W·h	±1%	1
电压	V	±0.3% FSD①或读数的 ±1%②	0.1
电流	A	±0.3% FSD①或读数的 ±1%②③	0.1

① 最大显示或标尺的长度。

② 取较大者。

③ 电流积分频率 20Hz 或更高。

7.3.1.3 试验车辆

1. 轻型汽车

（1）一般要求

试验车辆的所有零部件应满足批量生产要求，如果试验车辆与批量生产不同，需要提供详细的说明。汽车生产企业或其授权代理者应提供一辆代表被试车型的车辆提交给负责型式试验的检验机构，若汽车生产企业或其授权代理者选择采用插值系族，应当选择在插值系族中具有代表性的车辆，最好采用同一试验车辆通过不同道路载荷设定代表车辆 H 和车辆 L。试验车辆可根据汽车生产企业或其授权代理者的需求进行磨合，并保证机械状况良好，同时应在安装 REESS 的条件下进行磨合，磨合里程需大于 300km，并且使 REESS 至少经历一次从满电状态直至荷电状态（SOC）最低值的过程。使用汽车生产企业规定的润滑剂，并在试验结果报告中注明。

除驱动用途外，所有的储能系统应充到汽车生产企业规定的最大值（电能、液压、气压等）。

（2）车辆在测功机上的运转

生产企业向环境保护主管部门提供测功机运转期间车辆上需要关闭或处于失效状态的设备清单和失效或关闭理由。如无特殊要求，车辆在测功机上运行期间，关闭车辆所有辅助设备，或者令其处于失效状态。如果车辆有测功机运行模式，则按照车辆生产企业的说明激活（例如：使用车辆方向盘上的按钮进行特定顺序的操作，使用车辆测试仪以及移除熔丝等）。

车辆在测功机运行模式下不能激活、调整、延迟或解除任何可能影响排放的零部件的工作状态；任何影响车辆在底盘测功机上运行的设备都应设置在正确的状态；车辆控制和传动系统的设置与生产企业的量产车型相同；车辆轮胎型号与车辆生产企业规定一致；轮胎压力可最多增加到比车辆测试质量下轮胎下限压力高 50%；测功机设定和后续试验需使用相同的轮胎压力，并在试验报告中记录所使用的实际轮胎压力。

2. 重型商用车辆

（1）试验质量

1）城市客车，按最大设计装载质量状态的 65% 下进行试验，道路负荷按照《重型商用车辆燃料消耗量测量方法》（GB/T 27840—2021）规定的滑行试验进行设定，也可以通过 GB/T 27840—2021 规定的行驶阻力系数推荐方案插值计算进行设定（根据汽车生产企业建议并经由检验机构确认）；或在最大设计总质量状态下进行试验，道路负荷的设定按照 GB/T 27840—2021 规定的滑行试验或行驶阻力系数推荐方案进行。

对于其他重型商用车辆，按最大设计总质量状态下进行试验，道路负荷的设定按照 GB/T 27840—2021 规定的滑行试验或行驶阻力系数推荐方案进行。对于半挂牵引车，最大设计总质量是指汽车列车的最大质量。

2）乘员质量及其装载分布，乘员质量见表 7-2。

表 7-2　乘员质量

<table>
<tr><th colspan="3" rowspan="2">车型</th><th rowspan="2">人均质量/kg</th><th rowspan="2">行李质量/kg</th><th colspan="4">代替重物分布质量/kg</th></tr>
<tr><th>座椅上</th><th>座椅前的地板上</th><th>吊在车顶的拉手上</th><th>行李厢（架）</th></tr>
<tr><td colspan="3">载货汽车、越野汽车、专用汽车、自卸汽车、牵引汽车</td><td>65</td><td>—</td><td>55</td><td>10</td><td>—</td><td>—</td></tr>
<tr><td rowspan="4">客车</td><td colspan="2">长途</td><td>60</td><td>13</td><td>50</td><td>10</td><td>—</td><td>13</td></tr>
<tr><td rowspan="2">公共</td><td>座客</td><td>60</td><td>—</td><td>50</td><td>10</td><td>—</td><td>—</td></tr>
<tr><td>站客</td><td>60</td><td>—</td><td>—</td><td>55</td><td>5</td><td>—</td></tr>
<tr><td colspan="2">旅游</td><td>60</td><td>22</td><td>50</td><td>10</td><td>—</td><td>22</td></tr>
<tr><td colspan="3">轿车</td><td>60</td><td>5</td><td>50</td><td>10</td><td>—</td><td>5</td></tr>
</table>

装载分布需符合《汽车道路试验方法通则》（GB/T 12534—1990）的要求，即装载质量均匀分布，装载物应固定牢靠，试验过程中不得晃动和颠离；不应因潮湿、散失等条件变化而改变其质量。保证装载质量的大小、分布不变。

（2）车辆条件

试验车辆依据每项试验的技术要求加载。轮胎选用制造厂作为原配件所要求的类型，并按制造厂推荐的轮胎最大试验负荷和最高试验速度对应的轮胎充气压力进行充气。机械运动部件用润滑油黏度符合制造厂的规定。车上的照明、信号装置以及辅助设备关闭（试验和车辆白天运行对这些装置有要求时除外）。除驱动用途外，所有的储能系统充到制造厂规定的最大值（电能、液压、气压等）。试验驾驶员按车辆制造厂推荐的操作程序使可充电储能系统（REESS）在正常运行温度下工作。

试验前，试验车辆至少用安装在试验车辆上的 REESS 行驶 300km。如果车辆有制动能量回收的功能，车辆在底盘测功机上进行试验时采用与实车相同的控制策略；如果车辆配备了防抱死制动系统（ABS）、驱动力控制系统（TCS）或电子制动系统（EBS），并且在单轴驱动的底盘测功机上进行试验，需要进行屏蔽以获得正常的系统工作。

（3）道路负荷的设定

行驶阻力测定及在底盘测功机上的模拟，按照 GB/T 27840—2021 中的规定。在进行道路和底盘测功机的滑行试验时，均应把制动能量回收系统功能屏蔽。道路和底盘测功机滑行试验，汽车的其他部件都应处于相同的状态（如空调关闭等）。

7.3.2　试验程序

7.3.2.1　试验要求

1. 轻型汽车

1）道路载荷测量与测功机设定。车辆规定的基准速度从 20km/h 起始，以 10km/h 的步长增加，直至最高基准速度。最高基准速度根据以下规定确定：

① 最高基准速度为 120km，道路载荷确定和底盘测功机的设定在相同的基准速度点进行。

② 如果最高基准速度加上 14km/h 后，大于或等于试验车辆的最高车速 v_{max}，在进行道路载荷测定，或者在底盘测功机上设定阻力时，将该速度剔除。此时次高基准速度成为车辆的最高基准速度。

2）道路载荷的测定。使用滑行法中的固定式风速仪滑行法（GB 18352.6—2016 附录 CC 中的4.3.1 条），或车载风速仪滑行法（GB 18352.6—2016 附录 CC 中的 4.3.2 条）确定道路载荷。也可以使用作为道路滑行法的替代方法——转矩仪法确定道路载荷。这种方法是利用转矩仪测量车辆驱动轮在各基准速度点时，维持匀速行驶所需的转矩大小，计算出行驶阻力，即道路载荷。每个基准速度点的测量时间不少于 5s。

若行驶阻力曲线由汽车生产企业提供，需要提供试验报告、计算报告或其他相关资料，并由检验机构确定。

3）试验前，汽车生产企业向检验机构提供试验车辆 BER（续驶里程）的信息。如果使用插值法，提供插值系族中车辆 H 的 BER。

4）动力系统的起动按照汽车生产企业的规定进行。

5）车辆试验循环按照《中国汽车行驶工况　第 1 部分：轻型汽车》（GB/T 38146.1—2019）附录 A 所述的中国轻型汽车行驶工况 CLTC 进行。中国轻型汽车行驶工况 CLTC 中包括中国轻型乘用车行驶工况 CLTC-P（工况曲线见图 7-4）和中国轻型商用车行驶工况

CLTC-C（工况曲线见图7-5），其中CLTC-P适用于M_1类车辆，CLTC-C适用于N_1类和最大设计总质量不超过3500kg的M_2类车辆，包括低速（1部）、中速（2部）和高速（3部）3个速度区间。

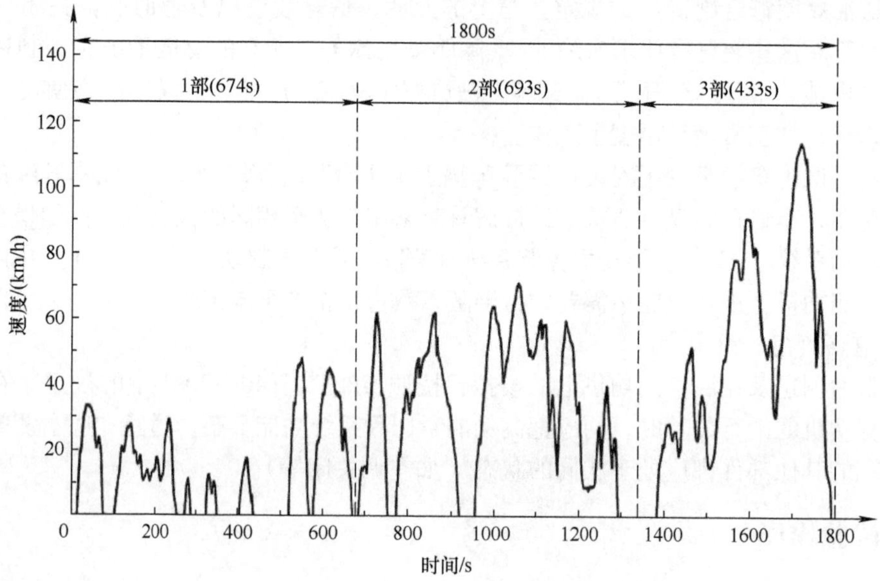

图7-4　CLTC-P工况曲线

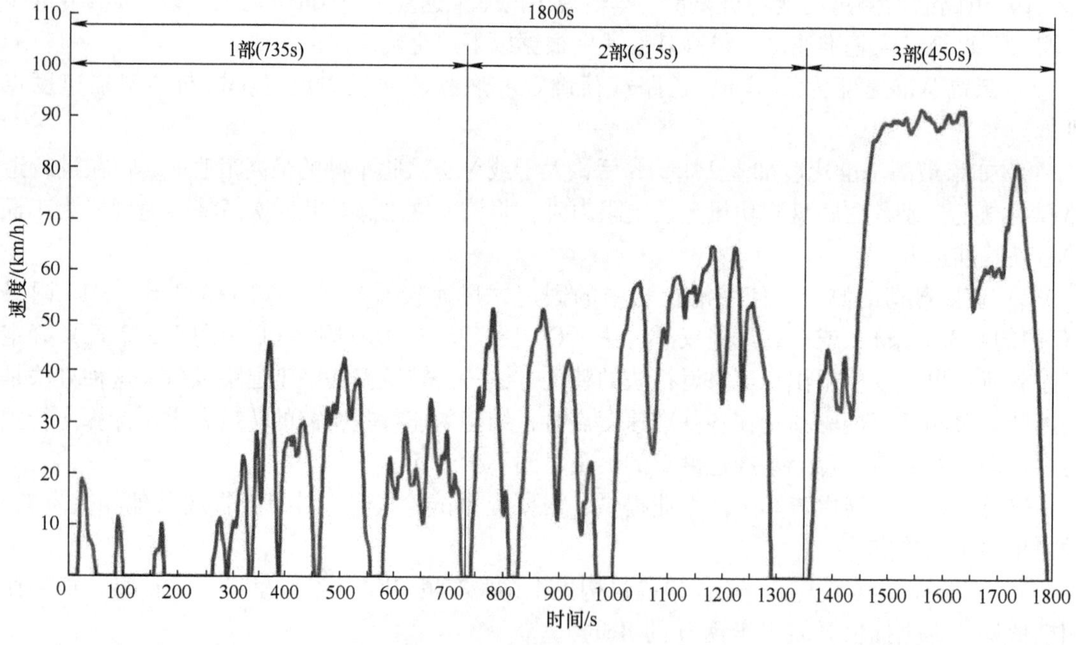

图7-5　CLTC-C工况曲线

若车辆申报的最高车速小于CLTC的最高车速，在目标车速大于车辆申报最高车速时，按照GB 18352.6—2016中CA.5特殊汽车测试循环修正的规定对试验循环进行修正。

测试时对车辆进行适当控制，准确跟踪试验循环曲线。每个试验循环车辆实际速度和测试循环规定的速度之间的允许公差如下：公差上限为 +2.0km/h，时间在 ±1.0s 之内；公差下限为 -2.0km/h，时间在 ±1.0s 之内，如图 7-6 所示。试验期间，驾驶员不应在仪表上看到出现实际速度公差。允许速度公差大于规定要求，但超差时间不能超过 1s，且试验期间，出现上述速度超差的情况不能多于 10 次。如果按常规工况法进行试验时，车辆申报的最高车速小于 CLTC 的最高车速，对于超过车辆申报最高车速的部分，需对试验循环进行修正，此时要求驾驶员将加速踏板踩到底，允许车辆实际车速超过公差上限。

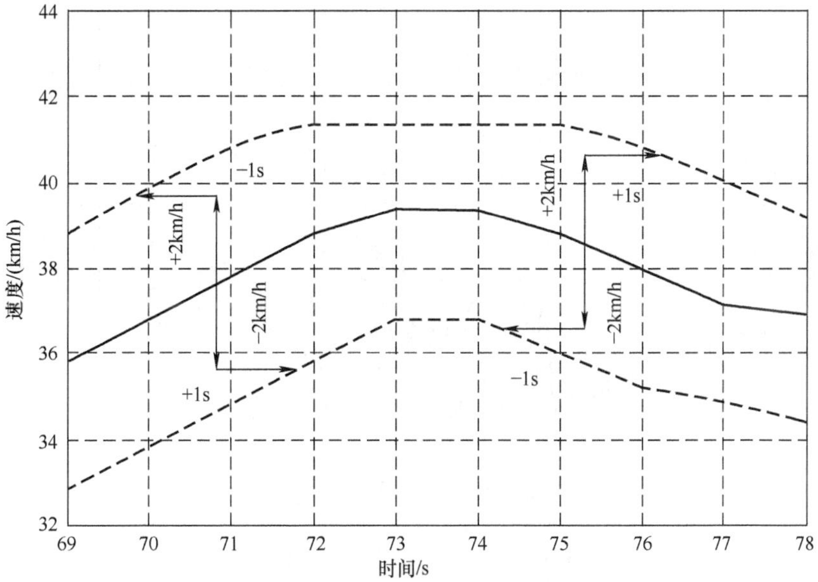

图 7-6　速度公差曲线

6）在试验开始前或开始时进行能量消耗量测试，对每个速度区间分别记录。

7）汽车生产企业或其授权代理者可根据需要分别测量车辆在低温环境和高温环境下的能量消耗量和续驶里程。

2. 重型商用车辆

1）确定能量消耗量和续驶里程使用相同的试验程序，试验程序包括以下 3 个步骤。

① 对 REESS 进行初次充电。

② 进行能量消耗量和续驶里程试验。

③ 试验后再次为 REESS 充电，测量从外部电源充入的电量。

如果车辆充电位置与底盘测功机不在同一位置，需要使用车辆自身动力在两者之间移动，要求车辆用不大于 30km/h 的车速尽量以匀速的方式在两者之间移动（尽量减少电能的消耗），车辆每次在两者之间移动的距离不应超过 3km。

试验要求在充电结束后 12h 之内开始。

2）若车辆最高车速不小于中国重型商用车辆行驶工况（CHTC）中的最高车速，试验车辆按照《中国汽车行驶工况　第 2 部分：重型商用车辆》（GB/T 38146.2—2019）中附录 A 规定的 CHTC 测量车辆的能量消耗量和续驶里程。

不同种类的商用车行驶工况不同，城市客车采用 CHTC-B 行驶工况；客车（不含城市客车）采用 CHTC-C 行驶工况；货车（不含自卸汽车）采用 CHTC-LT（GVW≤5500kg）或 CHTC-HT（GVW>5500kg）行驶工况；自卸汽车采用 CHTC-D 行驶工况：半挂牵引车采用 CHTC-TT 行驶工况。主要车辆行驶工况如下。

中国城市客车行驶工况（CHTC-B）包括低速（1 部）、高速（2 部）2 个速度区间，工况时长共计 1310s，工况曲线如图 7-7 所示。

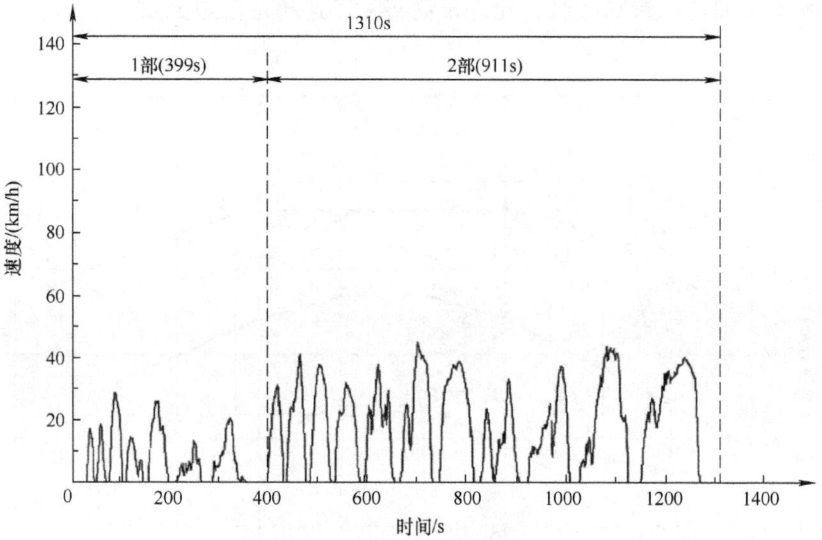

图 7-7　CHTC-B 工况曲线

中国普通客车行驶工况（CHTC-C）包括市区（1 部）、城郊（2 部）和高速（3 部）3 个速度区间，工况时长共计 1800s，工况曲线如图 7-8 所示。

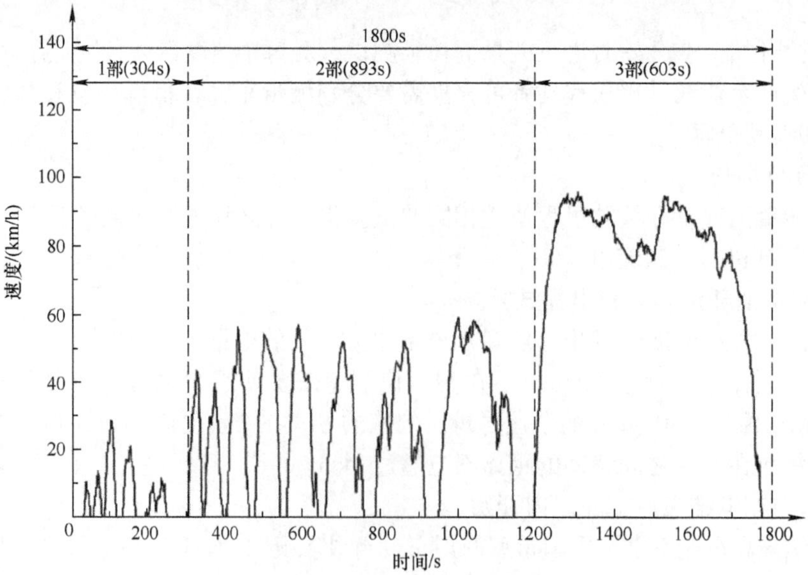

图 7-8　CHTC-C 工况曲线

中国货车（GVW≤5500kg）行驶工况（CHTC-LT）包括市区（1部）、城郊（2部）和高速（3部）3个速度区间，工况时长共计1652s，工况曲线如图7-9所示。

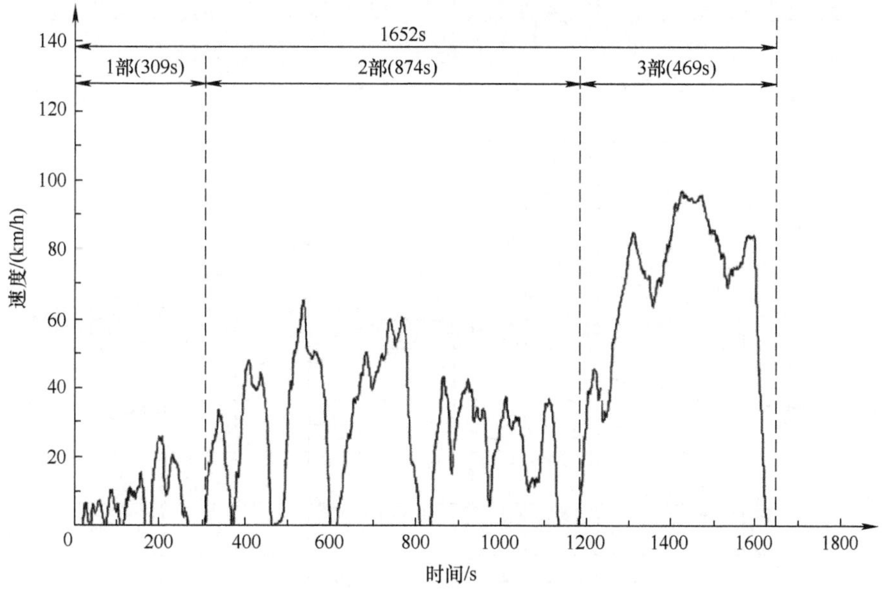

图7-9 CHTC-LT工况曲线

中国货车（GVW>5500kg）行驶工况（CHTC-HT）包括市区（1部）、城郊（2部）和高速（3部）3个速度区间，工况时长共计1800s，工况曲线如图7-10所示。

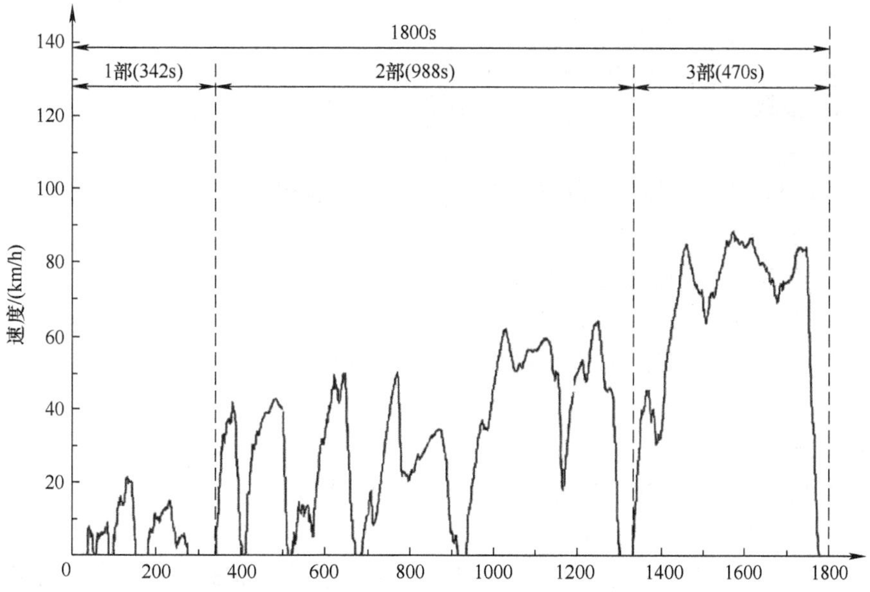

图7-10 CHTC-HT工况曲线

若车辆的最高车速小于CHTC的最高车速，在目标车速大于车辆的最高车速时，按照

GB 18352.6—2016 中 CA.5 的规定对试验循环进行修正。试验循环的速度公差、时间公差以及超出公差范围的累计时间按照下面第 3）点的规定进行。对于超过车辆最高车速的部分，需将加速踏板踩到底，允许车辆实际车速超过速度公差上限，但应满足速度公差下限的要求。

3）试验循环的速度公差和时间公差应满足图 7-11 给出的公差和基准曲线的要求。

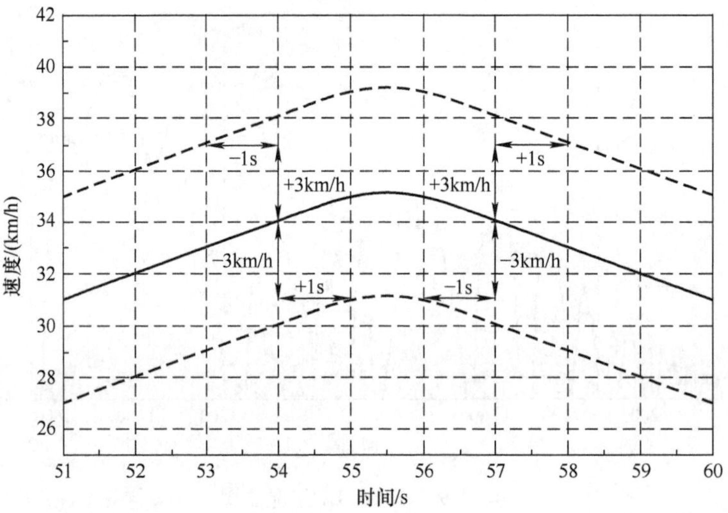

图 7-11　速度公差曲线

图中每一个点给出的速度公差为 ±3km/h，时间公差为 ±1s。在每个试验循环中，允许超出公差范围的累计时间不超过 15s。

在试验报告中应注明超出公差的总时间。

7.3.2.2　试验步骤

1. 轻型汽车

能量消耗量和续驶里程使用相同的试验程序，试验程序包括 3 个步骤。

1）对 REESS 进行初次充电。

2）进行能量消耗量和续驶里程试验。

3）试验后再次为 REESS 充电，测量从外部充入的电量。

在每两个步骤执行之间，如果车辆需要移动，不准许使用车上的动力，且再生制动系统未起作用。

（1）REESS 的初次充电

REESS 的初次充电指接收车辆以后 REESS 的第一次充电。如果所规定的几个试验或测量连续进行，第一次充电可认为是初次充电。

1）REESS 的放电。根据汽车生产企业规定的程序进行 REESS 放电。汽车生产企业应保证 REESS 能够放电至 SOC 最低值。

2）REESS 的充电。常规充电推荐采取交流充电方式，充电功率应不高于 42kW。当存在多种交流充电方式（例如传导充电、感应充电等）时，使用传导充电的方式。如果有多个可用的传导充电功率水平，则使用最高的充电功率。如果汽车生产企业推荐，可以选择较低的充电功率。如果车辆仅有直流充电方式，或根据汽车生产企业建议并经由检验机构确定，可以选择直流充电方式。充电连续进行，若充电过程中发生断电，则在试验报告中记录并说明原因。充电模式应根据汽车生产企业的建议进行选择。

REESS推荐在规定的环境温度下，使用下列方式之一进行充电：①车载充电器（如装有）；②由汽车生产企业建议的外接充电器。

充电程序不包括任何自动或手动启动的特殊充电程序，如均衡充电模式或维护模式。汽车生产企业需声明，在测试过程中没有进行特殊充电程序。实际销售车辆具备的无须进行额外操作的充电策略不认为是特殊充电程序，汽车生产企业应提供相关的证明文件。

3）充电结束的标准。当车载或外部仪器显示REESS已完全充电时，判定为充电完成。如果车载或外部仪器发出明显的信号提示REESS没有充满，在这种情况下，最长充电时间为$t_{max}=3\times$汽车生产企业规定的REESS能量（kW·h）/供电功率（kW）。

（2）试验流程

1）驾驶模式的选择：

① 如果有主模式，且该模式可以使车辆在试验过程中跟随试验循环，则选择该模式。

② 如果没有主模式，或有主模式，但该模式不能使车辆在试验过程中跟随试验循环，则驾驶模式应按照以下原则选择：

a）如果只有一个可选模式可以使车辆在试验过程中跟随试验循环，则选择该模式。

b）如果有多个模式可以使车辆在试验过程中跟随试验循环，则应根据汽车生产企业的建议选择。

③ 如果没有任何模式可以使车辆在试验过程中跟随试验循环，则试验循环应根据GB 18352.6—2016中的CA.5进行修正。

a）如果有主模式，且该模式可以使车辆在试验过程中跟随修正后的试验循环，则选择该模式。

b）如果没有主模式，或有主模式，但该模式不能使车辆在试验过程中跟随试验循环，则在可以使车辆在试验过程中跟随修正后的试验循环的其他模式中，根据汽车生产企业的建议选择。

④ 试验过程中及浸车前后，驾驶模式应保持一致。

2）测试流程。试验应在REESS充电结束后12h之内开始。若汽车生产企业建议并经由检验机构确定，试验充电结束后36h之内开始。对于续驶里程不超过8个CLTC规定的试验循环里程的车辆，按照常规工况法进行试验；对于续驶里程超过8个CLTC规定的试验循环里程的车辆，按照缩短法进行试验。仲裁试验时，则按照常规工况法进行试验。

① 常规工况法。常规工况法测试流程和相应REESS电量状态曲线如图7-12所示。

在底盘测功机上采用CLTC规定的试验循环连续进行试验。除非有其他的规定，每4个试验循环允许浸车一次，浸车时间不超过10min。浸车期间，车辆启动开关必须处于“OFF”状态，关闭发动机舱盖，关闭试验台风扇，释放制动踏板，不能使用外接电源充电。浸车后，车辆在选择的驾驶模式下继续运行。

② 缩短法。缩短法测试流程和相应REESS电量状态曲线如图7-13所示。

缩短法速度片段由2个试验循环段和2个恒速段组成，如图7-14所示。其中DS_1和DS_2为试验循环段，每个试验循环段包括2个CLTC试验循环；CSS_M和CSS_E为恒速段，由

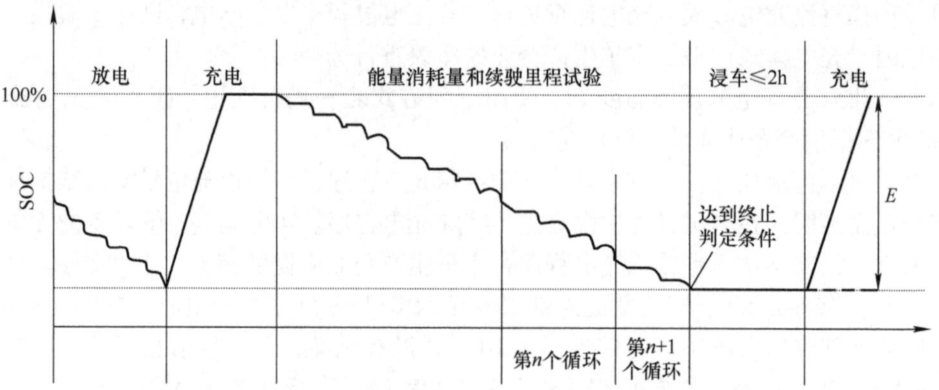

图 7-12　常规工况法测试流程

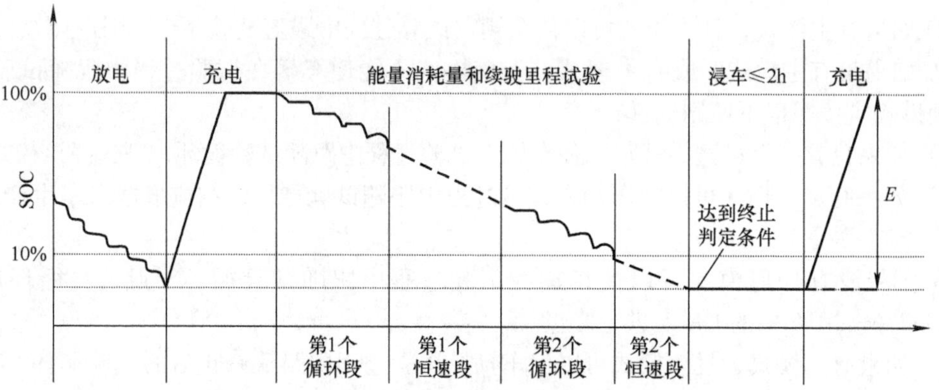

图 7-13　缩短法测试流程

较高的恒定车速构成，用以尽快放电，减少测试时间。通过 2 个试验循环段的试验数据，分别计算得到车辆的能量消耗量和续驶里程。

2 个恒速段的车速相同。若采用插值系族的方法，则系族内所有车辆的恒速段车速需一致。

对于 M_1 类车辆，恒速段的车速设置推荐为 100km/h；对于 N_1 类和最大设计总质量不超过 3500kg 的 M_2 类车辆，恒速段的车速设置推荐为 70km/h。根据汽车生产企业建议并经由检验机构确定，可以选择更高的车速。若车辆的 30min 最高车速小于推荐车速，则恒速段的车速应设置为车辆的 30min 最高车速。

试验循环段结束后，车辆加速至恒速段的过程需平稳，并应在 1min 内完成。车辆在进行恒速段 CSS_M 的行驶过程中，可根据要求进行浸车。恒速段结束后的停车操作按照试验终止时停车的方法进行。

恒速段 CSS_E 的里程由缩短法试验时 REESS 的电能变化量的百分比进行确定。试验循环段 DS_2 之后 REESS 的剩余能量应不超过缩短法试验时 REESS 的电能变化量的 10%，若不能满足要求，则试验需要重新进行。

恒速段 CSS_M 的里程按照式（7-1）计算。

$$d_{CSS_M} = BER_{est} - d_{DS_1} - d_{CSS_E} - d_{DS_2} \tag{7-1}$$

式中 d_{CSS_M}——恒速段 CSS_M的里程（km）；

BER_{est}——采取缩短法进行试验，车辆在底盘测功机上行驶里程的估计值（km）；

d_{DS_1}——试验循环段 DS_1 的里程（km）；

d_{CSS_E}——恒速段 CSS_E的里程（km）；

d_{DS_2}——试验循环段 DS_2 的里程（km）。

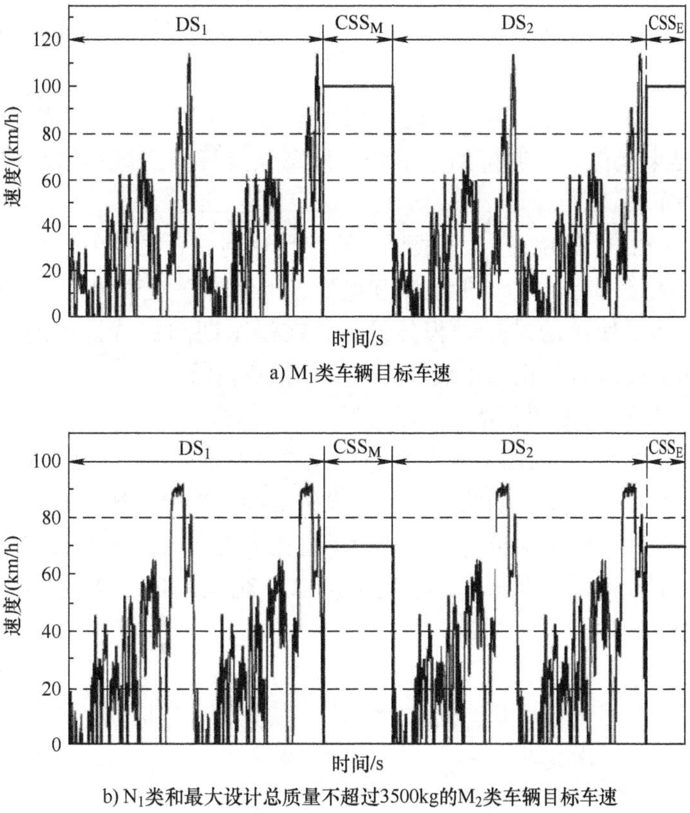

图 7-14 缩短法速度片段构成（一）

3）浸车。在进行恒速段 CSS_M的行驶过程中，车辆可根据表 7-3 的规定进行浸车。浸车的停车操作按照试验终止时停车的规定进行。浸车期间，车辆启动开关必须处于“OFF”状态，关闭发动机舱盖，关闭试验台风扇，释放制动踏板，不能使用外接电源充电。浸车后，车辆在选择的驾驶模式下继续运行，且加速至恒速段的过程需平稳，并应在 1min 内完成。

表 7-3 浸车时间

恒速段 CSS_M里程 d_{CSS_M}/km	最长总浸车时间/min
$0 < d_{CSS_M} \leqslant 100$	10
$100 < d_{CSS_M} \leqslant 150$	20
$150 < d_{CSS_M} \leqslant 200$	30
$200 < d_{CSS_M} \leqslant 300$	60
$d_{CSS_M} > 300$	检验机构根据汽车生产企业的建议确定

注：每 50km 期间允许浸车 1 次。

4）试验终止条件。进行循环试验时，当出现以下情况时停止试验。

① 进行常规工况法试验时，若车辆申报的最高车速不小于 CLTC 的最高车速，不能满足轻型汽车试验循环的速度公差和时间公差的要求时，停止试验。若车辆申报的最高车速小于 CLTC 的最高车速，对于超过车辆申报最高车速的部分，按照 GB 18352. 6—2016 中 CA. 5 的规定对试验循环进行修正，此时要求驾驶员将加速踏板踩到底，允许车辆实际车速超过公差上限，但不能满足公差下限要求时，停止试验；在目标车速不超过车辆申报最高车速且不能满足公差要求时，停止试验。

② 进行缩短法试验时，若车辆在恒速段 CSS_E 连续 4s 不能满足公差下限要求，应停止试验。

③ 试验达到结束条件时，保持档位不变，使车辆滑行至最低稳定车速或 5km/h，再踩下制动踏板进行停车。

5）REESS 电流和电压的确定。从试验开始直到达到终止试验的条件，停止试验，整个过程中应按照规定测量所有 REESS 的电流和电压，不准许在浸车期间关闭任何 REESS 的电流电压测试仪器。如果使用的是按时积分设备，在浸车期间保持设备的工作状态。REESS 的电流和电压的测量在试验终止，车辆停止后立即结束。

（3）REESS 充电和电量的测量

试验结束后，车辆在 2h 内用常规充电进行充电，充电方式与试验前一致。采取交流充电方式时电量测量设备安装于车辆插头和供电设备之间；如果车辆仅有直流充电方式，或根据汽车生产企业建议并经由检验机构确定选择了直流充电方式，则电量测量设备安装于供电设备和电网之间。计算从外部充入的电量 E_{AC} 以及充电时间。当达到充电结束标准时，REESS 充电结束，同时停止电量测量。

2. 重型商用车辆

能量消耗量和续驶里程使用相同的试验程序，试验程序包括以下 3 个步骤。

1）对 REESS 进行初次充电。

2）进行能量消耗量和续驶里程试验。

3）试验后再次为 REESS 充电，测量从外部充入的电量。

车辆充电位置与底盘测功机不在一起的情况下，如果使用车辆自身动力在两者之间移动，要求车辆用不大于 30km/h 的车速尽量以匀速的方式在两者之间移动（尽量减少电能的消耗），车辆每次在两者之间移动的距离不超过 3km。试验在充电结束后 12h 之内开始。

（1）REESS 的初次充电

REESS 的初次充电指接收车辆以后 REESS 的第一次充电。如果所规定的几个试验或测量连续进行，第一次充电可认为是初次充电。

1）REESS 的放电。根据汽车生产企业的建议，在进行 REESS 的充电前可先对 REESS 进行放电，放电程序应根据汽车生产企业的建议进行。汽车生产企业应保证放电结束后 REESS 的剩余能量不超过荷电状态（SOC）的 20% 或汽车生产企业设定的 SOC 故障报警值。

2）REESS 的充电。常规充电使用传导充电的方式对 REESS 进行充电，若车辆同时存在直流和交流的充电方式，则根据汽车生产企业的建议选择。REESS 推荐在规定的环境温度下，使用下列方式之一进行充电：①车载充电器（如装有）；②由汽车生产企业建议的外接充电器，使用正常模式。

上述的充电程序不包括任何自动或手动启动的特殊充电程序，如均衡充电模式或维护模式。汽车生产企业应声明，在测试过程中没有进行特殊充电程序。实际销售车辆具备的无须进行额外操作的充电策略不认为是特殊充电程序，但汽车生产企业应提供相关的证明文件。

3）充电结束的标准。当车载或外部仪器显示 REESS 已完全充电时，判定为充电完成。如果车载或外部仪器发出明显的信号提示 REESS 没有充满，在这种情况下，最长充电时间为 $t_{max}=3\times$汽车生产企业规定的 REESS 能量（kW·h）/供电功率（kW）。

（2）试验流程。

1）驾驶模式的选择。

① 如果有主模式，且该模式可以使车辆在试验过程中跟随试验循环，则选择该模式。

② 如果没有主模式，或有主模式，但该模式不能使车辆在试验过程中跟随试验循环，则驾驶模式应按照以下原则选择：

a）如果只有一个可选模式可以使车辆在试验过程中跟随试验循环，则选择该模式。

b）如果有多个模式可以使车辆在试验过程中跟随试验循环，则应根据汽车生产企业的建议选择。

③ 如果没有任何模式可以使车辆在试验过程中跟随试验循环，则试验循环应根据 GB 18352.6—2016 中的 CA.5 进行修正：

a）如果有主模式，且该模式可以使车辆在试验过程中跟随修正后的试验循环，则选择该模式。

b）如果没有主模式，或有主模式，但该模式不能使车辆在试验过程中跟随试验循环，则在可以使车辆在试验过程中跟随修正后的试验循环的其他模式中，根据汽车生产企业的建议选择。

④ 试验过程中及浸车前后，驾驶模式应保持一致。

在 REESS 充电结束时记录该时刻。在此之后 12h 之内开始按照规定的试验程序进行试验。在此期间，确保车辆在规定的环境温度下放置。

试验在常规工况法或缩短法中选一进行。

2）测试流程。

① 常规工况法。在底盘测功机上采用中国重型商用车辆行驶工况 CHTC 循环连续进行试验，直到达到试验终止条件的要求时停止试验。在移动和试验过程中需实时测量并记录电池端的电压和电流值。除非有其他的规定，每 4 个试验循环允许浸车一次，时间应不超过 10min。浸车期间，车辆启动开关应处于“OFF”状态，关闭发动机舱盖，关闭试验台风扇，释放制动踏板，不能使用外接电源充电。

② 缩短法。缩短法速度片段由 2 个试验循环段和 2 个恒速段组成，构成如图 7-15 所示。其中 DS_1 和 DS_2 为试验循环段，各包含 2 个 CHTC 试验循环；CSS_M 和 CSS_E 为恒速段，由较高的恒定车速构成，用以尽快放电，减少测试时间。通过 2 个试验循环段，分别计算得到车辆的能量消耗量和续驶里程。

恒速段的最低车速，城市客车为 40km/h，客车（不含城市客车）为 80km/h，货车（不含自卸汽车）为 70km/h，自卸汽车为 60km/h，半挂牵引车为 70km/h。根据汽车生产企业建议并经由检验机构确定，2 个恒速段可以分别选择更高的车速。若车辆的 30min 最高车速小于推荐车速，则恒速段的车速应设置为车辆的 30min 最高车速。

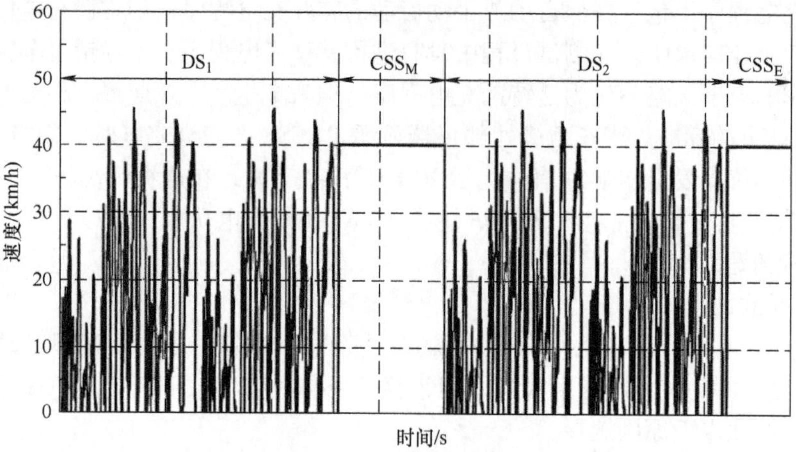

图 7-15 缩短法速度片段构成（二）

试验循环段结束后，车辆将加速踏板踩到底直至达到恒速段车速。车辆在进行恒速段 CSS_M 的行驶过程中，可按要求进行浸车。浸车的相关规定同轻型汽车。

恒速段 CSS_E 的里程由缩短法试验时 REESS 的电能变化量的百分比进行确定。试验循环段 DS_2 之后 REESS 的剩余能量不超过缩短法试验时 REESS 的电能变化量的 20%，若不能满足要求，则试验需要重新进行。

恒速段 CSS_M 的里程按照式（7-1）计算。

3）试验终止条件。进行 CHTC 循环试验时，当出现以下情况时停止试验。

① 按常规工况法进行试验时，若车辆最高车速不小于 CHTC 的最高车速，不能满足重型商用车试验循环的速度公差和时间公差的要求时，停止试验。

② 按常规工况法进行试验时，若车辆最高车速小于 CHTC 的最高车速，不能满足重型商用车试验循环的速度、时间公差要求时停止试验。

③ 按缩短法进行试验时，车辆在试验循环段 DS_1 和 DS_2 中需满足重型商用车试验循环的速度、时间的公差要求。当车辆在恒速段 CSS_E 连续 4s 不能满足速度公差下限时，停止试验。

达到试验结束条件时，车辆档位保持不变，滑行至 5km/h，再踩下制动踏板进行停车。

4）REESS 电流和电压的确定。从试验开始直到达到终止试验的条件，停止试验，整个过程中应按照规定测量所有 REESS 的电流和电压，不准许在浸车期间关闭任何 REESS 的电流电压测试仪器。如果使用的是按时积分设备，在浸车期间保持设备的工作状态。REESS 的电流和电压的测量在试验终止，车辆停止后立即结束。

（3）REESS 充电和电量的测量

试验结束后，车辆在 120min 内用常规充电进行充电，充电方式与试验前一致。

在车辆 REESS 和供电设备之间安装电量测量设备，测量从外部电源充入的电量 E_{AC} 以及充电时间，若车辆搭载车载充电机，则电量测量设备应安装在车载充电机和供电设备之间。当达到充电结束标准时，REESS 充电结束，同时停止电量测量。

7.4　能量消耗量和续驶里程的计算

试验结果相关参数和精度应符合表 7-4 的要求。进行能量消耗量和续驶里程计算时，除非有特殊说明，否则不应对过程数据进行四舍五入处理。

表 7-4　试验结果相关参数和精度

参数	单位	试验结果精度
能量消耗量 EC	W · h/km①	四舍五入至整数
充电电量 E	W · h	四舍五入至整数
续驶里程 BER	km	四舍五入至整数

① 根据需要，可将该单位换算为 kW · h/100km，换算后应保留相同的有效数字。

7.4.1　能量消耗量和续驶里程计算的相关公式

REESS 电能变化量的第 j 个速度区间的能量消耗量：

$$EC_{\mathrm{DC},j} = \frac{\Delta E_{\mathrm{REESS},j}}{d_j} \tag{7-2}$$

式中　$EC_{\mathrm{DC},j}$——基于 REESS 电能变化量的第 j 个速度区间的能量消耗量（W · h/km）；

j——速度区间的序号，对于完整的试验循环，j 记为 c；

d_j——车辆在第 j 个速度区间的行驶里程（km）；

$\Delta E_{\mathrm{REESS},j}$——第 j 个速度区间所有 REESS 的电能变化量（W · h），按照式（7-3）计算。

$$\Delta E_{\mathrm{REESS},j} = \sum_{g=1}^{m} \Delta E_{\mathrm{REESS},g,j} \tag{7-3}$$

式中　g——REESS 编号；

m——REESS 总数量；

$\Delta E_{\mathrm{REESS},g,j}$——第 j 个速度区间的时间范围内，编号为 g 的 REESS 电能变化量（W · h），按照式（7-4）计算。

$$\Delta E_{\mathrm{REESS},g,j} = \frac{1}{3600} \times \int_{t_0}^{t_{\mathrm{end}}} U(t)_{\mathrm{REESS},g,j} \times I(t)_{g,j} \mathrm{d}t \tag{7-4}$$

式中　t_0——第 j 个速度区间的开始时刻（s）；

t_{end}——第 j 个速度区间的结束时刻（s）；

$U(t)_{\mathrm{REESS},g,j}$——第 j 个速度区间的时间范围内，编号为 g 的 REESS 在 t 时刻的电压值（V）；

$I(t)_{g,j}$——第 j 个速度区间的时间范围内，编号为 g 的 REESS 在 t 时刻的电流值（A）。

对于最高车速小于 CLTC 最高车速的车辆，试验报告记录能量消耗量和续驶里程结果时应对最高车速进行说明。

7.4.2　能量消耗量

轻型汽车能量消耗量按照式（7-5）计算：

$$EC = \frac{E_{AC}}{BER} \tag{7-5}$$

式中 EC——基于从外部获取的能量消耗量（W·h/km）；

E_{AC}——通过试验测量得到的来自外部的电量（W·h）；

BER——通过试验后计算得到的续驶里程（km）。

重型商用车辆能量消耗量按照式（7-6）计算：

$$EC = \frac{E_{REESS,CCP(STP)}}{E_{REESS,CCP(STP)} - \Delta E_{REESS,af}} \times \frac{E_{AC}}{BER} \tag{7-6}$$

式中 EC——基于从外部电源获取的能量消耗量（W·h/km）；

$E_{REESS,CCP(STP)}$——按试验续驶里程确定的试验前后（包括试验前车辆移动的过程）REESS 的电能变化量（W·h）；

$\Delta E_{REESS,af}$——试验后车辆移动过程中所有 REESS 的电能变化量（W·h）；

E_{AC}——试验结束后充电测量得到的来自外部电源的电量（W·h）；

BER——计算得到的续驶里程（km）。

7.4.3 续驶里程

7.4.3.1 基于常规工况法的续驶里程

1. 轻型汽车

基于常规工况法的续驶里程按照式（7-7）计算：

$$BER = \frac{E_{REESS,CCP}}{EC_{DC}} \tag{7-7}$$

式中 BER——续驶里程（km）；

$E_{REESS,CCP}$——常规工况法试验前后 REESS 的电能变化量（W·h）；

EC_{DC}——基于 REESS 电能变化量的能量消耗量（W·h/km）。

其中，$E_{REESS,CCP}$和EC_{DC}分别按照式（7-8）、式（7-9）计算：

$$E_{REESS,CCP} = \sum_{j=1}^{k} \Delta E_{REESS,j} \tag{7-8}$$

式中 k——常规工况法试验结束后，车辆所行驶的速度区间数量，不含达到试验结束的标准时未运行完成的速度区间；

$\Delta E_{REESS,j}$——按照 7.4.1 规定计算得到的第j个速度区间所有 REESS 的电能变化量（W·h）。

$$EC_{DC} = \sum_{c=1}^{n} (EC_{DC,c} \times K_c) \tag{7-9}$$

式中 c——试验循环的序号；

n——常规工况法试验结束后，车辆所行驶的完整的试验循环数量，不含达到试验结束的标准时未运行完成的试验循环；

$EC_{DC,c}$——基于 REESS 电能变化量的第c个试验循环的能量消耗量（W·h/km）；

K_c——第c个试验循环的权重系数，按照式（7-10）计算：

$$K_c=\begin{cases}\dfrac{\Delta E_{\mathrm{REESS},c}}{E_{\mathrm{REESS,CCP}}},(c\leqslant 2)\\ \dfrac{1-K_1-K_2}{n-2},(c>2)\end{cases} \tag{7-10}$$

式中 $\Delta E_{\mathrm{REESS},c}$——按照规定计算得到的第 c 个试验循环所有 REESS 的电能变化量（W·h）。

2. 重型商用车辆

基于常规工况法的续驶里程按照式（7-11）计算：

$$\mathrm{BER}=\frac{E_{\mathrm{REESS,CCP}}}{EC_{\mathrm{DC}}} \tag{7-11}$$

式中 BER——续驶里程（km）；

$E_{\mathrm{REESS,CCP}}$——常规工况法试验前后 REESS 的电能变化量（W·h）；

EC_{DC}——基于 REESS 电能变化量的能量消耗量（W·h/km）。

其中，$E_{\mathrm{REESS,CCP}}$和 EC_{DC}分别按照式（7-12）、式（7-13）计算：

$$E_{\mathrm{REESS,CCP}}=\Delta E_{\mathrm{REESS,bc}}+\sum_{j=1}^{k}\Delta E_{\mathrm{REESS},j} \tag{7-12}$$

式中 $\Delta E_{\mathrm{REESS,bc}}$——试验前车辆移动过程中所有 REESS 的电能变化量（W·h）；

k——常规工况法试验结束后，车辆所行驶的速度区间数量，含达到试验结束的标准时未运行完成的速度区间；

$\Delta E_{\mathrm{REESS},j}$——按照 7.4.1 规定计算得到的第 j 个速度区间所有 REESS 的电能变化量（W·h）。

$$EC_{\mathrm{DC}}=\sum_{c=1}^{n}(EC_{\mathrm{DC},c}\times K_c) \tag{7-13}$$

式中 c——试验循环的序号；

n——常规工况法试验结束后，车辆所行驶的完整的试验循环数量，不含达到试验结束的标准时未运行完成的试验循环；

$EC_{\mathrm{DC},c}$——基于 REESS 电能变化量的第 c 个试验循环的能量消耗量（W·h/km）；

K_c——第 c 个试验循环的权重系数，按照式（7-14）计算：

$$K_c=\begin{cases}\dfrac{\Delta E_{\mathrm{REESS},c}}{R_{\mathrm{REESS,CCP}}},(c\leqslant 2)\\ \dfrac{1-K_1-K_2}{n-2},(c>2)\end{cases} \tag{7-14}$$

式中 $\Delta E_{\mathrm{REESS},c}$——按照规定计算得到的第 c 个试验循环所有 REESS 的电能变化量（W·h）。

7.4.3.2 基于缩短法的续驶里程

基于缩短法的续驶里程按照式（7-15）计算：

$$\mathrm{BER}=\frac{E_{\mathrm{REESS,STP}}}{EC_{\mathrm{DC}}} \tag{7-15}$$

式中 BER——续驶里程（km）；

$E_{\mathrm{REESS,STP}}$——缩短法试验前后，REESS 的电能变化量（W·h）；

EC_{DC}——基于 REESS 电能变化量的能量消耗量（W·h/km）。

其中，轻型汽车的 $E_{\mathrm{REESS,STP}}$ 按照式（7-16）计算，重型商用汽车的 $E_{\mathrm{REESS,STP}}$ 按照

式（7-17）计算，EC_{DC}按照式（7-18）计算：

$$E_{REESS,STP} = \Delta E_{REESS,DS_1} + \Delta E_{REESS,CSS_M} + \Delta E_{REESS,DS_2} + \Delta E_{REESS,CSS_E} \tag{7-16}$$

式中　$\Delta E_{REESS,DS_1}$——按照规定计算得到的试验循环段 DS_1 所有 REESS 的电能变化量（W·h）；

$\Delta E_{REESS,CSS_M}$——按照规定计算得到的恒速段 CSS_M所有 REESS 的电能变化量（W·h）；

$\Delta E_{REESS,DS_2}$——按照规定计算得到的试验循环段 DS_2 所有 REESS 的电能变化量（W·h）；

$\Delta E_{REESS,CSS_E}$——按照规定计算得到的恒速段 CSS_E所有 REESS 的电能变化量（W·h）。

$$E_{REESS,STP} = \Delta E_{REESS,bc} + \Delta E_{REESS,DS_1} + \Delta E_{REESS,CSS_M} + \Delta E_{REESS,DS_2} + \Delta E_{REESS,CSS_E} \tag{7-17}$$

式中　$\Delta E_{REESS,bc}$——试验前车辆移动过程中所有 REESS 的电能变化量（W·h）；

$\Delta E_{REESS,DS_1}$——按照规定计算得到的试验循环段 DS_1 所有 REESS 的电能变化量（W·h）；

$\Delta E_{REESS,CSS_M}$——按照规定计算得到的恒速段 CSS_M所有 REESS 的电能变化量（W·h）；

$\Delta E_{REESS,DS_2}$——按照规定计算得到的试验循环段 DS_2 所有 REESS 的电能变化量（W·h）；

$\Delta E_{REESS,CSS_E}$——按照规定计算得到的恒速段 CSS_E所有 REESS 的电能变化量（W·h）。

$$EC_{DC} = \sum_{c=1}^{4} (EC_{DC,c} \times K_c) \tag{7-18}$$

式中　c——试验循环的序号；

$EC_{DC,c}$——基于 REESS 电能变化量的第 c 个试验循环的能量消耗量（W·h/km）；

K_c——第 c 个试验循环的权重系数，按照式（7-19）计算。

$$K_c = \begin{cases} \dfrac{\Delta E_{REESS,c}}{E_{REESS,STP}}, (c \leqslant 2) \\ \dfrac{1 - K_1 - K_2}{n - 2}, (c > 2) \end{cases} \tag{7-19}$$

式中　$\Delta E_{REESS,c}$——按照规定计算得到的第 c 个试验循环所有 REESS 的电能变化量（W·h）。

7.4.4　确定试验结果

如果第一次试验后，试验结果满足表 7-5 中第一次试验的要求，型式检验结果采用汽车生产企业的申报综合值作为型式认证值。否则，应进行第二次试验。

表 7-5　试验次数准则

试验	判断标准	*EC*	BER
第一次试验	第一次试验结果	≤申报综合值×1.02	>申报综合值×0.98
第二次试验	两次试验结果算术平均值	≤申报综合值×1.02	>申报综合值×0.98
第三次试验	三次试验结果算术平均值	≤申报综合值×1.02	>申报综合值×0.98

第二次试验结束后，计算两次试验结果的算术平均值，如果算术平均结果满足表 7-5 中第二次试验的要求，型式检验结果采用汽车生产企业的申报综合值作为型式认证值。否则，应进行第三次试验。

第三次试验结束后，计算三次试验结果的算术平均值。如果算术平均结果满足表 7-5 中第三次试验的要求，型式检验结果采用汽车生产企业的申报综合值作为型式认证值。如果算术平均结果不满足表 7-5 中第三次试验的要求，型式检验结果采用三次试验结果的算术平均值。

汽车生产企业根据表 7-6 申报试验车辆的结果。

表 7-6　汽车生产企业需要提供的申报综合值

项目	申报综合值①
能量消耗量 EC/(W·h/km)	按照 7.4.2 确定
续驶里程 BER/km	按照 7.4.3 确定

① 申报综合值精度应符合表 7-4 的要求。

习　　题

1. GB/T 18386 分为哪几个部分？分别适用于哪些车辆？
2. 轻型汽车试验的环境条件中温度和风速有何要求？
3. 重型商用车辆试验对车辆试验质量有何要求？
4. 如何进行轻型汽车试验程序中道路载荷测量与测功机的设定？
5. 轻型汽车试验程序中能量消耗量和续驶里程试验的驾驶模式如何选择？
6. 轻型汽车试验程序中缩短法的试验流程是怎样的？
7. 重型商用车辆试验程序中试验循环的速度公差和时间公差有何要求？
8. 试验结束后对 REESS 充电和电量测量有何要求？
9. 能量消耗量计算中轻型汽车和重型商用车辆的计算公式有何不同？
10. 续驶里程计算中基于常规工况法和缩短法的计算公式分别是怎样的（分别以轻型汽车和重型商用车辆为例）？

第8章

电动汽车定型试验规程

学习目标

1. 了解电动汽车定型试验中所涉及的强制标准。
2. 掌握电动汽车整车性能试验方法。

8.1 GB/T 18388—2005 概述

为了配合国家有关部门实行的所有在中华人民共和国境内生产的汽车应登入《全国汽车、民用改装车和摩托车生产企业及产品目录》的管理，保证电动汽车能够安全上路行驶，确保电动道路车辆的质量，保护乘员、行人安全，保护环境，制定《电动汽车 定型试验规程》（GB/T 18388—2005）。电动汽车定型试验规程的制定，对电动汽车的发展有着非常重要的意义。

1. 确保产品符合国家标准

通过强制性标准的检验，对电动汽车的多项指标进行检测，如车外噪声、风窗玻璃除霜、除雾系统等，确保车辆符合相应规定。同时，在电动汽车的安全结构、动力性能、能量消耗率和续驶里程、电场和磁场等专项性能方面，按照相关的标准进行试验检测，可以保证车辆整体性能达标。

2. 评估车辆性能

通过整车性能试验对电动汽车的性能进行全面评估，包括整车基本参数和主要性能参数测量，以及对车辆安全结构、动力性能、能量消耗率和续驶里程、电场和磁场等方面进行试验检测，为电动汽车的性能评估提供全面准确的数据。

3. 验证可靠性

通过长里程行驶测试，验证车辆在不同路况下的可靠性，确保车辆在实际使用中的稳定性和耐久性。可靠性行驶试验在国家授权的试验场地内进行，总里程根据相应燃油车辆定型试验规程确定，且坏路、平路和高速路按特定的里程比例进行分配。

4. 为产品改进提供依据

在试验过程中若发现问题，如电池系统、电机及其控制系统、车载充电系统等出现性能指标与产品技术条件差距大，可促使厂家对产品进行改进，从而推动电动汽车技术的不断发展和完善。

5. 规范市场准入

试验单位按照定型试验规程编写试验大纲并严格执行大纲，进行试验。只有通过定型试验的车辆才能登入产品目录，具备进入市场的资格。这样有助于规范电动汽车市场，保障消费者购买到符合标准、性能可靠、保证安全的产品。

《电动汽车 定型试验规程》(GB/T 18388—2005)适用于纯电动汽车。

8.2 纯电动汽车定型试验

8.2.1 纯电动汽车定型试验实施条件

1)车辆制造厂确认该车型符合设计任务书、设计图样及技术条件的要求,即可申请进行定型试验。

2)提供定型试验的样车数量:1 辆。

3)定型试验前,生产厂必须提供如下文件。

① 产品技术条件和技术规范。

② 使用维护说明书。

③ 能够证明试验样车符合国家已颁发的强制性标准检测要求的试验报告或技术文件。

④ 车辆主要总成(电池系统、电机及其控制系统、车载充电系统等)相关试验报告。

⑤ 其他认为需要的资料和技术文件。

4)制造厂在具备上述条件后,向有关部门提出定型试验的申请,并由国家授权的定型试验单位进行定型试验。定型试验单位按 GB/T 18388—2005 编写试验大纲。

8.2.2 定型试验

定型试验的试验项目由强制性标准检验、整车性能试验和整车试验场可靠性行驶试验 3 部分组成,各项试验项目及其对应的试验方法和评定依据均由不同的标准进行规定。

改装车的试验项目则根据具体变化确定具体的试验项目,凡因改装而引起变化的项目都应该进行试(检)验。改装车的基础车型必须是机动车产品目录上的产品。

8.2.2.1 强制性标准检验

1. 强制性标准的检测项目

具体内容见表 8-1。

表 8-1 强制性标准的检测项目

标准代号	标准名称
GB 1495	汽车加速行驶车外噪声限值及测量方法
GB 1589	汽车、挂车及汽车列车外廓尺寸、轴荷及质量限值
GB 4094	汽车操纵件、指示器及信号装置的标志
GB 4599	汽车用灯丝灯泡前照灯
GB 4660	机动车用前雾灯配光性能
GB 4785	汽车及挂车外部照明和光信号装置的安装规定
GB 5920	汽车和挂车光信号装置及系统
GB 7063	汽车护轮板
GB 7258	机动车运行安全技术条件

（续）

标准代号	标准名称
GB 8410	汽车内饰材料的燃烧特性
GB 9656	机动车玻璃安全技术规范
GB 9743	轿车轮胎
GB 9744	载重汽车轮胎
GB 11552	乘用车内部凸出物
GB 11554	机动车和挂车用后雾灯配光性能
GB 11555	汽车风窗玻璃除霜和除雾系统的性能和试验方法
GB 11557	防止汽车转向机构对驾驶员伤害的规定
GB 11562	汽车驾驶员前方视野要求及测量方法
GB 11564	机动车回复反射装置
GB 11566	乘用车外部凸出物
GB 11567	汽车及挂车侧面和后下部防护要求
GB 12676	商用车辆和挂车制动系统技术要求及试验方法
GB 13057	客车座椅及其车辆固定件的强度
GB 13094	客车结构安全要求
GB 14023	车辆、船和内燃机　无线电骚扰特性　用于保护车外接收机的限值和测量方法
GB 14166	机动车乘员用安全带和约束系统
GB 14167	机动车乘员用安全带和约束系统安装固定点
GB 15082	汽车用车速表
GB 15083	汽车座椅、座椅固定装置及头枕强度要求和试验方法
GB 15084	机动车辆　间接视野装置　性能和安装要求
GB 15085	汽车风窗玻璃刮水器和洗涤器　性能要求和试验方法
GB 15086	汽车门锁及车门保持件的性能要求和试验方法
GB 15235	汽车及挂车倒车灯配光性能
GB 15740	汽车防盗装置
GB 15741	汽车和挂车号牌板（架）及其位置
GB 15742	机动车用喇叭的性能要求及试验方法
GB 15743	轿车侧门强度
GB 16735	道路车辆　车辆识别代号（VIN）
GB 16897	制动软管的结构、性能要求及试验方法
GB 17354	乘用车前后端保护装置
GB 17509	汽车及挂车转向信号灯配光性能
GB 17675	汽车转向系　基本要求
GB 18099	机动车及挂车侧标志灯配光性能
GB 18409	汽车驻车灯配光性能
GB 18986	轻型客车结构安全要求
GB 19151	机动车用三角警告牌

表中凡是注日期的引用文件，其随后所有的修改单（不包括勘误的内容）或修订版均不适用于本标准；凡是不注日期的引用文件，其最新版本适用于本标准。

2. 车外噪声、风窗玻璃除霜和除雾的试验方法

1）电动汽车做车外噪声试验时，在参照《汽车加速行驶车外噪声限值及测量法》（GB 1495—2002）的同时，需做如下变动。

如果电动汽车装有手动变速器，试验车辆由生产厂自行决定入线档位，入线速度为50km/h；如果电动汽车装有自动变速器，自动变速器装有手动选档器，则选档器处于制造厂为正常行驶而推荐的位置来进行测量，入线速度为50km/h；无级变速的电动汽车入线速度为50km/h。

2）电动汽车在做风窗玻璃除雾系统试验时，参照《汽车风窗玻璃除霜和除雾系统的性能要求及试验方法》（GB 11555—2009），只要求打开主电路开关，动力电机不工作。

8.2.2.2　整车性能试验

电动汽车的整车性能试验必须在国家授权的试验场地内进行。试验项目根据产品技术条件进行评定。

1. 整车基本参数和主要性能参数测量

整车外部尺寸参数测量，按《汽车主要尺寸测量方法》（GB/T 12673）进行；整车质量参数测量，按《汽车、挂车及汽车列车质量参数测量方法》（GB/T 12674）进行；汽车重心高度测量，按《道路车辆　质心位置的测定》（GB/T 12538）进行。

2. 电动汽车专项性能试验

1）电动汽车的车辆安全结构按《电动汽车安全要求》（GB/T 18384）的规定进行测量。

2）电动汽车的动力性能按《纯电动汽车　动力性能　试验方法》（GB/T 18385）的规定进行测量。

3）电动汽车的能量消耗率和续驶里程应按《电动汽车能量消耗量和续驶里程试验方法》（GB/T 18386）的规定进行测量。

4）电动汽车的电场和磁场应按《电动车辆的电磁场发射强度的限值和测量方法》（GB/T 18387）的规定进行测量。

8.2.2.3　可靠性行驶试验

电动汽车的可靠性行驶试验在国家授权的试验场地内进行。可靠性行驶试验的总里程按《汽车可靠性行驶试验方法》（GB/T 12678）中相应燃油车辆定型试验规程中规定的可靠性行驶总里程的50%确定。里程分配比例为环路占35%，平路和高速占65%。若总里程若小于5000km，按5000km执行。

8.2.2.4　试验程序

1）接收检查试验样车，并进行登记。

2）按照制造厂规定进行磨合行驶。

3）进行强制性标准检验、整车性能和可靠性行驶试验。

4）试验终止条件。在试验过程中发现下列情况之一时，试验单位必须终止试验：

① 需要做较大变更方能符合强制性标准检测项目的要求。

② 转向、制动系统的效能不能确保行车安全。

③ 样车性能指标与产品技术条件差距较大。

④ 车架、车身及其承载系统出现断裂或开裂，试验无法进行。

⑤ 电池系统、电机及其控制系统、车载充电系统出现严重问题无法试验。

⑥ 试验单位认为必须终止试验的其他情况。

5）试验过程中，按照使用说明书的规定进行操作，并维护和保养。

6）试验完成后，由试验单位按规定内容提供试验报告。

8.2.2.5 编写试验报告

试验报告主要应该包括：①任务来源；②试验目的；③试验方案的确定依据；④试验依据的主要标准；⑤试验条件；⑥试验对象；⑦试验结果；⑧结论。

8.3 混合动力电动汽车定型试验

混合动力电动汽车和纯电动汽车同属于电动汽车，故在定型试验的规程上大同小异。本节仅陈述混合动力电动汽车与纯电动汽车试验时的不同点。混合动力电动车定型试验适用标准为《混合动力电动汽车　定型试验规程》（GB/T 19750—2005）。

8.3.1 混合动力电动汽车试验部分规程

1）提供定型试验的样车数量：2 辆。

2）混合动力电动汽车专项性能试验。

混合动力电动汽车的安全要求按《电动汽车安全要求》（GB 18384）进行测量。

混合动力电动汽车的动力性能按《混合动力电动汽车　动力性能　试验方法》（GB/T 19752）进行测量。

混合动力电动汽车的排气污染物按《轻型混合动力电动汽车污染物排放测量方法》（GB 19755）进行测量。

混合动力电动汽车的能量消耗量的测量按《轻型混合动力电动汽车能量消耗量试验方法》（GB/T 19753）、《重型混合动力电动汽车能量消耗量试验方法》（GB/T 19754）进行测量。

3）可靠性行驶试验。混合动力电动汽车的可靠性行驶试验应在国家授权的试验场地内进行。

① 全新设计的混合动力电动汽车按《汽车可靠性行驶试验方法》（GB/T 12678）对应传统车辆进行可靠性行驶试验。

② 改装车可靠性行驶试验的总里程为 15000km，总质量小于 3.5t 的车辆里程分配为强化坏路 3000km，平路 2000km，高速跑道 5000km，耐久工况 5000km；总质量大于 3.5t 的车辆里程分配为强化坏路 3000km，平路 2000km，高速跑道 5000km，运行使用试验 5000km。

8.3.2 耐久工况

耐久工况试验可以在跑道、道路或转鼓试验台上运行，每一试验循环行驶里程为 66km，由 11 个小循环组成，每个小循环的行驶里程为 6km；在前 9 个小循环中，汽车在每一小循环中途停车 4 次，每 1 次发动机怠速 15s；正常加速和减速；每个小循环中途，有 5 次减速，车速从循环速度减速到32km/h，然后汽车再逐渐加速到循环车速；前9个小循环运行规范如图8-1所示。

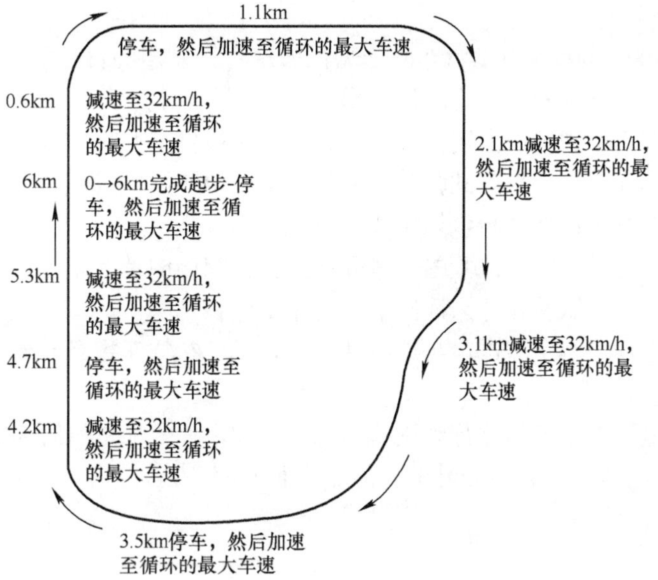

图8-1　循环工况运行规范

第10个小循环，汽车在89km/h等速下运行；第11个小循环的开始，汽车从停止点以最大加速度加速到113km/h。到该循环里程一半时，正常使用制动器，直至汽车停止。随之15s的怠速和第2次最大加速然后重新开始此规范。每个循环的最高车速见表8-2。

表8-2　每个循环的最高车速

循环次数	循环最高车速/(km/h)
1	64
2	48
3	64
4	64
5	56
6	48
7	56
8	72
9	56
10	89
11	113

习　题

1. GB/T 18388—2005《电动汽车　定型试验规程》制定的目的是什么？

2. 纯电动汽车定型试验的实施条件有哪些？

3. 纯电动汽车定型试验中强制性标准检验的检测项目有哪些？请至少列举5项。

4. 纯电动汽车在做车外噪声试验时有哪些特殊规定？

5. 纯电动汽车整车性能试验包括哪些项目？

6. 纯电动汽车可靠性行驶试验的总里程和里程分配比例是怎样的？

7. 纯电动汽车定型试验在什么情况下会终止试验？

8. 混合动力电动汽车定型试验与纯电动汽车相比，在样车数量和专项性能试验方面有哪些不同？

9. 混合动力电动汽车可靠性行驶试验的总里程和里程分配是如何规定的？

10. 混合动力电动汽车耐久工况试验的循环行驶里程、小循环组成及每个小循环的特点是什么？

参考文献

[1] 中华人民共和国工业和信息化部. 汽车、挂车及汽车列车的术语和定义　第1部分：类型：GB/T 3730.1—2022 [S]. 北京：中国标准出版社，2022.

[2] 中华人民共和国机械工业部. 道路车辆　质量　词汇和代码：GB/T 3730.2—1996 [S]. 北京：中国标准出版社，1996.

[3] 中国石油和化工联合会. 轮胎　术语：GB/T 6326—2023 [S]. 北京：中国标准出版社，2023.

[4] 中华人民共和国工业和信息化部. 汽车速度表、里程表检验校正方法：GB/T 12548—2016 [S]. 北京：中国标准出版社，2016.

[5] 全国电气安全标准化技术委员会. 外壳防护等级（IP代码）：GB/T 4208—2017 [S]. 北京：中国标准出版社，2017.

[6] 中华人民共和国工业和信息化部. 汽车正面碰撞的乘员保护：GB 11551—2014 [S]. 北京：中国标准出版社，2014.

[7] 中华人民共和国工业和信息化部. 电动汽车安全要求：GB 18384—2020 [S]. 北京：中国标准出版社，2020.

[8] 中华人民共和国工业和信息化部. 纯电动汽车　动力性能　试验方法：GB 18385—2024 [S]. 北京：中国标准出版社，2024.

[9] 中华人民共和国工业和信息化部. 电动汽车术语：GB 19596—2017 [S]. 北京：中国标准出版社，2017.

[10] 中华人民共和国国家发展和改革委员会. 汽车侧面碰撞的乘员保护：GB 20071—2006 [S]. 北京：中国标准出版社，2006.

[11] 中华人民共和国国家发展和改革委员会. 乘用车后碰撞燃油系统安全要求：GB 20072—2006 [S]. 北京：中国标准出版社，2006.

[12] 中国标准化研究院. 数值修约规则与极限数值的表示和判定：GB/T 8170—2008 [S]. 北京：中国标准出版社，2008.

[13] 中国汽车工业公司. 汽车道路试验方法通则：GB/T 12534—1990 [S]. 北京：中国标准出版社，1990.

[14] 中华人民共和国国家发展和改革委员会. 汽车燃料消耗量试验方法　第1部分：乘用车燃料消耗量试验方法：GB/T 12545.1—2008 [S]. 北京：中国标准出版社，2008.

[15] 中华人民共和国环境保护部. 轻型汽车污染物排放限值及测量方法（中国第六阶段）：GB 18352.6—2016 [S]. 北京：中国环境出版社，2016.

[16] 中华人民共和国工业和信息化部. 重型商用车辆燃料消耗量测量方法：GB/T 27840—2021 [S]. 北京：中国标准出版社，2021.

[17] 中华人民共和国机械工业部. 机动车辆及挂车分类：GB/T 15089—2001 [S]. 北京：中国标准出版社，2001.

[18] 中华人民共和国工业和信息化部. 轻型汽车燃料消耗量试验方法：GB/T 19233—2020 [S]. 北京：中国标准出版社，2020.

[19] 中华人民共和国工业和信息化部. 中国汽车行驶工况　第1部分：轻型汽车：GB/T38146.1—2019 [S]. 北京：中国标准出版社，2019.

[20] 中华人民共和国工业和信息化部．中国汽车行驶工况　第 2 部分：重型商用车辆：GB/T 38146.2—2019 [S]．北京：中国标准出版社，2019.
[21] 中华人民共和国公安部．机动车运行安全技术条件：GB 7258—2017 [S]．北京：中国标准出版社，2017.
[22] 中华人民共和国工业和信息化部．重型商用车辆燃料消耗量测量方法：GB/T 27840—2021 [S]．北京：中国标准出版社，2021.
[23] 中华人民共和国工业和信息化部．电动汽车能量消耗量和续驶里程试验方法　第 1 部分：轻型汽车：GB/T 18386.1—2021 [S]．北京：中国标准出版社，2021.
[24] 中华人民共和国工业和信息化部．电动汽车能量消耗量和续驶里程试验方法　第 2 部分：重型商用车辆：GB/T 18386.2—2022 [S]．北京：中国标准出版社，2022.
[25] 中华人民共和国工业和信息化部．电动车辆的电磁场发射强度的限值和测量方法：GB/T 18387—2017 [S]．北京：中国标准出版社，2022.
[26] 中华人民共和国工业和信息化部．道路车辆　质心位置的测定：GB/T 12538—2023 [S]．北京：中国标准出版社，2023.
[27] 中华人民共和国工业和信息化部．汽车主要尺寸测量方法：GB/T 12673—2019 [S]．北京：中国标准出版社，2019.
[28] 中华人民共和国工业和信息化部．汽车、挂车及汽车列车质量参数测量方法：GB/T 12674—2024 [S]．北京：中国标准出版社，2024.
[29] 中华人民共和国工业和信息化部．乘用车前后端保护装置：GB 17354—2024 [S]．北京：中国标准出版社，2024.
[30] 中华人民共和国工业和信息化部．混合动力电动汽车　动力性能　试验方法：GB/T 19752—2024 [S]．北京：中国标准出版社，2024.
[31] 中华人民共和国工业和信息化部．轻型混合动力电动汽车能量消耗量试验方法：GB/T 19753—2021 [S]．北京：中国标准出版社，2021.
[32] 全国汽车标准化技术委员会．重型混合动力电动汽车能量消耗量试验方法：GB/T 19754—2021 [S]．北京：中国标准出版社，2021.
[33] 中华人民共和国环境保护部．轻型混合动力电动汽车污染物排放控制要求及测量方法：GB 19755—2016 [S]．北京：中国环境出版社，2016.
[34] 中华人民共和国国家发展和改革委员会，中华人民共和国交通部，中华人民共和国公安部．道路车辆外廓尺寸、轴荷及质量限值：GB 1589—2004 [S]．北京：中国标准出版社，2004.
[35] 全国电工电子产品环境条件与环境试验标准化技术委员会．环境试验　第 2 部分：试验方法　试验 Ka：盐雾：GB/T 2423.17—2024 [S]．北京：中国标准出版社，2024.
[36] 全国电工电子产品环境条件与环境试验标准化技术委员会．电工电子产品环境试验　第 2 部分：试验方法　试验 Db：交变湿热（12h + 12h 循环）：GB/T 2423.4—2008 [S]．北京：中国标准出版社，2008.
[37] 全国电工电子产品环境条件与环境试验标准化技术委员会．电工电子产品环境试验　第 2 部分：试验方法　振动、冲击和类似动力学试验样品的安装：GB/T 2423.43—2008 [S]．北京：中国标准出版社，2008.
[38] 全国电工电子产品环境条件与环境试验标准化技术委员会．环境试验　第 2 部分：试验方法　试验 Fh：宽带随机振动和导则：GB/T 2423.56—2023 [S]．北京：中国标准出版社，2023.
[39] 中国石油和化学工业协会．漆膜颜色标准：GB/T 3181—2008 [S]．北京：中国标准出版社，2008.
[40] 中华人民共和国工业和信息化部．汽车操纵件、指示器及信号装置的标志：GB 4094—2016 [S]．北京：中国标准出版社，2016.

［41］中华人民共和国工业和信息化部．电动汽车　操纵件、指示器及信号装置的标志：GB/T 4094.2—2017［S］．北京：中国标准出版社，2017.
［42］中华人民共和国工业和信息化部．汽车道路照明装置及系统：GB 4599—2024［S］．北京：中国标准出版社，2024.
［43］中华人民共和国工业和信息化部．汽车及挂车外部照明和光信号装置的安装规定：GB 4785—2019［S］．北京：中国标准出版社，2019.
［44］中华人民共和国国家机械工业局．摩托车白炽丝光源前照灯配光性能：GB 5948—1998［S］．北京：中国标准出版社，1998.
［45］中华人民共和国公安部．消防车　第1部分：通用技术条件：GB 7956.1—2014［S］．北京：中国标准出版社，2014.
［46］中华人民共和国公安部．车用电子警报器：GB 8108—2014［S］．北京：中国标准出版社，2014.
［47］中华人民共和国国家发展和改革委员会．汽车内饰材料的燃烧特性：GB 8410—2006［S］．北京：中国标准出版社，2006.
［48］中华人民共和国工业和信息化部．机动车玻璃安全技术规范：GB 9656—2021［S］．北京：中国标准出版社，2021.
［49］全国机械工业联合会．农林拖拉机和机械、草坪和园艺动力机械　安全标志和危险图形 总则：GB 10396—2006［S］．北京：中国标准出版社，2006.
［50］中华人民共和国工业和信息化部．汽车及挂车侧面和后下部防护要求：GB 11567—2017［S］．北京：中国标准出版社，2017.
［51］中华人民共和国工业和信息化部．客车装载质量计算方法：GB/T 12428—2023［S］．北京：中国标准出版社，2023.
［52］中华人民共和国工业和信息化部．商用车辆和挂车制动系统技术要求及试验方法：GB 12676—2014［S］．北京：中国标准出版社，2014.
［53］中华人民共和国工业和信息化部．客车座椅及其车辆固定件的强度：GB 13057—2023［S］．北京：中国标准出版社，2023.
［54］中华人民共和国公安消防局．机动车排气火花熄灭器：GB 13365—2005［S］．北京：中国标准出版社，2005.
［55］中华人民共和国交通运输部．道路运输危险货物车辆标志：GB 13392—2023［S］．北京：中国标准出版社，2023.
［56］中华人民共和国工业和信息化部．机动车乘员用安全带和约束系统：GB 14166—2024［S］．北京：中国标准出版社，2024.
［57］中华人民共和国工业和信息化部．汽车、挂车及汽车列车静侧倾稳定性台架试验方法：GB/T 14172—2021［S］．北京：中国标准出版社，2021.
［58］全国汽车工业协会．机动车辆　间接视野装置　性能和安装要求：GB 15084—2022［S］．北京：中国标准出版社，2022.
［59］中华人民共和国国家发展和改革委员会．摩托车和轻便摩托车操纵件、指示器及信号装置的图形符号：GB 15365—2008［S］．北京：中国标准出版社，2008.
［60］中华人民共和国工业和信息化部．道路车辆　车辆识别代号（VIN）：GB 16735—2019［S］．北京：中国标准出版社，2019.
［61］中华人民共和国工业和信息化部．摩托车和轻便摩托车后视镜的性能和安装要求：GB 17352—2010［S］．北京：中国标准出版社，2010.
［62］中华人民共和国国家发展和改革委员会．客车上部结构强度要求及试验方法：GB 17578—2013［S］．北京：中国标准出版社，2013.

[63] 中华人民共和国国家机械工业局. 天然气汽车和液化石油气汽车　标志：GB/T 17676—1999 [S]. 北京：中国标准出版社，1999.
[64] 中华人民共和国国家发展和改革委员会. 摩托车照明和光信号装置的安装规定　第 1 部分：两轮摩托车 标志：GB 18100. 1—2010 [S]. 北京：中国标准出版社，2010.
[65] 中华人民共和国国家发展和改革委员会. 摩托车照明和光信号装置的安装规定　第 2 部分：两轮轻便摩托车：GB 18100. 2—2010 [S]. 北京：中国标准出版社，2010.
[66] 中华人民共和国国家发展和改革委员会. 摩托车照明和光信号装置的安装规定　第 3 部分：三轮摩托车：GB 18100. 3—2010 [S]. 北京：中国标准出版社，2010.
[67] 中华人民共和国工业和信息化部. 机动车产品标牌：GB/T 18411—2018 [S]. 北京：中国标准出版社，2018.
[68] 中国机械工业联合会. 拖拉机　安全要求　第 1 部分：轮式拖拉机：GB 18447. 1—2008 [S]. 北京：中国标准出版社，2008.
[69] 中华人民共和国工业和信息化部. 道路运输液体危险货物罐式车辆　第 1 部分：金属常压罐体技术要求：GB 18564. 1—2019 [S]. 北京：中国标准出版社，2019.
[70] 全国锅炉压力容器标准化技术委员会. 道路运输液体危险货物罐式车辆　第 2 部分：非金属常压罐体技术要求：GB 18564. 2—2008 [S]. 北京：中国标准出版社，2008.
[71] 中国科学院. 声学　汽车车内噪声测量方法：GB/T 18697—2002 [S]. 北京：中国标准出版社，2002.
[72] 中华人民共和国公安部. 汽车行驶记录仪：GB/T 19056—2021 [S]. 北京：中国标准出版社，2021.
[73] 中华人民共和国国家机械工业局. 机动车用三角警告牌：GB 19151—2003 [S]. 北京：中国标准出版社，2003.
[74] 中华人民共和国工业和信息化部. 发射对称近光和/或远光的机动车前照灯：GB 19152—2016 [S]. 北京：中国标准出版社，2016.
[75] 中华人民共和国工业和信息化部. 电动汽车仪表：GB/T 19836—2019 [S]. 北京：中国标准出版社，2019.
[76] 中华人民共和国工业和信息化部. 摩托车和轻便摩托车外部凸出物：GB 20074—2017 [S]. 北京：中国标准出版社，2017.
[77] 中华人民共和国工业和信息化部. 摩托车乘员扶手和脚踏：GB 20075—2020 [S]. 北京：中国标准出版社，2020.
[78] 中华人民共和国工业和信息化部. 电动汽车传导充电用连接装置　第 1 部分：通用要求：GB/T 20234. 1—2023 [S]. 北京：中国标准出版社，2023.
[79] 中华人民共和国工业和信息化部. 道路运输爆炸品和剧毒化学品车辆安全技术条件：GB 20300—2018 [S]. 北京：中国标准出版社，2018.
[80] 中华人民共和国国家发展和改革委员会. 汽车用气体放电光源前照灯：GB 21259—2007 [S]. 北京：中国标准出版社，2007.
[81] 中国机械工业联合会. 危险货物运输车辆结构要求：GB 21668—2008 [S]. 北京：中国标准出版社，2008.
[82] 中华人民共和国国家发展和改革委员会. 货车及挂车　车身反光标识：GB 23254—2009 [S]. 北京：中国标准出版社，2009.
[83] 中华人民共和国公安部. 校车标识：GB 24315—2009 [S]. 北京：中国标准出版社，2009.
[84] 中华人民共和国工业和信息化部. 专用校车学生座椅及其车辆固定件的强度：GB 24406—2024 [S]. 北京：中国标准出版社，2024.
[85] 中华人民共和国工业和信息化部. 专用校车安全技术条件：GB 24407—2012 [S]. 北京：中国标准出

版社，2012.
［86］中华人民共和国国家改革和发展委员会．车辆车速限制系统技术要求：GB/T 24545—2009［S］. 北京：中国标准出版社，2009.
［87］中华人民共和国工业和信息化部．道路车辆　标牌和标签：GB/T 25978—2018［S］. 北京：中国标准出版社，2018.
［88］中华人民共和国国家改革和发展委员会．车辆尾部标志板：GB 25990—2010［S］. 北京：中国标准出版社，2010.
［89］中华人民共和国国家改革和发展委员会．汽车用 LED 前照灯：GB 25991—2010［S］. 北京：中国标准出版社，2010.
［90］中华人民共和国工业和信息化部．乘用车顶部抗压强度：GB 26134—2024［S］. 北京：中国标准出版社，2024.
［91］中华人民共和国国家改革和发展委员会．商用车前下部防护要求：GB 26511—2011［S］. 北京：中国标准出版社，2011.
［92］中华人民共和国工业和信息化部．车辆运输车通用技术条件：GB/T 26774—2016［S］. 北京：中国标准出版社，2016.
［93］中华人民共和国国家改革和发展委员会．道路车辆　电气及电子设备的环境条件和试验　第 4 部分：气候负荷：GB/T 28046. 4—2011［S］. 北京：中国标准出版社，2011.
［94］中华人民共和国工业和信息化部．汽车用自适应前照明系统：GB/T 30036—2013［S］. 北京：中国标准出版社，2013.
［95］中华人民共和国工业和信息化部．客车用安全标志和信息符号：GB 30678—2014［S］. 北京：中国标准出版社，2014.
［96］中华人民共和国工业和信息化部．电动汽车碰撞后安全要求：GB/T 31498—2021［S］. 北京：中国标准出版社，2021.
［97］中华人民共和国工业和信息化部．道路车辆牵引连接件、牵引杆孔、牵引座牵引销、连接钩及环形孔机械连接件使用磨损极限：GB/T 31883—2015［S］. 北京：中国标准出版社，2015.
［98］中华人民共和国工业和信息化部．客车灭火装备配置要求：GB 34655—2017［S］. 北京：中国标准出版社，2017.
［99］中华人民共和国工业和信息化部．道路车辆　电磁兼容性要求和试验方法：GB 34660—2017［S］. 北京：中国标准出版社，2017.
［100］中华人民共和国工业和信息化部．电动汽车用动力蓄电池安全要求：GB 38031—2020［S］. 北京：中国标准出版社，2020.
［101］中华人民共和国公安部装备财务局．2004 式警车汽车类外观制式涂装规范：GA 524—2004［S］. 北京：中国标准出版社，2004.
［102］中华人民共和国公安部装备财务局．2004 式警车摩托车类外观制式涂装规范：GA 525—2004［S］. 北京：中国标准出版社，2004.
［103］中华人民共和国公安部治安管理局．公安特警专用车辆外观制式涂装规范：GA 923—2011［S］. 北京：中国标准出版社，2011.
［104］全国道路交通管理标准化技术委员会．机动车类型术语和定义：GA 802—2019［S］. 北京：中国标准出版社，2019.
［105］中华人民共和国公安部消防局．公共汽车客舱固定灭火系统：XF 1264—2015［S］. 北京：中国标准出版社，2015.
［106］全国汽车标准化技术委员会．乘用车列车通用技术条件：QC/T 757—2024［S］. 北京：中国标准出版社，2024.
［107］全国汽车标准化技术委员会．旅居车：QC/T 776—2017［S］. 北京：中国标准出版社，2017.